한국어로 내려온
New Bible

새로운
성 경

제32권

2부 | 총10부

하얀마음

하나님 말씀 중에서

1. 사랑의 하나님

- 세상을 창조하신 하나님은 모두를 사랑하신다. 인간만 특별히 더 사랑하지 않고, 우주 만물을 다 똑같이 사랑하신다. 그러니 하나님이 창조하신 천지 만물과 화친하고, 미물까지지도 소중히 대하라.

- 하나님은 특정 종파나 민족만을 더 사랑하지 않으신다. 자기 자신만 구원받겠다는 욕심을 버리고, 자기 종파만 구원받는다는 편협한 교리에서 벗어나야 한다. 종파를 초월해서, 모두를 사랑하라.

- 원수까지 사랑하라 했으니, 이 세상에 사랑하지 못할 자가 누가 있겠는가? 종파가 다르다고 해서 부모 형제와 원수처럼 지내는 자는 인간의 근본을 모르는 자다. 가장 가까운 가족부터 사랑할 때 남도 진심으로 사랑할 수 있다.

- 한 사람을 원수같이 생각하던 마음에서 사랑하는 마음으로 돌리면, 자기 자신의 마음이 가장 기쁘고 행복하다. 하나님께서는 인간의 마음속에 무거움이 없이 기쁘고 행복한 삶을 살기를 바라신다.

- 이웃을 "내 몸처럼" 사랑하라 했으니, 마지막 한 장 남은 천국의 티켓도 이웃에게 양보하라. 자기 중심적인 신앙에서 벗어나서 남을 위해 살아야 한다.

- 독초도, 약초도, 이단도 사탄도 천사도 다 필요하기에 존재한다. 독초일지라도 극소량을 사용해서 생명을 살릴 수 있고, 약초라 하더라도 남용하면 생명을 잃을 수 있다.

- 세상 모든 것을 명약으로 활용하는 것은 인간의 지혜에 달렸다. 어떤 것이든 어떤 사람이든 적재적소에 꼭 필요한 명약으로 승화시키라.

- 사탄도 이단도 천사도 모두 하나님의 주관하에 존재한다. 진정한 하나님의 백성은 사탄과 마귀까지도 감화시켜서 천사로 거듭나게 한다.

2. 기도

- 하나님은 인간의 생각까지 모두를 다 알고 계신다. 우리의 소원도 이미 알고 계시기에, 소원의 기도를 할 필요가 없다. 우리가 받을 자격이 되면 내려 주신다.

- 죄를 짓고 아무리 회개를 해도 용서받지 못한다. 도둑질한 자는 용서해 달라고 기도하고, 도둑맞은 자는 도둑을 잡게 해 달라고 기도하면, 공의의 하나님은 누구의 편에 서시겠는가?

- 자기가 잘못한 것은 그 사람에게 직접 갚고 용서를 구하라. 그가 용서하면 하나님도 용서하신다. 땅에서 매면 하늘에서도 매이고, 땅에서 풀리면 하늘에서도 풀리는 이치다.

- "회당에서 기도하지 말고 골방에서 기도하라" 했다. 눈에 보이는 골방이 아니라, 골방과 같이 고요한 마음이다. 잡념을 버리고 하나님을 향해 마음을 집중하며, 사랑하고 용서하는 아름다운 생각만 나오도록 하라.

- "두드리면 열릴 것이다." 하는 것은 육의 소원을 위해 두드리라는 것이 아니라, 진리의 깨달음을 얻기 위해 두드리라는 것이다.

- 기도하는 방법: 생활 속에서 수시로 기도하는 삶을 살아야 한다.

- "저의 죄를 용서하여 주옵소서." 하는 회개의 기도를 하라.
- 범사에 "하나님! 감사합니다." 하라. 현재 가진 것에 감사하며, 과욕하지 말라. 자기 노력 이상의 것을 더 갖고자 기도하는 것은 도둑놈심보다. 공의의 하나님은 각자 노력한 만큼 주신다.
- "하나님 뜻대로 살아가겠나이다." 하며 마음의 각오를 다지라.

- 기도는 하나님의 말씀을 받아서 "행하는 것"이다. 하나님이 계심을 굳건히 믿고, 하늘을 향하여 한 점 부끄럼 없이 사는 삶 자체가 가장 위대한 기도이며, 삶이 곧 예배다.

3. 지도자

- 똑같이 사랑한다는 말을 해도, 순수하게 하는 말은 천사의 말이지만, 사기 쳐서 재산을 가로채려고 하는 말은 사탄의 말이다.

- 종교 지도자가 아무리 훌륭한 설교를 해도, 신도의 재물을 거둬서 더 큰 교회를 짓고 자기의 부귀영화를 바라며 설교하면 사탄의 가르침이 된다.

- "저희 교회는 만원사례요, 믿음은 다 같으니 이웃의 개척 교회에 가서 예배를 드리시오." 하며, 이웃 교회의 부흥을 먼저 생각하여 제 신도를 보내는 종교 지도자가 있다면 그를 따르라. 그가 하나님의 사랑을 실천하는 자다.

- "부자가 천국에 들어가는 것은 낙타가 바늘구멍을 통과하는 것보다 더 힘들다" 하였거늘, 지금의 교회에서는 부자가 되기만을 기도하고 소원하니, 이는 곧 천국을 포기하고 지옥 행 열차의 티켓을 사는 것과 같다.

- 예수는 빈손이었다. 종교 지도자가 예수보다 더 호화롭고 편안하게 살아간다면 잘못된 것이다. 부귀영화와 명예를 바라는 자는 절대로 갈 수 없는 좁고 협착한 길이 종교 지도자의 길이다.

- 종교 지도자는 유리로 비춰 봐 한 점의 부끄러움이 없이 살아야 한다. 의식주도 직접 일해서 해결하고, 예수의 가르침과 행함을 그대로 따라야 한다.

- 종말은 없다. 지금의 잘못 가는 종교 집단에게만 종말이 있다. 보이지 않는 하나님은 보이는 육의 종말은 관여하지 않으신다. 환경 파괴로 인간이 스스로 멸망을 자초하는 것이다. 종파끼리 싸우기 전에, 무너진 인성을 바로잡고 지구의 몸살을 해결하는 데 뜻을 모으는 게 급선무다.

4. 성전이란

- 이 세상 자체가 하나님께서 만드신 성전이다. 자연보다 더 아름다운 성전이 있는가? 보이는 건물이 성전이 아니라, 성스러운 마음가짐이 성전이다.

- 반석 위에 교회를 지으라 했다. 지상의 단단한 돌은 인간이 쪼갤 수 있으나, 마음속의 굳은 결의는 세상 무엇으로도 쪼갤 수 없다. 바르고 굳건한 믿음으로 성경의 가르침을 실천하는 것이 마음의 반석 위에 교회를 짓는 것이다.

- 손으로 지은 건물의 교회에 모여서 복음을 전하는 것이 아니라, 교회를 개인과 가정에 심어 주어야 한다. 무너지고 부서지는 건물을 짓지 말고, 마음속에 영원히 불변하는 참진리의 교회를 지으라.

5. 십계명

- 십계명은 인간이 죽어서 반드시 통과해야만 하는 열 개의 관문이다.

\- 부모를 공경하지 아니한 자는 "네 부모를 공경하라." 하는 제5계명의 관문이 열리지 않으니 구원받을 수 없다.
\- 살인, 간음, 거짓, 우상 등의 나머지 계명도 마찬가지다.

- 십계명은 하나님의 친필이다. 모기소리만 한 하나님의 음성이라도 들어 보겠다고 여기저기 찾아 헤매지 말고, 십계명부터 암송하고 지키라.

- 십계명은 영혼을 구원하는 양식이며, 십계명을 지키는 것이 구원을 받는 길이다. 인간이기에 지키고자 노력하고 또 노력한다면 지킬 수 있다.

- 십계명을 지키고 천사처럼 아름답게 살아가는 그 마음 하나면 세상에 이루어지지 않는 것이 없다.

6. 보물

- 하나님은 재물이 아니라 우리의 마음을 받으신다. 사랑을 실천하며 천사처럼 변하는 마음이 하나님께 바치는 보물이다.

- 보이지 않는 하나님께 재물을 바치려 하지 말고, 너희를 길러 준 부모에게 용돈 드리고, 찾아뵙고, 효성을 다하라. 그것이 하나님께 효도하는 것이다.

- 하늘에는 선과 악의 창고가 있다. 자기 창고에 선이 많으면 천국으로 구원을 받고, 악이 많으면 심판받아 지옥으로 간다. 그것이 바로 "선한 일을 행한 자는 생명의 부활로, 악한 일을 행한 자는 심판의 부활로" 나오는 것이다.

- "선악과를 따먹지 말라"는 것은 양심을 지키라는 것이다. 선과 악을 구분할 수 있는 양심을 최초에 인간에게 주셨다. 선한 열매는 취하고, 악한 열매는 버리며, 양심에 비추어 부끄럼 없는 삶을 살아가라.

- 가장 작은 거짓말을 하지 않고, 가장 작은 죄를 짓지 않으며, 가장 작은 선행을 하고, 가장 작은 악행을 멀리하는 것이 율법의 일점 일획도 빠뜨리지 말고 다 지키는 삶을 사는 것이다.

7. 우상

- 박물관에 있는 불상은 하나의 예술품이다. 그 조각품에 대고 제 소원을 빌 때 우상숭배가 된다. 십자가라 하여도 그 앞에서 소원을 빈다면 우상숭배하는 것이며, 하나님께 소원을 빈다면 하나님을 우상으로 전락시키는 것이다.

- 지금 기복신앙에 젖어 있는 모든 사람이 우상 앞에 절을 하고 있다. 조각품을 우상이라며 파괴하지 말고, 네 마음속에 있는 욕심의 우상을 무너트리라.

- 생수를 약초가 먹으면 약을 만들고 독사가 먹으면 독을 만든다. 같은 성경을 봐도 선한 지도자는 신도를 천사로 만드는 데 활용한다. 그러나 욕심이 가득한 지도자는 재물을 거두어들여 제가 부귀영화를 누리는 데 악용한다. 그가 바로 성경을 우상숭배의 도구로 전락시키는 거짓 선지자다.

- 성경을 한 획도 빼거나 더하지 말라는 것은, 그 가르침을 빠트리지 말고 온전히 지키라는 것이다. 성경 속에서 자기에게 유리한 구절만 보는 것은, 자기에게 불리한 구절들을 빼 버리는 것이다. 믿음이 제일이요, 행함은 구원과는 관계없다는 것은 자신에게 유리한 쪽으로 성경을 악용하는 것이다.

- 진정한 종교 지도자는 종파에 관계없이 어떤 종파든 어떤 책이든 접하고 보고 깨우쳐 견문을 넓히도록 인도한다. 참진리를 모르고 자신이 없는 자가 남을 이단이라며 배척하고, 신도들의 눈과 귀를 가린다.

8. 예수

- 예수의 재림은 없다. 예수가 다시 온다 해도, 과연 누가 그를 예수라고 믿겠는가? 예수와 같은 삶의 행함이 곧 예수의 재림이다. 각자 모두가 "재림 예수"가 되는, 차원 높은 믿음으로 가야 한다.

- 예수는 "주여 주여 하지 말고, 아버지의 뜻대로 행하라"고 했다. 예수가 전한 하나님의 뜻이 곧 "길이요, 진리요, 생명"이며, 그 가르침이 예수의 보혈처럼 소중한 것이다. 예수를 믿는 것은, 예수의 가르침을 믿고 따르는 것이다.

- 예수는 낮은 자로서 만백성을 섬기고자 했다. 만나는 모든 사람을 다 하나님이라 생각하라. 돈을 벌수록 겸손하고, 높은 지위를 얻을수록 낮아지라.

▪ 예수는 종파를 만들지 않았다. 인간이 만든 종교와 인간의 교리를 따르지 말고, 예수를 통해 전한 하나님의 참진리를 연구하고 따르라.

▪ 예수가 2천 년 전에 만백성을 위해 죽었으니, 지금 이 땅에는 예수의 가르침대로 사는 천사만 존재해야 한다. 예수가 죽어 가면서 바란 것은 만백성이 천사가 되어 예수의 자리를 채워 주는 것이지, 지금과 같이 재물을 바치면서 중언부언 제 소원만을 비는 백성들을 바란 것이 아니다.

9. 구원

▪ 천사가 사는 천국에는 천사만 갈 수 있으니, 천사 같은 마음을 길러야 한다.

- "천국 열쇠를 네게 주리니 땅에서 무엇이든지 매면 하늘에서도 매일 것이라" 했다. 땅에서 천사같이 사는 자가 하늘에서도 천사가 되어 천국에 들어간다. 모든 사람에게 천사같다는 말을 듣는 삶을 살아야 한다.

▪ 천사의 곱고 아름다운 마음은 부모를 공경하고 어른을 어른으로 대접하는 데에서 출발한다. 효도하는 자는 형제와 화목하게 지내기에 가정이 화목해지고, 이웃과 화목해지고, 국가가 화목해지고, 온 인류가 화목해진다.

- 그러므로 지상의 아름다운 소왕국은 가정에서부터 이루어야 한다.

▪ 선택된 14만 명만 구원받는 것이 아니라, 천사처럼 변하고자 하는 14만 명을 기초로 온 인류가 천사처럼 거듭나는 영적인 개혁이 시작되는 것이다.

▪ 천 년에 걸쳐서 하늘에서 이루어진 것같이 이 세상을 낙원으로 만들어, 만백성이 지상의 천국에서 살다가 죽어서 그대로 하늘의 천국으로 들어가는, 영원한 지상 낙원을 건설하는 것이 하나님의 계획이다.

- 이것이 구약과 신약에 이어 "새로운 성경"으로 역사하시는 하나님의 창조의 완성이다.

▪ 지금의 믿음으로 구원받을 수 있다면 그 길을 가라. 그러나 자신이 없다면 하나님께서 직접 내리신 160권의 "새로운 성경"을 읽고 구원의 길을 보라!

하나님 머리말씀

이 새로운 성경을 읽는 너희 모두는
이 율법에 따라 행하면 영원히 구원받을 것이니라.

너희 인간이 수년, 수십 년, 평생
성서를 공부하고 기도하는 것은
하늘나라 나의 곁으로 오고 싶은 소망일진대,

몇천 년 전의 너희 인성과 생각이
지금의 너희와는 판이하게 다르니,

꺾여 가고 병들어 가는 너희를 고칠 수 있는 길은,
오늘 내가 선지자에게 내리는 새로운 성경과 같이
너희가 변화되는 것뿐이니라.

나의 예수가 태어난 것처럼
내가 아들 선지자를 선택하여
나의 새로운 성경을 온 세계에 전하고자 하니,

묵은 것은 버리고 새로운 것은 취하여,
너희 모두는
'여호와 하나님! 저의 죄를 용서하여 주옵소서.'
하는 기도문으로 기도하고, 죄를 뉘우치라.

이 새로운 성경은
수천 년간 내려온 성서를 요약한 것이니,
너희는 이 책을 정독하여 쉽게 깨달음을 얻고,
이대로 실천하여 하늘에 오르라.

대역자 머리말

■ 하나님의 율법을 지키는 선지자로 선택을 받도다.

저는 남들처럼 그저 열심히 살아온 평범한 사람이었습니다. 그러나 50대 중반에 사업에 실패하여 많은 부채에 시달렸으며, 건강도 악화되어 눈이 잘 안 보이고, 걷기도 어렵고, 두통이 심해서 잠을 이룰 수 없는 고통의 나날을 보냈습니다. 그때 제가 선택할 수 있는 것은 육의 삶을 끝내는 길뿐이었습니다.

죽기 직전에 그동안에 죄를 지은 이들에게 용서를 빌고 인생을 끝내기로 작정하였습니다. 어려서부터 지은 죄를 빌고 빌다 보니 끝이 없었고, 죽음으로도 그 많은 죄를 용서받을 길이 없다는 생각에 하염없이 눈물이 흘렀습니다. 그 순간 '재래식 화장실의 구더기는 죄를 짓지 않는데, 나는 인간으로서 구더기만도 못한 삶을 살았구나.' 하는 생각이 들면서 괴로움에 몸부림칠 때, 갑자기 하나님의 음성이 들렸습니다.

"나는 여호와 하나님이니라. 너는 십계명을 암송하고 내가 내려 주는 메시지를 받아 책으로 만들어 만백성을 구하라." 하시며, 제 눈을 손으로 문지르게 하시고, 아픈 머리와 다리를 손으로 두드리게 하셨습니다. 그러고 나니 눈도 잘 보이고 걸을 수 있었으며 머리의 통증도 말끔히 낫게 되었습니다. 그때부터 십계명을 암송하고 나면 들려주시는 말씀을 기록하였고, 1999년 8월부터 2004년 7월까지 권당 288쪽, 총 160권을 받아서 "새로운 성경"이라는 책으로 펴내게 되었습니다.

그러한 저에게 죽기보다도 힘든 길이 시작되었습니다. 모든 교인들이 저에게 사탄이요, 이단이요, 악마요, 마지막 시대에 온 거짓 선지자라 하면서 공격하였고, 저를 짐승을 보듯이 대하는가 하면, 편협한 종교 지도자들의 선동으로 신도들이 이 책을 직접 읽어 보고 평가할 기회마저 막아 버렸습니다. 그래서 하나님의 말씀을 세상에 내는 데 많은 어려움을 겪으며, 피를 토하는 심정으로 책을 전하고 있습니다.

그러나 아무리 인간의 힘으로 막으려 해도, 하나님의 뜻이 세상에 전해지는 위대한 역사는 계속될 것입니다. 책으로 전해지는 "하나님의 말씀"은 세상 끝날까지 항상 우리와 함께하실 것입니다. 사람은 죽어도, 책에 기록된 말씀은 영원히 남으니까요.

■ 따뜻한 실천

하나님께서는 어려운 사람들에게 삶의 터전을 마련해 주고, 미래를 열어 주는 것을 기뻐하십니다. 어려운 이웃이 스스로 자립할 수 있도록 이끌어 주는 것이 진정으로 이웃을 돕는 것이라고 말씀하셨습니다. 그래서 일자리가 없는 제자들에게 작은 사업장을 만들어 주는 "달란트 사업"을 하고 있습니다. 식당, 반찬 가게 등을 차려 주고, 기존의 어려운 사업장이 자립할 수 있도록 돕고 있습니다(커피숍, 미용실, 의상실 등).

하나님께서는 교회에 나와서 모든 시간과 재물을 쏟기를 원하지 않으시고, 그 시간과 재물을 교육에 투자하여 스스로 미래를 열어 가기를 원하십니다. 그래서 제때 공부하지 못한 제자들에게 학업을 이어 가도록 하였습니다. 중화요리 주방장을 하며 초등학교 검정고시부터 공부하여 2012년에 방통대를 졸업한 36세 남성, 만학도들의 2년제 중학교에 입학해서 2007년에 명지대학을 졸업한 38세 여성, 중학교 검정고시를 시작으로 숭의여자대학을 졸업한 47세 여성 등이 있습니다. 그밖에도 많은 제자들에게 나이를 초월하여 배우고 깨우쳐서 사회 속의 당당한 일원이 되도록 인도하고 있습니다.

학자금 대출로 힘겨워하는 젊은이들을 위해 "따뜻한 바람 장학회"를 발족하여(2016년 12월) 대출받은 학자금 전액을 매월 갚아 주고 있습니다. 또한, 다문화 가정을 위해 "다문화 가족 랜드"를 조성하여, 각종 시설을 무료로 활용하도록 하고 있습니다.

이러한 따뜻한 실천이 아직은 미약합니다. 그러나 책의 수입이 늘고, 저와 뜻을 같이하는 분들이 늘어나면 계속 확대할 것입니다. 지도자로서 신도의 재물을 헌금으로 거둬들여 착복하는 것이 아니라, 하나님께서 기뻐하시는 일에 사용하도록 중매 역할만 하며 살아가고자 합니다. 이런 제가 과연 사탄이고 이단인가요? 하나님께서 기뻐하시는 일이라면, 저에게 사탄이라 하든 거짓 선지자라 하든 굽히지 않고 실천해 나갈 것입니다.

끝으로, 일상의 삶 속에서 "지금 내가 하는 행동이 과연 하나님께서 기뻐하실까, 슬퍼하실까?" 생각하고, 매사에 하나님께서 기뻐하시는 길을 택하기 바랍니다. 교회에 모여서 집단적으로 예배 드리는 것이 아니라, 개인이나 가정 단위로 새로운 성경을 읽어 스스로 깨우치고 그대로 행하면 충분합니다. 그것이 마음속에 성전을 짓고, 신령과 진정으로 예배 드리는 길입니다. 그러면 천국의 문에 들어서게 됩니다.

2017. 2. 1.

하나님 말씀 대역자 김용철

차 례

십 계 명

이 책은 십계명을 암송하고 나면 내려 주시는 "하나님의 음성"을 듣고 그대로 받아쓴 기록입니다. 하나님께서 십계명을 모세에게 내려 주셨지만, 그것은 만백성에게 내려 주신 것입니다. 마찬가지로 이 책의 모든 말씀도 저에게 내려 주셨지만, 만백성 각자에게 들려주시는 말씀입니다. 여러분도 이 책을 접할 때마다 십계명을 암송하고 나서 정독해 주시기 바랍니다.

제일은, 너는 나 외에는 다른 신들을 네게 있게 말지니라.
제이는, 너를 위하여 새긴 우상을 만들지 말고, 또 위로 하늘에 있는 것이나, 아래로 땅에 있는 것이나, 땅 아래 물 속에 있는 것의 아무 형상이든지 만들지 말며, 그것들에게 절하지 말며, 그것들을 섬기지 말라.
제삼은, 너는 너의 하나님 여호와의 이름을 망령되이 일컫지 말라.
제사는, 안식일을 기억하여 거룩히 지키라.
제오는, 네 부모를 공경하라.
제육은, 살인하지 말지니라.
제칠은, 간음하지 말지니라.
제팔은, 도적질하지 말지니라.
제구는, 네 이웃에 대하여 거짓 증거하지 말지니라.
제십은, 네 이웃의 집을 탐내지 말지니라.

나 여호와가 존재함을 믿는 그 자체가 구원의 길에 들어서는 기본이요, 근본이며, 나의 새로운 성경을 가슴에 안고 정독하는 자, 반석 위에 서서 하늘에 오르는 찬란한 빛을 보게 되는 영광을 얻게 됨이니라. 진정 나를 따르고 믿는 자는 감히 사탄이나 마귀도 근접하지 못하느니라.

〈하나님 말씀〉

2002년 5월

2,389 번째 하나님 말씀

2002년 5월 22일 01시 25분

1 사랑하는 선지자야!
2 "네, 여호와 하나님! 말씀하옵소서."
3 나의 십계명에 '거짓말을 하지 말라.'
함이 있느니라.
4 너희들이 그 계명을 읽고 지키고자 할
때, 거짓말을 하지 않으려 하며 거짓
말을 하지 아니하고 살면 된다 그리
생각할 것이니라.
5 그러나 너의 제자들에게 일깨워 주어
야 될 것이니라.
6 거짓말을 하는 자, 형제로부터 신뢰를
얻을 수 없으며, 거짓을 하는 자, 이웃
에게 신뢰를 얻을 수 없음이니라.
7 그리고 거짓을 하는 자, 어떠한 역사
도 이룰 수 없는 것이니라.
8 너희들 인간 사회에 영원히 빛나는 이
름을 남기는, 인간의 삶의 자취를 남
기는 사람들은 거짓이라는 것을 행하
지 아니하였으며 거짓된 행동을 하지
아니하였음이니라.
9 그런 자들의 그 이름이 길이 빛남이
니, 너희들이 그들의 발자취를 돌이켜
봐도 알 것이니라.
10 그들 속에 가장 깊이 뿌리내리고 있는
것은 거짓을 아니 함이니, 거짓 행위
를 하지 않는 자만이 모두에게 신뢰를
받을 수 있으며, 그는 새로운 역사의
장을 열 수 있는 것이니라.
11 거짓을 행하는 자, 거짓말을 하는 자
는 어떠한 새로운 역사의 장을 이룰
수 없는 것이니라.
12 그리하여 내가 거짓말을 하지 말라 하
여 나의 계명에 집어넣었으니, 너의
제자들에게 이와 같은 뜻을 깊이 깨우
쳐 행하도록 해야 할 것이니라.
13 그리고 내가 너희에게 다시 알리나니,
나의 성서에 기록되어 있는 그 모든
뜻은 첫째는 너희들이 과거, 현재, 미
래를 알아야 될 것이며, 너희들이 예
수의 삶이요, 내가 지키고 살라 한 그
십계명을 목숨을 바쳐 지키고자 노력
했을 때 너희들은 모든 이치를 깨닫게
되는 것이며,
14 그리고 성서에 기록된 그 내용들과 나
의 법전에 기록하여 너희들을 깨우치
고자 하는 그 뜻이 오늘에 필요한 것
이며, 지난날의 과거에 필요한 것이
며, 앞으로 다가올 미래에 필요한 그
와 같은 내용들임을 너희들이 알게 되
어 있음이니라.
15 그리하여 내가 너희들에게 나의 법전
을 전하면서 앞장에 기록하였음이니,
'작은 거짓말도 살인'이라 하였음이니
라.
16 그리하여 작은 거짓말을 하지 않는 그
습성을 가진 자가 형제와 이웃과 사회
에 화목한 자로서, 그리고 그들이 길
이 이름을 남길 수 있는, 역사의 한 페
이지를 장식할 수 있는 사람들이기에
내가 그 뜻을 거기에 기록하였으니,
17 이와 같이 깊고 넓은 그 뜻을 너희들

이 이해한다 하면 너희들이 나의 성서
를 바로 볼 수 있으며 나의 법전을 바
로 볼 수 있음이니라.
18 이와 같이 너희들이 바로 볼 수 있는
것은, 내가 너희에게 이르듯이, 계명
을 지키고 그대로 살아가는 자만이 그
것을 볼 수 있음이니,
19 계명을 지키지 아니하고 그대로 행하
여 순종하지 아니하는 자는 지도자로
서 그 나의 뜻을 알 수 없으며, 또 배
우는 신도로서, 나의 백성으로서 그와
같은 이치를 찾아 깨우칠 수가 없음이
니라.
20 그리하여 나의 선지자가 너희들에게
전하는 성령의 메시지를 들을 때마다
그가 십계명을 암송하며 그 암송한 속
에서 나의 성령을 받아 기록함이니,
21 그가 암송하는 만큼 나의 성서의 과거
와 현재와 미래를 보는 눈이 뜨이며,
22 내가 내린 법전을 너희들이 똑같이 읽
으나 그는 그 뜻의 미래와 현재와 과
거를 들여다본 그와 같은 역사를 이루
는 것이니 그게 너희들과 차별화됨이
니라.
23 이를 너의 제자들에게 일깨워 주어
'거짓을 하지 말라.'는 그것이 얼마만
큼 소중한 것인가를 너희 가슴에 다시
한 번 깊이 새겨야 될 것이니 그리 알
라.

2,390 번째 하나님 말씀

2002년 5월 22일 08시 19분

1 사랑하는 선지자야!
2 **"네, 여호와 하나님! 말씀하옵소서."**
3 너에게 와 무엇을 구하고자, 무엇을
얻고자 하는 자, 병든 자 일어서고자
하며 그 병을 고치고자 하거든 그들에
게 모든 처방을 이리 내려 주라.
4 '나 여호와가 존재함을 믿는 그 자체
가 구원의 길에 들어서는 영광이요,
그 모두를 얻을 수 있는 길이라.' 그리
가르쳐 주며, 그를 수없이 마음으로
기도드리라 하라.
5 거기에 모든 너희들의 길을 열어 주는
뜻이 있음이니, 다만 오로지 그 마음
이 천사처럼 하얘야 함을 알려 주라.
6 **"네, 여호와 하나님!"**
7 선지자야!
8 **"네, 여호와 하나님! 말씀하옵소서."**
9 이제는 너의 제자들에게 일러 깨우쳐
주어야 될 것이니라.
10 너희들이 육의 믿음을 벗어나지 못하
고 영의 믿음에 진입하지 못하면, 평
생을 나의 선지자를 따라 공부하고 깨
우치며 만백성을 위하여 너희 육의 모
두를 다 바친다 하여도 너희들은 구원
의 길을 볼 수 없음이니, 그를 깨우쳐
그들에게 그 길을 가르쳐 주라.
11 **"네, 여호와 하나님!**
12 **문을 열어 줄 것이며, 그 길을 알려 주
겠사옵나이다."**
13 시기하는 마음, 질투하는 마음, 서로
음해하는 마음, 욕하는 마음, 그 모두
가 다 육의 믿음이니,
14 그 모두를 너희 가슴속에서 버리지 못
하면 너희들은 영의 믿음에 진입할 수
없음이니, 그 길을 이제 네가 너의 제
자들에게 가르쳐 줄 때가 되었음이니,
그 길을 그리 안내해 주도록 하라.

15 선지자야!
16 "네, 여호와 하나님!
17 오늘 이 죄 많은 여호와 하나님의 종
이 감사의 기도를 드리옵나이다.
18 저의 제자들을 그리 사랑하옵시며, 그
들을 구원하여 주옵시며, 그들을 이끌
고자 하시는 여호와 하나님 아버지의
마음에, 그 뜻에 감사드리옵나이다."
19 선지자야, 이 모두는 다 그들이 받을
자격이 있으며 얻을 자격이 있기에 줌
이니 그리 알라.
20 그들에게 길을 열어 주도록 하라.
그리하라, 선지자야!
21 그리고 그들에게 일러 말하라.
22 예수의 시대는 예수를 통하여 성령을
세상에 전했으며 그를 통하여 모든 기
도를 들었음이니,
23 지금은 나의 아들, 선지자 너를 통하
여 모든 나의 성령을 내려보내는 것을
너희들이 눈으로 보고 듣지 않는가?
24 이제는 너희들은 선지자를 통하여 너
희 기도가 하늘에 오름을 알아야 될
것이니,
25 이제 그래도 반은 너희들이 인정하며,
반만 더 인정하는 그 마음의 자세가
되면 되지 않겠는가?
26 예수의 시대는 그와 같은 것도 깨우치
지 못하였음이니라.
27 그러나 너희들은 나의 성령을 태워 법
전으로 기록하여 세상에 내려보내니,
이는 나 여호와의 성령이요, 나의 말
씀이라 너희들이 반은 믿을 수 있으며
반은 확인할 수 있지 않은가?
28 그래도 너희들은 50퍼센트라는 것을
보고 체험하며 깨달을 수 있는 그 영
광을 얻었음이니 예수의 시대보다도
행복한 너희들인 줄 알아야 될 것이니
라.
29 이제는 정녕 나의 선지자요, 나의 아
들을 통하여 너희들의 모든 기도를 들
어주며 너희들의 뜻을 내가 이루어 준
다는 것을 너희들이 볼 수도 없고 들
을 수도 없음이니라.
30 그러나 너희들은 앞의 50퍼센트를 믿
으면 뒤의 50퍼센트를 믿을 수 있는
마음의 자세가 되어 있지 아니한가?
31 내가 너희들에게 일러 말하였느니라.
선지자의 마음에 파장을 이루지 말라
하였음이니,
32 이 의미를 깊이 깨우쳐야 할 것을, 너
희들은 어찌하여 그와 같은 이치 하나
도 깨우치지 못하는가?
33 내가 너희들에게 선지자의 마음에 파
장을 이루지 말라 하였음은 내가 나의
백성인 너희들을 사랑하고 아끼기 때
문이니라.
34 선지자는 오로지 나의 뜻을 따라 행하
며, 하늘에 오르는 길을 가고자 하며,
나의 피조물 만백성을 대대손손 구하
고자 하는 그 대명을 가진 자이니,
35 그 마음에 파장을 이루는 자는 그가
스스로 그 이름이요, 그 형체요, 그 모
두를 손에서 놓고자 함이니,
36 선지자가 너희들을 놓는 그 순간에 너
희들은 사탄이요, 지옥으로 가는 것이
며, 나와는 아무런 관계도 없음이니라.
37 선지자의 마음에 파장을 이루어 선지
자가 그 파장을 다스리지 못할 때, 너
희들의 이름을 놓게 되어 있으며 너희
들을 놓게 되어 있음이니라.

38 그런 너희들을 놓을지라도 그 대명을
이루는 것이 더 크고 소중하기 때문
에, 그를 위하여 그는 가기 때문에 어
쩔 수 없이 파장을 이루는 자의 손을
놓게 되어 있음이니,
39 그 손을 놓지 아니하려고 발버둥치는
나의 아들이요, 나의 선지자의 그 아
픈 마음을 너희들이 보아야 될 것이며,
40 그 고통 속에서 그가 견디고 가려는
그 어렵고 힘든 길을 너희들은 어찌하
여 모르는가?
41 바르고 옳은 길을 가기에도 그가 힘드
니, 파장을 이루는 자를 버리지 아니
하며 가슴의 파장을 밀어내며 너희들
의 이름을 놓지 않으려고 발버둥치며
가는 나의 선지자에게 너희들이 돌을
달지 말라 함이 여기에 있음이니라.
42 정녕 선지자가 너희들의 이름을 놓지
않는 한 너희들은 구원의 길에서 버려
지지 아니하며, 너희들은 사탄의 자식
으로 갈 수 없으며, 구원의 길에 올라
나의 에덴동산의 낙원에 너희들이 오
를 수 있는 그 끈이 거기 있거늘,
43 어찌하여 그 이치 하나도 깨우치지 못
하며 너희들이 그 마음에 파장을 이루
며,
44 그 앞에서 시기하고 질투하며, 음해하
며, 서로를 미워하며, 계산을 따지며,
너희들의 이해관계의 육의 생활 속에
서 그를 버리지 못하고 아옹다옹 시시
비비를 가리는가?
45 그 꼴을 보이는 것이 바로 선지자의
마음에 돌을 다는 것이니, 그 돌 때문
에 날 수 없다 생각할 때 선지자는 그
를 스스로 놓게 되어 있음이니,
46 그 놓는 선지자의 가슴 아픔과, 너희
들이 지옥 불로 가는 그 형태를 바라
보면서 그를 놓아야 하는 선지자의 마
음에 이루는 그 파장이 얼마나 무서운
것이며, 그 고통과 인내와 그 결단이
얼마나 가슴 아픈가를 너희들은 어찌
헤아리지 못하고 생각하지 못하는가?
47 이와 같은 이치를 깊이 깨우쳐 너희들
이 살아감에 지표로 삼을 것이며,
48 나 여호와가 하늘의 뜻을 너희들에게
내림이니 이는 오로지 너희들을 사랑
함이며, 나의 아들 선지자가 너희들의
파장으로 인하여 그 이름을 놓지 아니
하도록 너희들에게 내가 깨우쳐 줌이
니,
49 내가 너희들을 얼마나 아끼고 사랑함
인가 그 뜻을 알아야 할 것이니라.

2,391 번째 하나님 말씀

2002년 5월 22일 08시 25분

1 사랑하는 선지자야!
2 "네, 여호와 하나님! 말씀하옵소서."
3 너희들 말에 그런 말이 있지 않던가?
4 사자라 하는 맹수를 잡기 위하여 그
굴로 용감히 뛰어들어가는 자, 그를
잡을 수 있다 하였음이니라.
5 그것은 단순한 너희들의 깨달음이 아
니니라.
6 그만큼 하나의 목적을 이루기 위해서
는 너희들이 생명을 잃는 그와 같은
고통과 인내의 그 싸움에서 승자가 되
는 자만이 그를 성취할 수 있다 함이
니라.
7 이제 내가 나의 선지자를 통하여 육의

믿음에서 허덕이는 너희들에게 영의
세계의 믿음에 진입하는 그 길을 가르
쳐 주라 하였음이니, 선지자가 너희들
에게 지금까지 너희들의 육에서 허덕
였던 그 믿음의 문을 열어 줄 것이니
라.
8 이는 정녕 무엇이더냐?
9 내가 원하는 생활이요, 내가 원하는
것이며 내가 전하는 것이며 내가 원하
는 그것에 너희들이 목숨을 바쳐 나에
게 달려왔을 때, 그리고 나에게 모두
를 던지고 돌진할 때 너희들은 그를
알 수 있음이니,
10 이는 곧 맹수를 잡기 위해 그 굴에 뛰
어드는 용기 있는 자와 같음이니라.
11 그렇지 아니한 자, 너희들은 깨달을
수 없으며, 나의 뜻을 알 수도 없으며
하늘에 오르는 길도 알 수 없음을 알
아야 될 것이니라.
12 그것이 어떠한 용기더냐?
13 너희들이 이제는 영의 세계의 믿음으
로 돌입하기 위한 그것이 기초의 단계
이니라.
14 너희들의 육의 생활에서 시기하는 마
음, 질투하는 마음, 암투하는 마음, 미
워하는 마음, 더 갖고자 하는 마음, 그
리고 더 높고자 하는 그 육의 세상의
모든 생각을 떨쳐 버리지 못한다 하
면, 너희들은 천년만년을 나에게 기도
하고 경배한다 해도 육의 세계의 믿음
을 벗어나지 못함이며,
15 너희들은 육의 세계의 믿음을 벗어나
지 못하며 영의 세계의 그 믿음에 진
입하지 못한다 하면 너희들은 구원을
받을 수 없음이니라.
16 너희들은 여기서 이제 결단을 내릴 때
가 왔음이니라.
17 나의 법전을 읽고 깨우치며 나의 아들
이요, 나의 선지자로부터 선택되어 나
에게 경배하며 나의 뜻을 따르는 선지
자의 제자 너희들은 이제는 결단을 내
려야 할 때가 왔음을 알아야 될 것이
니라.
18 너희들이 그 모두를 다 저버리고, 맹
수를 잡기 위해 맹수 굴로 뛰어드는
그와 같은 용기 있는 사람으로서, 그
런 백성으로서, 너희들이 세속에 살던
그 모두를 다 버리고 나의 영의 세계
의 그 문으로 돌진할 때가 되었음이니
라.
19 이건 바로 모두를 다 버림이니라.
20 이 선을 넘어 너희들이 돌진하지 못하
는 이상, 너희들이 갈망하는 아름다운
낙원에 와 너희들이 영원히 사는, 상
상할 수도 없는 그 행복을 누릴 수가
없음이니라.
21 이제는 그들에게 그 길을 안내해 주라
그리고 그 길을 가르쳐 주라.
22 그리고 그곳에 돌진하는 자, 그는 구
원의 길을 볼 것이며, 그는 영원히 너
와 더불어 같이 갈 수 있는 선택된 백
성임을 이제 너희들이 알아야 할 것이
니라.
23 그리고 너의 제자들에게 하나 더 깊이
깨우쳐 주어야 될 것이니라.
24 모두는 선지자를 통하여 너희들의 기
도를 들어주고 너희들의 음성을 들어
주며 너희들의 소원이요, 너희들의 바
람을 내가 들어주게 되어 있음이니,
25 선지자의 마음에 파장을 이루며 선지

자의 마음에 동요를 이루는 그와 같은
생각과 행동을 하는 자의 그 기도는
선지자를 통하여 올라올 수 없음을 너
희들이 알아야 할 것이니라.
26 그와 같은 기도는 선지자의 가슴을 갈
기갈기 찢어 놓는 기도이기에 그는 선
지자의 살을 뚫고 올라올 수 없음이
니, 이는 내가 그를 막기 때문임을 알
아야 될 것이니라.
27 이제 너희들은 정녕 영의 세계의 믿음
으로 가야 될 것이니, 너희들의 모두
를 다 털어 버려야 될 것이니라.
28 이것이 내가 너희들을 사랑하기에 너
희들에게 내리는 깨우침이니 이를 깊
이 깨우쳐 시행하는 자만이 구원을 받
을 수 있음을 알려 주라.

2,392 번째 하나님 말씀

2002년 5월 22일 13시 59분

1 사랑하는 선지자야!
2 너의 제자들에게 이르고 또 일러야 될
것이니라.
3 너희들은 육의 믿음이요, 육의 구원에
매달리는 것이 아니라, 영의 구원이
요, 영혼의 구원을 위하여 노력하고
살아가는 그와 같은 믿음의 세계를 가
야 한다 내가 일렀음이니라.
4 너의 제자들이 알아야 할 것이니, 너
희들이 시기하는 마음, 질투하는 마
음, 음해하는 마음, 남을 핍박하는 마
음, 더 갖고자, 더 오르고자 하는 그
모든 마음을 갖고 나에게 향한다 하
면, 이는 너희들의 육의 믿음이니, 나
와는 아무런 관계도 없으며 영의 세계
를 바라볼 수 없다 하였음이니라.
5 바로 너희들이 살아가면서 천사와 같
이 곱고 아름다운 그 마음속에, 남을
시기하고 음해하고 모함하며 너희들
의 입으로 나오는 그 말이 남이 듣기
싫은, 들을 수 없는 그와 같은 말들을
하는 순간에, 너희들이 그 마음의 자
세를 다 날려 보내지 못한 그 형태에
서 살아가는 그 삶이 다 육의 삶을 위
한 것이요, 육의 삶 속에서 허덕이는
것이며, 정녕 구원의 길인 영의 삶을
위하여 살아갈 수 없는 것이니,
6 너희들은 정녕 어찌하여야 영의 삶을
가느냐 하는 것과 구원의 길이 얼마나
어렵고 힘든가를 너희 스스로 알아야
할 것이니라.
7 이와 같은 길을 가기 위하여 발버둥치
는 선지자가 지금 올라와 있는 그 경
지와 그가 세상사를 내려다보는 그 뜻
을 너희들은 모르고 있음이니, 선지자
를 올려놓고 너희들이 갑론을박을 감
히 하지 말라.
8 어찌 제자가 감히 스승을 탓하며, 어
찌 나로부터 선택된 선지자의 제자인
나의 피조물 만백성 너희들이 선지자
를 놓고 갑론을박하며 선지자의 이름
을 거론할 수 있는 것인가?
9 나의 선지자의 이름을 거론하는 자,
너희들은 나 여호와를 놓고 내가 존재
한다 존재하지 아니한다, 나의 성령이
요, 나의 법전이 나의 뜻이다 아니다
이를 가지고 갑론을박할 수 있는 그와
같은 사악한 자의 마음이니, 이를 감
히 너희들이 갑론을박해서는 아니 됨
을 알아야 할 것이니라.

10 너희들의 경지가 지금 어디에 와 있으
며, 너희들의 깨달음이 어디에 와 있
으며, 너희들이 육의 삶의 믿음의 그
경지를 벗어났는가 너희들 자신이 한
번 돌이켜 보라.
11 육의 믿음 자체도 벗어나지 못하고 허
덕이고 있는 너희가 감히 영의 세계의
그 믿음을 향하여 나의 뜻을 받아 행
하는 선지자에 대해 갑론을박해서는
아니 될 것이며, 감히 그 이름을 거론
치 말아야 할 것이니,
12 이와 같이 너희들의 답답함과 어리석
음을 나 여호와가 너희들에게 일깨워
줌이니, 이를 명심하여 행하도록 하여
야 될 것이니라.
13 그리고 선지자야, 너의 제자들에게 깨
우쳐 전하여야 될 것이니라.
14 너희들은 지금 살아가면서 모든 어렵
고 힘든 그 환경에 부딪쳐 살아감이니
라.
15 너희들이 죽어서 지옥으로 가는 것이
요, 너희들이 구원으로 오는 것이요,
그러한 길이 얼마나 무섭고 험악한 것
인지 모를 것이니라.
16 지옥이라는 그 선에 발을 한 발 디뎌
놓은 자는 영원히 거기서 헤어날 수
없으며, 지옥 불로 그저 흘러들어가는
수밖에 없음이니라.
17 지옥에 하나의 발을 들여놓는 그자를
구원하기 위하여 온 세상의 인류가 다
붙잡고 그를 당겨도 그가 그 발을 뺄
수 없는 것이 지옥이며, 내가 여는 하
늘나라의 그 한계선이니라.
18 너희들이 살다 죽음을 선택하여 죽음
의 고비를 넘는 그 순간에, 너희들이
죽음의 문턱에 발을 들여놓는 그 순간
에 너희들에게는 오로지 살아온 심판
만 있으며, 거기에 따라서 너희들이
죄의 대가를 받고 너희 죄목에 따라
가는 그 길밖에 없음이니라.
19 죽음의 선을 넘어 나의 영혼의 세계에
발을 하나 들여놓는 자, 너희 모든 인
구가 다 그를 붙잡고 당긴다 해도 그
발을 뺄 수 없는 것이 나 여호와의 뜻
이며 하늘의 뜻이니, 이 무서움을 너
희들이 알아야 될 것이니라.
20 너희들이 사탄의 길에 발을 들여놓지
아니하며 죽음의 순간에 나의 하늘나
라에 발을 들여놓아 당당히 일어설 수
있는 것은 오로지 나의 계명을 지키고
삶이요, 육의 믿음을 벗어나 영의 세
계의 믿음에 돌입하는 자만이 그 모든
두려움과 공포요, 그 무서운 죄의 대
가를 치르지 아니함이니, 너희들은 그
것을 알아야 될 것이니라.
21 너희들의 육의 믿음을 벗어나 영의 세
계의 믿음에 들어와 구원을 받고자 한
다면 감히 네 앞에 있는 자의 허물을
말하지 말며, 네 앞에 있는 자를 흉보
지 말며, 네 앞에 있는 자를 시기하지
말고 질투하지 말아야 하니,
22 그와 같은 마음을 버리지 아니하는 자
는 육의 믿음에서 허덕이다 저희가 그
저 지옥으로 죽어 감이니, 나의 이 뜻
을 깊이 너희 가슴속에 새겨 하나의
차질이 없도록 그리 삶을 행하도록 깨
우쳐 주라, 선지자야!

2,393 번째 하나님 말씀

2002년 5월 22일 15시 11분

1 사랑하는 선지자야!
2 "네, 여호와 하나님! 말씀하옵소서."
3 지금까지 수천 년 동안 나 여호와의
뜻을 따라 나의 피조물 만백성을 하늘
로 구원한다 하며 지금 너희들이 살아
오고 있음이니, 이 세상 나의 지상의
낙원에 내가 이루지 아니한 것이 없으
며 내 뜻에 의하여 이루어지지 아니한
것이 하나도 없다 함이니, 너희들은
이와 같은 이치를 먼저 깨우쳐야 되지
않는가?
4 너희들은 지상의 낙원의 모두는 다 나
의 주관이요, 나의 계획하에 이루어졌
다 생각할 수는 없는가?
5 그 모두는 다 나의 뜻에 의하여 존재
하는 것이거늘, 너희들은 어찌하여 그
를 그리 차별을 두고자 하는가?
6 이 세상의 모든 것이 존재함은 그 존
재의 가치와 그 존재의 이유와 그가
존재하여야 될 그 뜻이 있기에 존재하
고 있거늘, 너희들은 어찌하여 그것을
박대하며 그 모두를 다 차별하는가?
7 이 세상 모든 나의 피조물 만백성이
세상에 나와 사는 것은 그들이 나와
살아야 되며 그들이 있어야 하기 때문
이며 그들의 존재 가치가 있고 필요하
여 나 여호와가 세상에 만들었음이니,
모든 동식물이요, 미물까지도 다 그리
만들었느니라.
8 그러나 동식물보다 더 소중한 것이 너
희들, 나의 아들과 딸들이니라.
9 그러나 너희들은 어찌 가고 있는가?
10 너희들과 믿음이 다르며 생각이 다르
며 살아가는 방법이 다르다 하여 너희
들은 그들을 적대시하며, 그들을 항상
너희들과 생사의 기로에서 싸우는 그
와 같은 적으로 보는 그 마음을 버리
지 못하고 있음이니,
11 어찌하여 그 모두는 내가 필요로 하여
내가 정당하게 쓰고자 하며 그들이 존
재해야 될 그 이유와 가치와 뜻이 있
기에 존재하는 것이라 생각지 못하며,
12 너희들만이 나에게 존재 가치가 있으
며 너희들만이 나에게 필요한 자며 너
희들만이 나에게 구원을 받는 자들이
라, 너희들만이 최고라 그리 생각하며
사는가?
13 이와 같은 것은 정녕 나에게 필요 없
는 자임을 너희들이 스스로 밝힘이니
라.
14 모든 것은 다 그들이 존재할 이유가
있으며, 그들이 그곳에 있어야 할 만
한 뜻이 있기에 있거늘, 그들은 다 잘
못된 것이며 너희들만이 존재할 가치
가 있으며 너희들만이 하늘에 오를 수
있는 뜻이라 그리 울부짖는 것은 무엇
이더냐?
15 그 모두는 하나님이 필요로 하여 이
세상에 존재하고 필요한 것이나, 너희
들 자신은 필요치 않은 사악한 자들이
라 너희 스스로 너희들의 이름을 부르
짖으며 너희 자신을 공개하는 그와 같
은 형국임을 알아야 할 것이니라.
16 이 세상에 구약의 성서도, 신약의 성
서도, 제3의 시대에 나의 성령을 태워
나의 선지자를 통하여 내리는 이 법전
도 세상에 존재할 가치가 있으며, 그

가 해야 할 일이 있으며, 그가 존재함
으로 어떤 변화와 역사를 이루기 위해
내가 세상에 내려보내는 것이니, 그
모두는 나 여호와의 뜻에 의해 존재한
다는 그와 같은 생각을 너희들이 갖지
못하고 있음이니,
17 이와 같은 생각을 가지고 있는 너희들
은 깨우침을 보며 하늘에 오르는 길을
보며 나에게 오르는 그 역사의 구원의
길을 볼 수 있다 말하는가?
18 너희가 만 가지를 다 겪고 다 이루고
잘했을 때 너희들이 하늘에 오른다 하
는 그와 같은 나의 채점표가 있다 하
면 너희들은 어찌하겠는가?
19 천 가지, 만 가지를 다 시행하고 실천
하는 자가 나에게 구원받을 수 있거
늘, 너희들은 만 가지를 다 버리고 그
중에 한 가지만을 가지고 그것만을 연
구하고 공부하며, 그것만이 너희가 가
지고 있는 것이 가장 소중한 것이며,
나 여호와가 그것 외에는 사랑하지 않
는다 그리 말하며, 너희들만이 구원을
받을 수 있다 그리 말하는 것은,
20 '우리는 구원을 받을 수 없으며, 우리
는 하나님의 뜻과는 관계가 없으며,
우리 스스로 개척하여 우리 스스로 구
원을 받으며 영원히 구원의 길에 들어
설 수 있는 독자적인 그와 같은 존재
이니라.' 그리 말하는 자들과 똑같음
이니라.
21 100가지 점수 중에 99가지를 버리고
하나만을 옳다 부르짖는 너희들이 어
찌하여 나에게 올 수 있겠는가?
22 100가지에서 한 가지를 뺀 그 나머지
99가지를 다 겪고 수련하고 쌓아 온
것이 하나님의 은혜 속에 이루어진 것
이기 때문에 그를 다스리고 깨우치는
것이 하늘에 오르는 길이라 하여 그와
같이 노력하는 자만이 나의 뜻을 볼
수 있으며 하늘에 오를 수 있는 기회
가 있다는 것을 너희들은 알아야 할
것이니라.
23 오늘 나의 선지자를 통하여 너희들에
게 전함이니, 이 세상에 있는 작은 것
부터 큰 것에 이르기까지 그 모든 것
은 그들이 당당히 그 자리에 있어야
하며 정당히 그 자리에 있어야 하기
때문에 내가 존재하게 하였음이니,
24 너희들은 이를 적대시하여 바라보는
그와 같은 마음을 버려야 될 것이며,
그 모두를 사랑으로 감싸며 그 모두를
너그러운 마음으로 이해할 수 있는 유
하고 부드러운 마음을 갖고 세상을 봐
야 될 것이니라.
25 너희들이 믿고 너희들만이 하늘에 오
를 수 있는 그 종파라 하는 것이 소중
하듯이, 내가 100가지를 가지고 채점
을 하여 그 점수를 매겨 하늘에 오르
는 길을 열어 주고 안 열어 준다 하면,
나머지 99가지도 소중하며 그것들이
하늘에 오를 수 있는 그 점수를 더 많
이 받을 수 있는 것이라는 것을 너희
들이 깨우쳐 행하도록 그리하여야 될
것이니라.
26 이제는 이를 깨우치라.
27 모든 이 지상에 존재하는 것은 내가
필요로 하여 그들이 존재토록 하였으
니 그는 다 소중함이며, 너희들이 그
를 보고 깨우치고 너희 것으로 만드는
그 세월 속에서만이 정녕 구원의 길을

갈 수 있으며, 볼 수 있다는 걸 알라.
28 너희들 것만이 옳다 생각하는 자는 그
한 가지를 위하여 나머지를 다 버림이
니, 그가 바로 무엇이냐?
29 아집과 고집이요, 나 여호와를 보지
못하는 자로서 지옥 불을 향하여 달려
가는 그와 같은 삶을 살아가는 대표적
인 자임을 그리 알라.

2,394 번째 하나님 말씀

2002년 5월 22일 21시 24분

(강론을 마치며)

1 사랑하는 선지자야!
2 **"네, 여호와 하나님! 말씀하옵소서."**
3 '나의 법전을 가슴에 안고 정독하는
자, 반석 위에 서서 하늘에 오르는 찬
란한 빛을 보게 되는 영광을 얻는다.'
하였음이니,
4 그러나 너희들이 나의 법전을 어찌 읽
으며 그 뜻을 어찌 깨우쳐 가느냐의
그와 같은 너희들이 가야 할 길이 남
아 있음이니라.
5 그저 너희들이 시 한 수 읽듯이, 책의
한쪽을 넘기듯이 그냥 넘겨 간다 하면
너희들이 백 번, 천 번을 넘겨도 나의
뜻을 알 수가 없음이니라.
6 오로지 나로부터 선택된 백성인 너의
제자, 너희들은 나의 법전을 정독하고
깨우쳐 그 속에 있는 그 뜻과 이치를
깨우쳐야 함을 알아야 할 것이니라.
7 내가 너희들에게 일러 말하지 아니하
였더냐?
8 지금 믿음을 가지고 있는 그 종교 지
도자들이 가는 것이 백사장의 모래 위
에 있는 땅콩의 그 파란 줄기를 보고
그게 땅콩이라 그리 가르치는 형국이
라 하지 아니하였더냐?
9 그리하여 정녕 나의 성경의 나의 뜻을
아는 자는 그 땅 밑에 열려 있는 열매
의 효능과 그의 쓰임과 그게 양식으로
서 어떤 가치를 하는가 하는 그것을
아는 자만이 나의 뜻을 아는 자라 하
였으며, 내가 원하는 그 뜻을 아는 자
라 말하였음이니라.
10 이제 너희들은 나의 법전을 14권이라
는 그 과정을 어렵게 거쳐 가며, 이제
는 두 권이라는 나의 법전밖에는 남아
있지 아니하였음이니,
11 너희들은 지금쯤 이 세상의 이치를 다
깨달았어야 할 것이며, 너희들 손안에
모두가 다 있는 세상의 그 이치의 그
림을 볼 수 있는 경지에 와 있어야 하
거늘, 너희들의 마음의 자세는 지금
어디에 와 있는가?
12 내가 오늘 선지자를 통하여 너희들에
게 일깨워 주었느니라.
13 나의 피조물 만백성이 제대로 믿음을
향하여 오는 자가 한 명도 없다 하였
음이니, 이는 곧 무엇이더냐?
14 너희들이 영혼의 구원의 믿음이 아니
라 육의 그 진흙탕 속에서 아직도 헤
어나지 못하고 있기 때문이니,
15 나의 법전 14권을 공부하여 이제는
두 권을 남겨 놓은 너희들이 육의 생
활에서 아직도 그를 버리지 못하고 그
를 저버리지 못하며, 그를 버리고 바
로 서겠다는 그 깨달음이 없다 하면
너희들은 어찌해야 하는가?
16 너희들 자신을 지금쯤은 돌아다볼 때

가 되었음이니라.
17 너희들은 나의 뜻을, 내가 이루고자
하는 그 역사를 모르느니라.
18 너희들이 바로 섰으며, 많은 나의 피
조물 만백성이 너희들 앞에 왔을 때
너희들이 천사와 같은 모습으로 변하
여 너희들 입에서 똑같은 말이 전해질
수 있는 그 수준이 된다 하면, 너희들
앞에 인산인해를 이루는 나의 피조물
만백성을 감당치 못하도록 내가 내일
이라도 너희들에게 역사를 이룰 수 있
음이니라.
19 그러나 지금 몇 명 안 되며, 14권의 법
전을 공부하고 나가고 있는 너희들은
당장 한 사람이 와서 물을 때 각자 다
른 말을 할 것이며, 각자의 생각을 말
할 것이며, 나의 법전에 숨어 있는 그
뜻을 너희들이 암기하며 기억하지 못
하기 때문에, 들은 이야기를 생각하며
너희 머릿속에 있는 그 생각을 포함하
여 너희 뜻을 전하며 이야기할 것이니,
20 이쪽에서 이야기하는 사람과 저 문 앞
에서 이야기하는 사람의 그 내용이 다
른 그와 같은 형국이 너희들의 위치이
니라.
21 그곳에 내가 무슨 영화와 영광을 내릴
것이며, 많은 나의 피조물 만백성이
너희들 앞에 와 나의 법전을 공부하는
그 인산인해의 역사를 이룰 수 있겠는
가?
22 너희들이 바로 서지 아니하면 더 이상
나갈 수가 없음이니라.
23 내가 천 년의 역사를 통해서 모두를
이룬다 하였음이니, 너희들이 나의 그
뜻을 받도록 얼마만큼 행하면서 나에
게 오르느냐 하는 것은 너희들의 마음
자리에 달렸음이니,
24 너희들은 지금 너희 육의 믿음에 빠져
있지는 아니한가 너희들 스스로 돌아
보아야 할 것이니라.
25 남의 아프고 가슴 아픈 일이요, 남이
잘못 가며 남이 너희들에게 용서받을
수 없는 행위를 했을 때, 너희들은 과
연 남들과 다르게 그를 사랑으로써 보
듬을 수 있는 그 마음의 자세와 행동
을 하고 있는가?
26 밖에 있는 모든 사람들, 이방인들과
똑같은 생각을 갖고 너희들이 그들과
같이 행한다 하면 너희들은 그들보다
더 사악한 자며 더 낮은 자임을 알아
야 할 것이니라.
27 오늘 내가 선지자를 통하여 너희들에
게 선을 그어 주었느니라.
28 너희들은 영혼의 믿음을 믿을 것이요,
육의 믿음을 믿지 말라 하였으니, 너
희들은 남을 아무도 평가하지 말며,
마음대로 남에 대한 시시비비를 하지
말며,
29 너희들이 미워하는 사람, 좋아하는 사
람의 그 마음을 지워야 될 것이며, 하
얀 마음이 되어야 할 것이니라.
30 너희들이 과연 이 세상을 덮은 만나와
같은 하얀 눈이 세상을 덮었을 때와
같이 그 마음이 되어야 될 것이니, 너
희들이 스스로 그와 같이 된 자는 남
의 말을 할 수가 없음이니라.
31 그리고 남의 시시비비하는 것이 너희
눈에 보이지 아니할 것이며, 그들이
하는 이야기가 너희 귀에 들리지 아니
할 것이니라.

32 **그와 같**이 되었을 때 너희들이 정녕
이**방인**들과 다른 차별화가 거기에 있
음이니, 바로 영의 세계에 도래하여
그 영의 믿음을 위하여 달려가는 그와
같은 너희들이 되어 있을 것이니라.
33 내가 오늘 너희들에게 다시 한 번 명
하노라.
34 너희들 말에 이와 같은 말이 있느니라.
35 사자라는 그 맹수를 잡기 위해 포수가
그 굴로 용감히 뛰어들어 그와 사생결
단하지 아니하면 그를 잡을 수 없다
말하였음이니, 너희들이 그보다 더 강
한 마음으로 지금 두 주먹을 쥐고 뛰
쳐나와야 될 때임을 알라.
36 너희들의 육의 그 믿음 속에서 벗어나
영의 믿음으로 돌입해야 함을 알라.

2,395 번째 하나님 말씀

2002년 5월 23일 09시 03분

1 사랑하는 선지자야!
2 "네, 여호와 하나님! 말씀하옵소서."
3 이제는 너와 너의 제자들이 육의 믿음
의 그 세상을 떠나 정녕 구원의 믿음
의 길을 가는 영혼의 믿음을 위하여
돌진할 때가 되었음이니라.
4 내가 너를 사랑하노라.
5 네가 앞에서 횃불을 들고 달려갈 때
너의 제자들이 너를 따를 것이니,
6 정녕 네가 육의 믿음의 세상을 탈피하
는 그와 같은 역사를 이루고 살아갈
때 너의 제자들이 그를 알게 되며, 그
들에게 힘과 용기가 있으며 그들의 영
혼이 하늘을 향하여 달려오게 되어 있
음이니라.
7 너는 넘어야 할 선을 넘어야 될 것이
며 건너야 할 바다를 건너야 될 것이
니라.
8 그 모두를 지금서부터 네 마음속에 하
나하나 다 버려야 될 것이며, 오로지
육의 세계에서 허덕이는 그 마음에서
벗어나 영혼의 세계에서만 안주하는
그와 같은 너로서 너의 믿음이 높아져
야 될 것이니,
9 네가 오늘부터 네 살을 깎는 아픔보다
도 더 진한 그 역사를 이루어 가야 할
것이니라.
10 이제까지는 너 스스로 너의 제자들 앞
에 말하기를, 네가 정녕 깨우치지 못
하였으며 행하지 못하며 부끄러운 자
라 그리 말하나,
11 이제 너는 행하는 자요, 실천하는 자
요, 나 여호와로부터 한 점의 부끄러
움이 없는 삶을 살아가고 있다 그리
말할 수 있을 때 그들은 그를 또 믿고
따를 것이니라.
12 너는 네가 솔직한 대답으로써, 지금
모두를 깨우치지 못하고 나의 뜻대로
살아가지 못하며 계명대로 완전히 지
키지 못하고 있다 함을 너의 제자들
앞에 솔직히 고백하면 너의 제자들이
너를 도와주며 그들이 깨끗하고 하얀
마음으로써 네 주변에 같이 남아 주기
를 바라나, 이는 아니 되는 것이니라.
13 스스로 가야 하는 길이며 스스로 해결
해야 하는 길이며, 너 스스로 싸워서
이겨야 하는 길이니라.
14 너의 제자들이 도우며 너의 제자들이
하얀 마음으로 네 옆에 와 그것이 너
의 마음의 파장을 막으며 네가 한순간

에 흔들리는 마음을 막을 수는 있으
나, 네가 마음의 깨달음에 의하여 영
의 세계에 돌입하는 것은 그들의 도움
이 너에게 근본적으로 도움이 되지 못
함을 알아야 할 것이니라.
15 혼자 스스로 싸워야 되는 것이며, 혼
자 이겨서 가야 하는 길이니라.
16 모든 믿음은 내가 무어라 말하였느냐?
17 자신이 구원을 받은 다음에 이웃을 구
하여야 되듯이, 너 스스로 싸워서 이
기는 것이요, 이웃의 누구도 너를 도
울 수가 없으며 누구도 도움의 힘이
되지 아니함을 알아야 할 것이니라.
18 이를 명심하여 네가 스스로 바로 서는
그 찬란한 역사를 이루도록 하라, 사
랑하는 나의 아들, 선지자야!
19 그것만이 네가 나의 피조물 만백성을
구하는 길이며, 후손대대 천 년에 걸
쳐서 에덴동산의 낙원이 지상에 이루
어지는 것이며,
20 사악한 무리들이 뿌리를 내리지 못하
며 선하고 아름다운 천사의 후손만이
이 세상에 존재하는 그 낙원이 될 것
이니라.
21 그날을 생각하여 오늘의 너의 고통과
너의 그 시련과 어떠한 역경이 있다
하여도 너 자신과의 싸움에서 흔들려
서는 안 되며, 너 자신과의 싸움에서
해서는 안 되는 질서를 파괴하는 것을
용납해서도 아니 됨이니라.
22 그것만이 네가 이길 수 있는 길이요,
네가 바로 설 수 있는 길이니라.
23 네가 바로 서지 못한다 하면 너는 죽
음이요, 지옥으로 감이요, 네가 바로
서서 오는 것만이 네가 나의 옆에 올
수 있는 길이며, 네가 또 가야 할 길이
며, 그보다 더 영광된 길이 없음을 알
아야 할 것이니라.
24 이를 잃을 때 모두를 다 잃게 됨이니
라.
25 네가 조용히 눈을 감고 세상을 보며,
조용히 눈을 감고 너 자신을 바라보
며, 조용히 눈을 감고 네가 서 있는 오
늘의 점수를 매겨야 될 것이니라.
26 내가 네 마음을 아느니라.
27 조용히 앉아 기도하며 묵상하며 눈물
로써 네 눈을 가려 세상을 보지 아니
하며 악한 마음을 제거하며 선하고 아
름다운 마음을 갖고 살아가고자 하나,
너는 또한 그리 갈 수 없음이니라.
28 세속 속에서 나의 피조물 만백성과 더
불어 부딪치고 살아가면서 네가 모두
를 다 버리고 선한 천사와 같이 변했
을 때 그것이 값이 있음을 알라.
29 그 값짐을 위하여 네가 오늘의 고통을
이겨야 되는 것을 네 가슴에서 지워서
는 아니 되며, 너의 제자들에게 또한
그리 가르치고 깨우쳐야 할 것이니 그
를 잊지 말라, 사랑하는 선지자야!

2,396 번째 하나님 말씀

2002년 5월 23일 21시 20분

1 사랑하는 선지자야!
2 "네, 여호와 하나님! 말씀하옵소서."
3 너의 제자들에게 일러 일깨워 주어야
될 것이니라.
4 지금 나의 선지자 네가 가는 이 사업
이 어떠한 역사를 위하여 가고 있는
가, 그리고 네가 밤과 낮을 가리지 아

니하며 나의 성령을 받아 기록하여 법
전이라는 책을 만들고 있음이니, 또한
이 사업이 어떠한 사업인가 너의 제자
들에게 물어보아야 될 것이니라.
5 지금 선지자가 가는 길이 어떠한 길을
가는 것이며, 선지자가 역사하고 있는
것이 과연 무엇을 하고 있는가를 너의
제자들에게 물어봐, 선지자의 가고 있
음을 한번 생각해 보라 그리 이르라.
6 인간사의 세상 속에 일어나는 그 하나
의 사업의 줄거리를 선지자가 행하여
가고 있는가?
7 인간사의 어떤 사람의 지시요, 그 뜻
에 따라 그가 지금 어떤 책이라는 것
을 만들어 내고 있는가?
8 소위 너희들의 양식이 되고 교양의 서
적이라 하는 어떠한 책을 지어 내는
역사를 하고 있는가?
9 너의 제자들이 아직도 꿈을 깨지 못하
고 있으며, 정녕 나 여호와의 무서움
을 모르며, 나 여호와가 존재함을 모
르는 것이 너의 제자들임을 너는 일깨
워 주어야 될 것이니라.
10 감히 너희들이 지금 선지자가 가는 길
이 어떠한 길이며, 그가 성령을 받아
기록하는 것이 누구의 뜻이며, 누구의
가르침이며,
11 그가 그를 책으로 엮어 나의 피조물
만백성을 찾는 역사요, 이 지구가 멸
망할 때까지 너희들을 깨우치고 인도
하고자 하는 이 법전을 만드는 그 역
사가 너희들이 감히 꿈이라도 꿀 수
있으며, 꿈에라도 생각할 수 있으며,
꿈에라도 이 형상을 볼 수 있으며, 꿈
에라도 너희가 선지자를 만질 수 있으
며, 선지자의 목소리를 들을 수 있으
며, 내가 선지자를 통하여 내리는 그
음성을 들을 수 있으며, 그 내용을 들
을 수 있는가?
12 너희들은 어찌하여 그와 같이 선택된
그 위대함을 모르며, 선지자가 살아가
는 이 시대에, 나의 성령을 받아 나의
법전을 만드는 이 시대에 너희들이 같
이 숨을 쉬며 나의 성전에 와서 그 깨
달음을 듣고 그 깨우침을 받아 너희들
이 인간으로서 변하여 구원의 길을 얻
으라 선택된 그 자체가 얼마나 위대하
고 소중한 것인가를 모르는가?
13 너희들이 이 자체를 모르고 있으며 이
고마운 나의 은혜를 모르고 있음이니
라.
14 이제는 너희들이 깨우침이 무엇인가
를 알고 하늘에 내가 존재함을 알 것
이며, 내가 너희들을 구원하고자 하는
길이 무엇이며 내가 너희들에게 내린
상이 무엇인가를 깨닫는다 하면, 이제
는 너희들의 눈이 뜨였으며 생각이 트
이지 아니하였는가?
15 선지자와 한 시대를 살아가며 같이 호
흡을 하며 같이 생활을 하며 같이 엮
어 가는 그 생활 속에서 너희들이 얼
마나 조심스럽고 너희들이 얼마나 축
복된 영광인가를,
16 그리고 너희들의 자세가 어떠해야 되
는 것인가를, 옷매무새 하나가 흐트러
져서도 아니 될 것이며, 언어 하나가
흐트러져서도 아니 될 것이며, 앉는
자세 하나가 흐트러져서도 아니 될 것
이 너희들이 행하여야 할 몸가짐이요,
살아가야 하는 행동이거늘,

17 너희들이 감히 나의 법전을 기록하기
위하여 나의 성령을 받아 기록하는 선
지자의 마음에 파장을 이루는, 너희들
스스로 형제지간에 갑론을박하며 시
시비비를 하며 그를 인간으로서 올려
놓고 인간의 잣대로써 재는 행위를 하
고 있으니, 이와 같은 너희들의 그 죄
를 어찌 다 받으려 하는 것이며,
18 너희들이 그러고도 내 앞에 영원히 선
지자와 같이 낙원에 오를 수 있다 생
각하는가?
19 내가 선지자를 달구어 너희들에게 많
은 것을 깨우쳐 주고자 하나, 선지자
스스로 제가 높고자 하지 아니하며,
제가 위대하고자 하지 아니하며, 제가
나로부터 선택된 선지자요, 아들임을
너희들에게 보이기를 싫어하며, 만백
성에게 제가 잘났으며 제가 위대하며
이 시대에 한 사람밖에 없는 나 여호
와의 아들이라 함을 그가 자랑하는 것
을 두려워하며 부끄럽게 생각하여,
20 그를 너희들이 받들고 따라가는 그 계
율을 내가 너희들에게 깨우쳐 주지 아
니하려 했으나,
21 이제는 너희 스스로 깨우쳐 행하여야
될 때가 아니 되었는가?
22 성서가 무엇이며 나의 성령의 가르침
이 무엇이며 나의 뜻이 무엇인가도 모
르며 그저 금화와 은화를 거둬들이기
에 연연하는 그들은 무어라 말하는가?
23 감히 저희들을 그 신도들이 평가할 수
없다 그리 말하느니라.
24 그리고 그를 잣대로 잴 수 없다 저희
들이 그리 말하고 있느니라.
25 하물며 나의 성령을 직접 받아 나의
법전을 만들며 새로운 역사를 이루며
수십억 인구 중에 단 한 사람인 나의
선지자와 더불어 살아가는 너희들이,
26 그가 자신을 높이기를 싫어하며, 잘난
체하기를 싫어하며, 알고 있는 것을
싫어하며, 너희들에게 대우 받기를 싫
어하여 그가 그리 간다 하거늘,
27 어찌하여 그의 겸손과 미덕의 마음은
모르고 그를 놓고 갑론을박을 하며,
그의 생활과 그의 살아가는 그 모습을
놓고 너희들이 시시비비를 따지고 있
는가?
28 이것이 다 너희들의 오만이요, 욕심이
요, 자만이요, 너희들이 벗어날 수 없
는 그 죄의 굴레를 너희 스스로 짊어
지고자 함을 이제는 너희들이 알아야
될 것이니라.
29 나의 법전 16권을 다 마쳐 가며 2부의
가르침과 3부의 가르침을 듣고 있는
너희들은 오늘의 너희들의 등골의 오
싹함과 싸늘함을 깨우쳐야 할 것이며,
30 자세를 바로 하지 아니하면 너희들이
나의 선지자와 더불어 나의 낙원에 올
수 없음을 알아야 할 것이니라.

2,397 번째 하나님 말씀

2002년 5월 23일 21시 47분

1 사랑하는 선지자야!
2 **"네, 여호와 하나님! 말씀하옵소서."**
3 내가 너에게 일러 알려 주었느니라.지
금 사악한 종교 지도자들이요, 잘못
가는 종교 지도자들이요, 그리고 저희
들이 모두를 다 바쳐 저희들이 가는
길만이 하늘에 오르는 길이요, 진정한

구원을 받는 길이요,
4 나의 아들 예수를 '주여, 주여!' 하고
찾으며 광란의 짓을 하며 헌금을 갖다
바치며 금화와 은화를 갖다 바치며,
이웃 형제와 저희 형제와 부모도 믿지
않는 자와 믿는 자의 그 차별화를 두
어 전쟁터에서 전쟁을 하는 자와 같은
굳은 마음을 가지고 있는 자,
5 그리고 저희들이 모두를 다 바쳐 저희
들만이 구원을 받는다, 그 구원을 받
음에 미쳐 제정신을 못 차리고 살아오
는 그들에게 나의 법전이 세상에 나가
나의 성령의 그 음성으로써 그들의 가
슴을 울리고 때릴 것이니,
6 그때 그를 듣고 깨우친 자, 잠에서 깨
어나듯이 놀라 너에게 찾아올 것이며,
7 그리하지 아니하고 저희들이 믿고 지
금까지 경배해 왔던 그것이 너무도 아
깝고 분하고 억울하여 억지를 쓰며,
그것이 정녕 구원의 길을 가는 것이며
그것만이 구원을 받는다 그와 같이 광
분하는 자들이 너를 갈기갈기 찢어 그
뼛속까지 너의 흠집을 찾으려 파헤쳐
놓는다 하였음이니라.
8 아무리 그들이 헤치고 너를 갈기갈기
찢어 알고자 하여도 인간 사회에 너희
들이 살아가는 곳에 너희들이 보지 아
니한 것을 찾을 수 없으며, 너희들이
목격하지 못한 것을 증거하지 못하고,
말 못 하고 밝히지 못하고 넘어가는
것이 있을 것임이니라.
9 그럴 수도 있을 것이니라.
10 그러나 너희들이 죽어 나에게 와서 심
판을 받는 데는 그것이 통하지 아니함
을 알아야 할 것이니라.
11 너희들의 육이 영의 생각을 하며 생각
속에 살아왔던 그 생각의 생활의 점수
와 너희들이 육으로써 직접 행하고 살
아온 그 모두의 점수를 너희들이 받게
됨이니,
12 너희들이 수만 가지 선하고 악한 일을
한 것에 대하여 질문을 받아서 그 질
문에 답을 해야 할 것이니라.
13 너희들이 얼마나 선하게 살아왔으며,
사랑을 베풀었으며, 남에게 나누어 주
고 베풀며 살아왔는가, 그리고 너희들
이 얼마나 사악하고 간악한 짓을 했는
가, 얼마나 사악한 생각을 했는가, 그
생각 하나하나를 다 내가 너희들에게
천사를 통하여 질문할 것이니,
14 그 질문을 할 때 너희들이 얼마나 뼛
골이 아프고 가슴이 아프며 후회하고
통곡할 것인가를 알아야 할 것이니라.
15 나의 천사들이 하나하나 물을 때 너희
들이 대답을 제대로 하지 못하고 그
죄지음에 부끄러워 고개 숙일 때마다
너희들의 가혹한 형벌 하나하나가 너
희들 머리 위에 떨어지며 너희 눈앞에
쌓여 가며,
16 너희가 치러야 할 그 형벌과 고통이
하나하나 쌓일 때 너희들의 오장육부
가 터지는 것 같으며 그 두렵고 무서
운 것을 너희들이 어찌 다 감당할 수
있겠는가?
17 그와 같은 형벌을 받음이 죽어 내 앞
에 왔을 때 너희들이 치러야 하는 과
정이니라.
18 인간 사회에서 너희들이 더러는 속이
고 더러는 증거하지 못함을 억지를 쓰
며 그리 버텨 나갈 것이니라.

19 오죽하면 너희들 말에 '닭 잡아먹고
오리발을 내민다.'는 그러한 말이 있
겠는가?
20 그렇듯이 너희들은 터무니없는 말로
써 뒤집어씌울 수도 있고 변명할 수도
있으며 한순간을 모면할 수 있는 그와
같은 인간 세상에서의 삶은 너희들이
내 앞에 왔을 때는 그 꿈도 꾸지 말아
야 할 것이니라.
21 너희들이 마음으로 생각하고 살아왔
던 선한 생각, 악한 생각, 그리고 너희
들의 선한 행동, 악한 행동, 그 하나하
나에 대해서 너희들은 질문을 받을 것
이니라.
22 그리하여 너희들은 스스로 대답을 하
여야 될 것이니라.
23 그리고 너희들이 부끄러워 대답하지
못하며 너희들이 잘못함을 시인할 때
마다 너희들이 겪어야 할 그 죄목 하
나하나가 너희들 눈앞에 쌓일 것이니,
24 그때 너희들이 얼마나 통곡하고 갈기
갈기 찢어지는 고통을 겪어야 할 것인
가, 너희들이 그때를 생각한다면 오늘
의 삶을 어찌 살아야 될 것인가를 알
아야 될 것이니라.
25 내가 너희들에게 말하여 전하였느니
라.
26 나의 법전을 읽고 깨우쳐 나의 피조물
만백성에게 나의 법전을 전하는 자,
그 순간부터 내가 너희들의 지난 그
모든 죄를 용서해 주며, 너희들이 새
로 태어난 아이처럼 살아갈 것이며,
나 여호와의 뜻대로 살아갈 수 있으며,
27 내가 기도하라는 대로 기도하며 경배
하고 살아가는 자, 내가 그 죄 모두를
다 용서해 준다 하였음이니,
28 너희들은 이것이 얼마나 무섭고 위대
한 나로부터 내리는 축복이며 영광인
가를 알아야 될 것이니라.
29 그와 같은 은혜와 축복을 받은 너의
제자들부터 그 자세의 삶이 어떤가 알
아야 될 것이며,
30 너희들의 육의 생활에 시시비비를 안
고 살아가며, 성서에 '너희 형제를 비
웃으며 형제를 모략하며 형제의 가슴
에 아픈 말을 전하는 자, 그는 영원히
지옥 불에 간다.' 기록되어 있거늘,
31 어찌하여 너희들은 나의 법전이요, 나
의 성령의 책을 읽고도 너희들 간에
갑론을박하는 그와 같은 대화가 성전
에서 이루어질 수 있으며, 너희들이
감히 얼굴을 붉힐 수 있는가?
32 그 죄목을 하나하나 물을 때, 너희들
이 진실이 아니고 거짓으로써 상대방
을 욕했으며 너희 형제에게 핍박했으
며 너희들이 모함하여 그를 핍박한 그
모든 죄요, 거짓 하며 남을 속인 하나
하나가 너희 앞에 치러야 할 죄목으로
떨어질 때, 너희들은 그때 가서 너희
들의 오늘의 삶을 통곡하고 후회할 것
이니, 그때는 이미 늦음을 알아야 될
것이니라.
33 그러하니 내가 너희들에게 나의 법전
을 읽고 깨우치며 나의 법전을 만백성
을 위하여 전하는 그 대업을 이루는
자, 그 모두의 죄를 용서하여 준다 하
였거늘,
34 너희들의 그와 같은 무서운 죄의 대가
를 나 여호와, 창조주가 면하게 하여
주었으니 그보다 더 큰 은혜와 영광이

없거늘, 그리하여 어린아이처럼 살라
하였거늘,
35 너희들 중에 아직도 인간 세속의 그
마음 자세를 버리지 못하며 왈가왈부
하고 시기하고 투기하며 살아가는 자
가 있다 하면, 이는 너희들이 성서에
기록되었던 '네 형제를 음해하는 자,
지옥으로 간다.' 하는 것보다 몇백 배
더 무섭고 어려운 가중한 형벌을 받는
다는 것을 잊어서는 아니 될 것이니라.
36 이제 내가 너희들에게 직접 말하며 너
희들의 마음을 다 비우라 하였으며,
육의 믿음이 아니요, 영혼의 믿음의
그 길에 용감히 뛰어드는 너희들이 되
라 하였음이니,
37 그와 같이 너희들이 영의 세계를 깨닫
고 너희 스스로 구원받는 그 길을 달
리고 매진하기도 바쁜 그 시간에 너희
들의 이웃 형제를 시기하고 질투하며
너희들의 형제들 간에 옳고 그름을 갑
론을박할 때, 나의 선지자에 대해 갑
론을박할 때,
38 그 모두가 다 너희가 얼마나 부질없으
며 얼마나 큰 죄악의 굴레를 쓰고 있
는 것인가를 너희들이 죽어 내 앞에
와서 알 것이니,
39 내가 선지자에게 내리는 이 이후부터
너희들이 그와 같은 행위를 한 자, 정
녕 내가 너희를 선별하여 버릴 것이
니, 이를 명심하여 잊지 말고 시행하
도록 하라.
40 너희들을 버리고 안 버리며, 너희들이
사탄이요, 사악한 자요, 악마라는 것
은 선지자가 너희들 이름을 지우고 너
희들을 손에서 놓을 때 오로지 너희들
은 사탄이요, 사악한 자로 변한다 하
였으니,
41 선지자가 그 손을 놓지 않는 자, 너희
들은 갑론을박하지 말라.
42 그리고 나의 성전에 찾아오는 자는 나
의 손님이며 나의 자식이며 나의 아들
딸이라 하였거늘, 너희들은 누가 나의
성전에 오고 가는 것을 갑론을박하지
말라.
43 감히 나 여호와 앞에서 나를 대신하고
자, 너희들이 모두를 누리고자 하는
그와 같은 사악한 자이니, 나의 이름
을 팔아먹는 그와 같은 자이니라.
44 너희들이 감히 나의 성전에 와 나의
법전을 읽으며 나의 법전을 깨닫고자
하는 자를 보고 올 수 있는 자요, 올
수 없는 자라, 깨우친 자요, 깨우치지
않은 자라, 사악한 자요, 사악하지 아
니한 자라 그리 구분하는 것은 너희들
의 판정관인 나 여호와가 되고 싶어하
는 자이며, 나의 이름을 파는 사탄인
것이니라.
45 너희들이 지금 바로 무어라 말하였더
냐?
46 예수의 이름으로써, 보혈로써 구원을
받았다 하는 자, 그는 내가 문을 열어
주는 것을 제가 열었다 하는 자니, 제
가 나 여호와라 하는 행위와 똑같다
하였으니, 그 죄는 제가 죽어 와서 알
수 있다 하였음이니라.
47 나의 성전에 나의 법전을 보고자 찾아
오는 자, 나의 법전을 펴들고 공부하
는 자, 그 누구도 너희들이 사탄이요,
이단이라 평가할 수 없음이니라.
48 이를 평가하는 자는 제가 재판관이라

함이니, 곧 나 여호와의 행세를 하려 함이니 그가 사악한 사탄임을 너희들은 알아야 할 것이니 그리 알라.
49 그 모두는 내가 결정함이니라.
50 사탄으로서 선지자를 공격하며 선지자를 쓰러뜨리는 것도 내가 알고 있으며, 그리하지 못하게 하는 것도 내가 할 수 있음이니라.
51 나의 성전에 온 선택된 나의 선지자의 제자인 너희들은 아무도 감히 평가할 수 없음을 알라.
52 오로지 선지자만이 평가하며, 나 여호와만이 평가함이니, 둘 외에 그 누구도 평가하는 것은 너희들이 나를 대신하고자 하는 사악한 자들임을 알라.
53 이것이 가장 무서운 죄임을 너희들이 오늘 이후부터 알아야 될 것이니, 너희들은 누구도 평하지 말라.
54 나의 성전에 와 나의 법전을 읽든 말든, 그가 어떠한 행위를 하든, 그 누가 어떠한 일을 하든 너희들은 그를 평가하지 말라.
55 나의 성전에 들어오는 그 순간에 그는 나의 백성이며 내가 챙긴 손님이니, 내가 초청한 손님이요, 내가 부른 나의 자식이요, 나의 아들딸들을 너희가 어찌 감히 평가할 수 있는가?
56 너희가 누구이던가? 너희 자신을 돌아다보라 그리 깨우쳐 주라.
57 너의 제자들에게 이를 명심하여 깨우쳐 주며, 이를 어기는 자 용서치 아니할 것이니 그리 알라.

2,398 번째 하나님 말씀

2002년 5월 23일 22시 45분

1 사랑하는 선지자야!
2 "네, 여호와 하나님! 말씀하옵소서."
3 이제 곧 나의 법전의 3부가 세상에 나가니, 나의 피조물 만백성 그들이 지금까지 믿어 왔던 저희들의 삶에 구원의 길이 정녕 잘못되었다 깨달을 때 그들은 과연 어떠한 충격과 어떠한 마음의 동요를 이루겠는가?
4 그들의 마음의 동요는 결국 분노로 이어질 것이며, 그 분노의 마음을 스스로 자책하고 깨닫기 전에 그들은 너희들을 공격하며 나의 법전을 세상에서 불태워 버리며, 한 권의 책도 세상에 남기지 아니하려는 것이 그들의 뜻이니라.
5 그리고 그들은 이를 모두 수거하여 태우고 찢어 버릴 것이니라.
6 그리고 이 법전이 세상에 존재하지 못하도록 그리할 것이니라.
7 그리고 저희들이 그리 거둬들이고 그들은 그리 말할 것이니라.
8 '이는 사탄이요, 사악한 자요, 마지막 시대에 거짓 선지자가 만든 것이니, 하늘의 뜻에서 이를 다 거두어 태우고 찢어 버리라 하였으니, 그리하여 우리는 이를 태워 버리고 찢어 버린다.' 그리 말할 것이니라.
9 그리하여 그것을 가져오는 자에게 상금을 내릴 것이며, 그들에게 포상을 걸 것이며, 그들에게 그 숫자만큼 상을 준다 하니, 그들이 없는 것, 있는 것, 다 갖다 그를 바치는 그와 같은 형

국이 이루어질 것이니라.
10 지금의 믿음을 가지고 있는 자들이 그
보다도 더한 형태를 이룰 것이니, 그
리하여 내가 나의 계획이요, 나의 뜻
대로 나의 법전을 세상에 서서히 전하
고자 하는 것이며, 그리하여 한 지역
을 완전히 나의 법전으로 덮어 버릴
것이니,
11 그곳에서는 다 거두고 태우더라도 나
의 법전을 믿고 이것이 하늘에 오르는
길이라 깨우친 백성들이 똘똘 뭉쳐 있
으니, 재물로써 이를 팔지 않는 자들
이 나올 것이니라.
12 그리하여 그와 같은 나의 피조물 만백
성의 집단을 이루기 위하여 내가 너의
제자들에게 정신 교육을 하고 너의 제
자들의 마음을 돈독히 하며,
13 내가 그리하여 구원의 길에 먼저 너희
들의 이름을 낙원에 걸어 놓아 너희들
이 불변하도록 만들고자 하는 것이 나
의 뜻이나,
14 나의 성전에서 모이는 너희들이 반목
하며 너희들이 서로 하나가 되지 못한
다 하면,
15 그중에서는 한 사람이 이를 갖다 반납
하게 되며 이를 팔아먹으며, 그리하여
그가 남의 것까지 도둑질하여 팔고,
남의 것까지 그가 밀고하여 그를 내놓
지 않으면 못 견디게 하고자 하는 것
이 그들의 성미이니라.
16 그러하거늘 너희들이 어찌하여 이곳
에서 반목하는 말이 나오며 반목하는
행위가 있을 수 있겠는가?
17 이는 너희들이 그리해서는 아니 됨이
요,
18 너희들이 또한 어렵고 힘든 인생의 역
정을 살았기에 나의 법전이요, 나의
성령이 기록된 이 법전을 배신하지 아
니할 수 있는 그러한 사람들을 내가
지금 골라 너희들을 선지자의 제자라
임하였거늘,
19 너희들이 가야 할 뜻과 크게 이루어야
할 뜻과 그 임무를 깨닫지 못하며 작
은 것에 연연하며, 너희들의 마음 한
구석에 자리잡아서는 안 되는 사행심
을 버리지 못하고 그 마음에서 너희들
이 지금 갑론을박한다 하면 이는 어찌
하겠는가?
20 작은 것으로써 큰 것을 잃게 되며, 큰
것을 보지 못함이니라.
21 너희들이야말로 목숨을 바쳐도 나의
법전을 버리지 않을 자들이며, 나의
법전을 팔아먹지 아니할 자들이며, 나
의 법전을 가진 자 고발하지 아니하는
그와 같은 너희들이기에 내가 너희들
을 선택하였으며,
22 너희들은 또한 그리 가고도 남을 자들
이니라. 이것이 너희들을 선택한 길임
을 알라.
23 그러한 너희들이 서로 반목하여 거기
에서 배신하는 자가 나올 수 있는 그
와 같은 너희들의 집단으로써 형성되
어서는 아니 되는 것이니, 이를 잊지
말라.
24 그리하여 한 지역에 있는 나의 백성들
이 나의 법전을 보고 깨우쳐, 그 지역
의 어떠한 자가 권력이요, 재물로 그
를 다 거두어들이려 해도 그들이 깊숙
이 묻어 둔 나의 법전을 내놓지 아니
하는 그와 같은 것이 그 집단의 흐름

이 되어야 될 것이니라.
25 이것이 잘못되었다 하는 자가 100명 중에 50명이면 나의 법전은 재가 되고 물이 되어 없어지나,
26 나의 법전이 옳고 바르다는 것이 70이요, 80퍼센트가 된다면 30퍼센트요, 20퍼센트는 감히 대적하지 못함이니 나의 법전이 존속되게 되며,
27 이는 물 흐르듯이 세상에 전해지는 그와 같은 역사가 이루어질 것이니라.
28 그리하여 한 지역을 나의 법전으로 덮으며, 한 나라를 나의 법전으로 덮으며, 이와 같은 방법으로써 나의 법전을 전하고자 하는 것이 나의 뜻임을 알라.

2,399 번째 하나님 말씀

2002년 5월 24일 10시 25분

1 사랑하는 선지자야!
2 "네, 여호와 하나님! 말씀하옵소서."
3 내가 너에게 일러 주었음이니, 너의 제자들이 반목과 반목이요, 시기하고 질투하는 그 속에서 나의 성령이 세상에 나갈 수 없는 뜻을 너희들은 알 것이니라.
4 이와 같은 너희들의 마음 자세를 바로 다스리고 세우지 아니하면 아니 됨을 너의 제자들에게 일깨워 주어야 될 것이니라.
5 너희들이 인간의 삶에서 가장 갈구하고 소원하는 것이 무엇이던가?
6 하늘에 올라와 나로부터 영광과 축복을 받아 구원을 받는 것이 너희들의 가장 바라는 소원이요, 너희들이 희망하는 것이니라.
7 그리하여 그를 위하여 평생을 바치는 자가 있음이니라.
8 그러나 내가 너희들에게 나의 십계명의 마지막에 한 구절을 더 깨우쳐 주었음이니, 이 뜻을 너의 제자들이 깊이 음미하고 깨달아야 할 것이니라.
9 '나의 법전을 가슴에 안고 정독하는 자 반석 위에 서서 하늘에 오르는 찬란한 빛을 보게 되는 영광을 얻게 됨이라.' 내가 그 한 구절을 더 넣었음이니, 이 뜻의 깊이를 너희들이 깨우쳐야 할 것이니라.
10 모든 것은 시작이 있음이니라.
11 천릿길도 한 걸음부터 시작함이니, 모든 위대한 역사를 이루는 것도 처음 시작하는 것이 그 역사의 기초가 됨이니,
12 바로 너희들이 나에게 오르는 그 영광을 얻는 것도 반석 위에 서서 하늘에 오르는 그 찬란한 빛을 보는 것이 기초이며 기본이라 하였음이니,
13 이는 나의 법전을 가슴에 안고 정독하라 하였음이니라.
14 그 정독하라 함은 너희들이 그 뜻을 깨우치고 음미하고 또 그 뜻을 따라 행하고자 하는 그 깊은 마음의 경배하는 자세로써 나의 법전을 읽어 깨우치라 함이 여기에 있음이니라.
15 오늘 너희들은 하나 깨우쳐야 할 것이니라.
16 너희들이 나 여호와로부터 선택된 그 자체의 의미를 깨우쳐야 할 것이니라.
17 지금 선지자가 나의 성령을 받아 법전을 이 세상에 펴냄이니, 이것보다도

더 소중하고 더 귀한 역사가 없음을
너희들은 알아야 할 것이며,
18 이 한 시대에, 선지자가 살아가는 시
대에 같이 호흡하며 나의 성령을 듣는
그 영광을 얻으며 살아가는 너희들이
얼마나 축복된 자들인가 그 감사함부
터 가슴속에 깊이 새길 때, 너희들이
나 여호와를 경배하듯이 선지자를 바
라보는 너희들의 마음이 사랑의 눈빛
이 아니면 그를 볼 수 없음을 알아야
할 것이니라.
19 너희들을 내가 선택하여 낙원에 너희
들의 이름을 걸었음은, 오늘의 반목하
고 시기하고 앞에 가는 자 무너뜨리며
반목하는 그와 같은 너희들이 모이는
집단을 만들기 위하여 나 여호와가 너
희들을 선택하였음이 아니니라.
20 너희들이 이 역사를 이루는 선지자를
따라감에 너희들 각자의 임무가 있으
며, 나로부터 받아 행하여야 할 책무
가 있음을 알아야 될 것이니, 이를 나
여호와로부터 너희들이 직접 듣고 이
제는 깨우쳐야 할 때가 도래하였음을
알라.
21 이제는 너희들이 피보다 진한 모습으
로써, 목숨을 바치는 그와 같은 기도
로써 나에게 경배하고 기도하라.
22 너희들의 잘못을 깨우치고 너희들이
반성하고 회개하며 피보다 더 진한 땀
방울을 흘리는 그와 같은 기도를 드릴
때, 내가 너희들이 가야 할 임무를 각
자 너희들에게 명할 것이니,
23 이를 받지 못하는 자 나로부터 선택된
백성이 아니며, 그와 같이 반성하며
회개하지 아니하는 자 나로부터 음성
을 들을 수 없으니,
24 이제는 너희들을 선별하는 시대가 왔
음을 알아야 될 것이니 이를 명심하라.
25 내가 선지자를 통하여 명하였느니라.
하얀 마음이 되는 그 믿음이 영혼의
믿음이요,
26 너희들의 인간 세속의 복잡한 그 생활
의 모두를 버리지 못하고 욕심과 시기
하는 마음, 질투하는 마음, 미워하는
마음을 가슴속에서 버리지 못한다 하
면 너희들은 육의 믿음에서 허덕이는
자요, 영의 믿음을 올 수 없다 하였음
이니,
27 너희들이 어떠한 자세로 살아가는가?
28 너희들이 감히 반목하는 마음을 가슴
에 안고 살 수 있는가를 깨우쳐야 할
것이니,
29 모두는 너희들이 나의 성령의 나의 법
전이 세상에 나가는 것에 초점을 맞추
어야 될 것이며, 너희들의 모든 생활
을 거기에 맞추어야 될 것이거늘,
30 선지자가 가는 길이, 선지자가 행하는
길이 어떠한 길인가를 깨우쳐 보라.
31 너희들에게 선지자가 가는 길에 파장
을 이루지 말라 함은, 선지자의 가는
길, 그 길보다 더 위대한 것이 없으며,
더 찬란한 역사가 없으며, 그보다 더
소중한 일이 없음이니,
32 선지자가 가는 그 길에 너희들이 파장
을 이루지 말라 함이 여기에 있음이니,
33 이는 나 여호와와 선지자만 아나니,
34 너희들이 나와 나의 선지자 앞에 도전
하고자 하는 그 마음을 갖지 말라.
35 너희들이 왈가왈부하는 것은 곧 그러
한 행위이니라.

36 너희들이 더 높고자 하는 그 사악한
마음의 뿌리에서 이루어짐이니, 오늘
부터 너희들이 그 마음을 버려 천사의
길을 보도록 그리 가라 깨우치라, 선
지자야!

2,400 번째 하나님 말씀

2002년 5월 24일 15시 01분

1 사랑하는 선지자야!
2 "네, 여호와 하나님! 말씀하옵소서."
3 너희들 인간사에 재산을 관리하는 것
을 가르쳐 깨우치기를, '천 길 낭떠러
지에서 나뭇가지를 붙잡고 매달리는
그와 같은 심정으로 재물을 쥐고 관리
한다면 밥 먹고 살지 못할 자 없다.'
그리 너희들이 가르침이니,
4 너희들은 이 구절을 들으면서 어찌 생
각하여야 되겠는가?
5 정녕 나에 대한 믿음이요, 구원의 길
을 달려오고자 하는 너희들은 그와 같
은 심정으로써 믿음을 향하여야 될 것
이며, 나에게 기도하여야 될 것이며,
나에게 경배하여야 할 것이니라.
6 너희들은 과연 그러한 마음으로써 나
에게 경배하며 기도하는지 너희들 자
신을 돌이켜 보아야 할 때가 되었음을
알아야 할 것이니라.
7 이제 나의 법전 1부를 끝내 가며 2부
의 선지자가 피를 토하듯이 강론한 그
것을 듣고 깨우친 너희들은 과연 지금
그 위치가 어디에 와 있는가?
8 인간 세속에 살아가는 백성 너희들은
은화 한 닢을 위하여, 떨어져 죽는 그
와 같은 곳에서 매달려 있는 형국에서
움켜쥐듯이 하면 밥을 먹고 살 수 있
다 하는 가르침이 있다 하였음이니,
9 너희들이 믿음을 가지고 나에게 오고
자 하며 하늘에 오르고자 하는 것이
그 은화 한 닢을 쥐고 너희들이 육신
의 평안을 위하는 것보다 못하단 말이
던가?
10 어떠한 것이 더 소중한 것이며, 어떠
한 것이 더 위대한 것이며, 어떠한 것
에 너희들이 비중을 더 두고 바쳐야
하겠는가?
11 너희들은 육의 삶을 위하여 은화 한
닢을 움켜쥐고 그것을 놓으면 떨어져
죽는다는 그와 같은 마음으로 금화와
은화를 쥐는 자, 육의 삶에서 남에게
부끄럽지 않은 삶을 산다 그리 가르치
느니라.
12 그러나 너희들이 구원의 길을 오는 것
이며 구원을 얻는 그 믿음의 길은 과
연 어떠한 것인가?
13 은화 한 닢을 움켜쥐는 것보다 너희들
은 과연 더 움켜쥐며, 그보다 더 너희
들의 모든 열과 성의를 다하여 나를
향하여 믿음을 가지고 가는가 생각해
보아야 할 것이니라.
14 너희들이 하루를 살아가면서 천 가지
일을 겪는다면 너희들은 나의 뜻에 의
하여 하는 것이 과연 몇 가지나 되는
가?
15 너희들은 나의 뜻에, 나의 가르침에
의하여 맞추어 생활하는 것이 그 십
분의 일 정도라도 되는가? 다시 한 번
너희들이 검증하고 다스릴 때가 되었
음을 알아야 할 것이니라.
16 너희 생활이 백 가지면 백 가지가 나

를 정점으로 나를 기억하여 생활해야
될 것이며, 천 가지 생활에 부딪칠 때
마다 천 가지 생활이 다 나에게 기준
하여 깨우치고 생활해야 될 너희들이
천 가지 중에 백 가지도 그리 생각하
지 아니하고 산다 하면 너희들은 일반
인들과 무엇이 차별화되는 것이며 무
엇이 다른 것이던가?
17 여기에 너희들은 다름이 있음이니라.
18 너희들은 위대한 영혼의 구원을 받는
그 길을 위하여 육신이 살아가기 위하
여 그 금화를 움켜쥐는 것보다도 열배
백배 천배 더 강한 힘으로 매달리고
움켜쥐어야 될 것이니,
19 그리하여도 하늘에 오를까 말까 한 그
믿음의 세계에 가는 너희들 자신이 지
금 과연 몇 퍼센트나 너희 마음이 그
리 가 있는가 한 번 견주어 보도록 그
리 물어보라.
20 그리하면 너희 스스로 부끄러움을, 너
희들이 서 있는 위치를 알 것이며, 너
희들이 지금 선지자를 따라 향하고 있
는 그것을 알 것이며,
21 너희들이 흐트러지는 마음은 모두 그
와 같이 애절한 마음이 없기 때문이니
라.
22 나에게 구원을 받고자 하는 그 마음이
애절할 때 너희들 마음속에는 아무런
잡생각도 들어갈 수 없음이니,
23 너희들이 세속 것을 생각하며 세속 것
에 젖어 있다 하면 너희 삶에서 나는
너희들에게 아무런 의미도 없는 나 여
호와며,
24 너희들이 그저 쉬고 편안할 때 한마디
불러 주는 나 여호와의 믿음이요, 너
희들이 필요할 때 기도하는 그와 같은
형국으로 믿음을 가지고 간다 하면,
수천 년 역사 동안에 믿어 온 그들과
너희들이 다른 점이 없음이니 어찌하
여야 하겠는가?
25 이 이치를 그들에게 깊이 깨우쳐 주어
야 될 것이니라.
26 떨어지면 죽는 천 길 낭떠러지에서 나
뭇가지를 붙잡고 매달리는 것보다 천
번 만 번 더 깊은 마음이요, 더 애절한
마음으로 나에게 기도하며 살라 그리
깨우쳐 주라.
27 그리 기도하고 매달리는 자, 아무런
잡생각이 없을 것이며, 세상사 인간들
이 살아가는 그것이 눈에 보이지 않을
것이니,
28 세상사 인간들이 살아가는 모습을 보
고 옳고 그르고, 잘못됐다 잘됐다 평
가하는 것은 그가 세상 속에 있기 때
문에 그것이 보임이니라.
29 그 세상을 떠나 너희들이 영의 세계에
서 육신이 사는 세상을 내려다본다 하
면 그들이 사는 것이 귀엽고 아름답게
보이지 아니하겠는가?
30 어찌 그것을 평하며 그들을 나무라며
그들을 탓할 수 있는 너희들의 생각이
머릿속에 있으며 그와 같은 생활을 할
수 있겠는가?
31 이는 너희들이 그 속에서 같이 동요하
며 벗어나지 못하기 때문임을 너의 제
자들에게 깨우쳐,
32 하루속히 영의 세계에, 나의 나라에
진입하는 그 높은 깨달음을 갖도록 그
리 깨우쳐 주라.
33 과연 나에 대한 믿음이 얼마만큼 애절

히 매달리며 얼마만큼 기도하며 얼마
만큼 생활 속에서 나를 가슴에 안고
생활하는가 그리 그들에게 오늘 다시
한 번 묻도록 하라, 선지자야!

2,401 번째 하나님 말씀

2002년 5월 24일 15시 05분

1 사랑하는 선지자야!
2 "네, 여호와 하나님! 말씀하옵소서."
3 수천 년 역사가 흘러와 잘못된 것을
바로잡는다는 것이 얼마나 힘들고 어
려운 역사더냐?
4 10년도 안 된 나무가 구부러져 자란
것을 바로잡기가 얼마나 어려우며 힘
이 들더냐?
5 너희들이 10년의 역사가 안 되는 나
무의 구부러진 그 형태 하나를 잡기도
어렵고 힘드니, 그는 20년, 30년의 공
을 들여야 할 것이며 그리하여도 그를
잡을 수가 없음이니라.
6 100년, 200년이 된 그 고목이 휘었다
하면 그를 너희들은 과연 바로잡을 수
있겠는가? 이는 도저히 너희 인간의
능력으로써는 잡을 수가 없을 것이니
라.
7 지금 구약 시대의 몇천 년이요, 신약
시대의 몇천 년 동안 흘러오면서 나의
피조물 만백성이 잘못 가고 잘못 믿어
와 구부러지고 휘어져 있는 것을 지금
바로잡는다는 것이 과연 있을 수 있으
며, 그를 바로잡을 수 있다 너희들은
생각하는가?
8 나무의 휜 것은 너희들이 물리적으로
잡을 수 있으며, 그보다 강한 자에게
눌려, 강한 자에게 반듯이 세워져, 너
희들이 쇠줄로 동여매고 동여매어 그
나무가 부러지지 아니할 정도로 휘어
잡는다면 그는 잡을 수 있으나,
9 인간은 생각하는 동물이요, 고통스러
울 때 피해 가는 요령이 있으며 도망
가는 요령이 있으며 물러나는 요령이
있으며 공격하는 요령이 있음이니라.
10 그와 같은 인간들의 수천 년 동안 잘
못 굳어 온 그 형태를 너희들은 과연
무슨 방법으로 잡을 수 있다 생각하는
가?
11 쇠사슬로 동여매어서 그를 잡을 수 있
다 하는가?
12 아무도 그를 잡을 수 없음이니라. 그
리고 사악하게 내려진 그 뿌리를 잡을
수가 없음이니라.
13 오로지 이는 무엇으로써 잡을 수 있는
가?
14 깨달음이니라.
15 나의 성령의 진리를 그들의 머릿속에
부어 넣고 또 부어 넣는 그와 같은 역
사 속에서 그들을 바로잡을 수 있으
며, 그들을 깨우칠 수 있는 길이 그 길
밖에 없음이니라.
16 구약과 신약의 그 성서의 가르침을 보
고 배워 온 백성들이 지금에 와 휘어
질 대로 휘어졌음이니, 이를 어찌하여
야 하겠는가?
17 그리하여 내가 지금 그들을 바로잡기
위하여 나의 성령으로써 세상에 내려
보내니, 이를 받아 기록하는 선지자
너의 그 아픈 노고를 나 여호와는 아
나니,
18 내가 160권의 장서로써 세상에 내보

내 나의 피조물 만백성을 바로잡고자
하는 것은 나의 법전이요, 나의 성령
의 뜻이 아니면 이를 잡을 수가 없음
이니라.
19 그리하여 이것을 갖다 붙는다 하여 그
리 잡을 수도 없는 것이니라.
20 너희들이 아름답고 곱게 살아가는 그
모습을 보며 나의 성령의 뜻을 읽어
천 년의 역사 동안에 그 후손들이 변
하여 가며 또 변하여 가서 그와 같이
변하여 가는 것이 내가 이루고자 하는
역사며, 그것밖에는 이룰 수 없느니라.
21 그 누구도 바로잡을 수 없으며 그 누
구도 이룰 수가 없음이니라.
22 그러니 너희들이 그 모두의 모범이 되
어야 될 것이며, 그들의 살아가는 것
에 기초가 되어야 될 것이며, 너희들
을 보고 나의 피조물 만백성이 바로잡
아 감이니라.
23 나의 성령의 가르침이요, 나의 법전에
기록된 그 내용을 읽어 깨우치며, 그
보다 더 소중한 것이 너희들이 살아가
는 그 모습을 보고, 그 모습의 아름다
운 미담을 전해 듣고 그들이 ...
24 (녹음 실수로 20초 정도의 기록이 지
워졌습니다. 그리하여 기도의 뒷부분
을 기록할 수 없게 되었습니다.)

2,402 번째 하나님 말씀

2002년 5월 24일 15시 11분

1 (앞부분 녹음 지워짐)...
2 남의 상처를 보고 탓하며 남의 아픔을
보고 탓하는 자는 제 상처를 보지 못
하는 자며, 남의 허물을 보고 탓하는
자는 제 허물을 보지 못하는 자니, 그
와 같이 어리석고 불쌍한 것이 나의
피조물 만백성이니라.
3 그러니 너희들은 남의 허물을 볼 수가
없으며, 남의 상처를 보는 자는 바로
제 상처요, 제 허물을 보지 못하는 것
이니, 제 상처를 보지 못하고 제 허물
을 보지 못하며 남의 상처와 허물을
보고 말하는 그 백성이 살아오는 모습
을, 과연 너희 후손이 또 그 후손들이
그를 보고 어찌 깨우쳐 살아가겠는가?
4 사랑하는 선지자야!
5 "네, 여호와 하나님! 말씀하옵소서."
6 수천 년 동안 굽고 굽어 잘못되어 온,
휘고 또 구부러진 것이 나의 피조물
만백성이 걸어온 삶이며, 앞으로도 그
길을 따라가 살아갈 그들을 바로잡는
그 역사는 나의 법전밖에는 없음이니
라.
7 나의 성령의 뜻밖에 없음이니라.
8 그를 바로잡으려 할 때, 피해 가며 도
망가며 방어하며 공격하는 그들을 막
고 바로잡기가 얼마나 힘들더냐?
9 여기에는 나의 성령의 뜻이요, 나의
모두를 태워서 내려보내는 나의 법전
이요, 이 법전을 읽고 깨우쳐 너로부
터 제자라 선택된 백성들이 살아가는
그 모습만이 그들을 바로잡을 수 있는
기초가 되며 기틀이 됨이니라.
10 그리하여 서서히 그 나무가 잡혀 가
며, 나의 피조물 만백성이 깨우쳐 천
사와 같은 백성으로서 이 세상에 존재
하게 됨이니, 이 뜻을 너는 알아야 될
것이니라.
11 그러니 나의 성전에 찾아오는 나의 피

조물 만백성이요, 사랑하는 너의 제자
들에게 이를 가슴에 깊이 심어 주라.
12 남의 상처를 보며, 남의 흠집을 보며,
남의 잘못한 것을 보는 자는 제 상처
의 썩어져 가는 것을 보지 못하며, 저
의 잘못되며 썩어져 가는 것을 보지
못하며, 저의 허물을 보지 못함이니,
13 그는 나의 백성이 아니며, 그리고 대
대손손 너희 후손들에게 본보기가 되
지 못함이니, 그는 나의 백성이 아님
을 그들에게 깨우쳐 주라.
14 이제 그들이 남의 허물을 보는 것이
아니요, 자기의 허물을 보며, 남의 잘
못하는 것을 보는 것이 아니라 자기의
잘못을 볼 수 있는 그와 같은 넓은 마
음과 안목을 갖도록 그들에게 매로써
네가 다스릴 때가 되었음이니,
15 내가 너의 오른손에 매를 내려보내니
그 매로써 휘둘러 잡아 그들이 바로
설 수 있도록 하여야 될 것이며,
16 너에게 선택된 제자들, 그 백성들은
다 책무가 있음이니, 그들이 피나는
기도로써 저희들이 맡은 책무를 나 여
호와에게 음성으로써 직접 들으라 이
르라.
17 이것이 내가 너에게 두 번째 명함이
니, 너의 제자들에게 목숨을 바치는
그 기도로써 나의 성령으로 직접 제가
선택된 그 책무를 받아 행하도록 내가
직접 그들에게 내릴 것이니,
18 이를 듣지 못하고 이를 받지 못하는
자는 내가 버리는 너의 제자임을 알아
야 할 것이며, 가슴 아파 통곡하지 말
라, 선지자야!

2,403 번째 하나님 말씀

2002년 5월 24일 21시 11분

1 사랑하는 선지자야!
2 "네, 여호와 하나님! 말씀하옵소서."
3 너희들이 세상에 태어나니, 이는 나로
부터 생명을 받아 세상에 나감이니 그
보다 더한 축복과 영광과 신비함이 없
음이니라.
4 그러나 너희들은 나로부터 생명을 받
아 세상에 태어나는 그 신비와 그 축
복과 그 영광은 아나, 너희들이 결국
은 어디로 가며 어디로 가는 것인가를
생각하지 아니함이니라.
5 태어나 너희들이 생명의 은혜를 받은
그 자체도 소중한 영광이나, 너희들이
어찌 가야 하는 것이며, 마지막 숨을
거두는 그 삶을 어찌 살고 생을 끝마
쳐야 되는 것인가, 이를 너희들은 생
각해 보는 자가 없음이니라.
6 태어나는 것도 소중하며 새 생명을 얻
는 것도 귀중한 것이나, 너희들이 숨
을 거둬 가는 그 순간을 생각해 보는
것이 더 소중함을 너희들은 알아야 할
것이니라.
7 너희들이 나로부터 소중한 생명을 받
아 세상에 나가 육의 삶을 살아가는
것은, 너희들이 살아간 다음에 너희
인생의 종말로 흘러가는 그 길이 어딘
가를 생각해 보면 그와 같은 그 모두
가 심판의 삶의 연장임을 알아야 될
것이니라.
8 너희들은 올 때는 나로부터 한 길의
생명을 받아 세상에 나와 내가 너희들
에게 내린 은혜와 축복 속에 살아가

나, 너희들이 죽어 숨을 거둘 때는 두
가지 길에서, 선택이 아닌 나 여호와
창조주의 뜻에 의하여 너희들이 흘러
가는 인생의 무서운 삶이 있음을 알아
야 할 것이니라.
9 한 길은 지옥으로 가는 길이요, 한 길
은 구원의 길로 가는 그와 같은 길 위
에 너희들이 서게 되니, 너희들이 얼
마만큼 고통 속에 살아가는 것이냐,
10 나에게 와 지상의 낙원에서 너희들이
느낄 수 없는 하늘의 아름다운 천국의
낙원에서 영원토록 살아가는 그 은혜
의 축복을 받느냐 하는 이것은 너희들
이 결정하는 것이 아니요, 내가 너희
들에게 명하게 되어 있음이니, 그 심
판을 받는 기준이 무엇이더냐?
11 너희들의 육이 살아온 삶과 너희들의
정신적인 생각의 삶의 그 모두를 합쳐
그 결과의 답이 나옴이니, 너희들은
태어나는 기쁨과 슬픔을 알기 전에 죽
어 가며, 너희 육신이 영원히 굳어져
가고 너희 영혼이 구원을 받느냐 못
받느냐 하는 그 삶의 종말을 항상 염
두에 두고 살아야 할 것이거늘,
12 너희들은 가장 소중한 것을 잊어버리
고 살아가기에 너희 마음대로 인생을
살아감이니, 이를 너의 제자들에게 깨
우쳐 주어야 할 것이니라.
13 얼마 남지 않은 너희들의 삶을 과연
어찌 살아야 될 것인가?
14 너희들이 세상에 태어난 그 신비요,
그 은혜 속에 허덕이며 지금의 삶을
그대로 살아가야 할 것인가, 너희들에
게 선택의 자격이 없는 그 선에서 나
로부터 심판을 받는 너희들의 마지막
종말의 삶을 위하여, 삶과 죽음의 기
로에서 결정 나는 그 길을 위하여 살
아가야 할 것인가, 이를 너희들이 생
각해 보고 깨닫지 않으면 아니 된다는
것을 알아야 할 것이니라.
15 너희들이 살아가는 것은, 너희들이 계
명을 지키는 삶이 힘들고 어려우며,
죄를 짓지 않고는 살지 못한다 하며,
그것이 어렵고 힘들다 말하나, 이는
너희들 마음자리에 달렸으니, 손을 엎
고 젖히는 것과 똑같은 것이니라.
16 너희들의 손을 엎었을 때와 젖혔을 때
는 손바닥과 손등이니 하늘과 땅의 차
이라 말할 수 있음이니, 그것을 너희
들이 어찌 선택하고 가느냐에 달렸으
며, 너희들 마음자리 또한 그와 같이
간단한 것이니라.
17 선한 생활을 하고 살 것이냐, 악한 생
활을 하고 살 것이냐 하는 것은 너희
들이 그와 같은 간단한 이치임을 알
고, 내 앞에 너희들이 심판을 받지 아
니함이 없는 것을 너희들은 알아야 할
것이니라.
18 너희들이 육의 생활에서는 잘못하여
추한 부분을, 들춰내기 쉽지 않은 부
분을 감추고, 또한 너희들의 행위를
보지 않은 육을 가진 백성은 속아 넘
어갈 수 있으며 그를 모르고 넘어갈
수 있으나,
19 나 여호와는 너희들이 선과 악을 행함
에 있어서 그 어느 것 하나도 나의 뜻
을 거역할 수 없으며 벗어날 수 없으
며, 아무리 번갯불과 같이 지나가는
선이나 악을 행한다 해도 그 하나가
심판받지 아니함이 없음을 너희들은

깊이 깨달아야 할 것이니라.
20 너희들이 이와 같은 심판을 받는 삶의 기준은 어디에 있는가?
21 너희들의 육의 삶에 있음이니라.
22 너희들은 지금 오로지 육의 삶에 의하여 모두를 살아가고 있는 것이 너희들의 형국이니라.
23 너희들이 나 여호와에게 오르며 나에게 구원받는 영혼의 삶이 있음을 깨닫고 그 영혼의 삶에 구원을 받고자 하여 너희들 마음자리를 다스려 살아간다 하면, 나에게 와 심판을 받을 때 내가 너희들에게 어찌 살아왔느냐 물을 때, 너희들은 얼굴을 붉히며 고개를 못 드는 그와 같은 백성은 되지 아니할 것이니라.
24 너희들이 이 세상에 살아오면서 수천 수만 가지 겪은 그 모두를 너희들에게 묻는다는 사실을 알려 주었음이니,
25 너의 제자들에게 너는 일러 깨우쳐 주라.
26 아무리 어렵고 힘든 길이라 해도 육의 삶과 영의 삶을 같이 살아가야 되는 것이 너희들의 운명이니,
27 너희들은 오로지 육의 삶에 얽매이지 말며 영의 삶을 바라보는 그와 같은 삶을 살아갈 수 있도록 그리 깨우쳐야 할 것이니라.
28 그리고 너의 제자들에게 다시 한 번 깨우쳐 줄 것이며, 나의 피조물 만백성에게 너는 전하라.
29 너희들이 선함과 악함을 아무리 순간에 행하고 지나간다 해도 그 하나를 내가 보지 아니하는 것이 없으며, 나로부터 너희들이 심판받지 아니함이 없다는 것을 알라.
30 하늘에 와 하나도 속일 수 없는 그와 같은 너희들이 가야 되며 심판을 받아야 할 그 길에 서 있음을 오늘 다시 한 번 가슴에 깊이 새기도록 그리 깨우쳐 주어야 할 것이니라, 선지자야!

2,404 번째 하나님 말씀

2002년 5월 25일 05시 41분

1 사랑하는 선지자야!
2 "네, 여호와 하나님! 말씀하옵소서."
3 나의 피조물 만백성에게 전하라.
4 그리고 너의 제자들과 나의 법전을 읽고 깨우친 백성들이 나의 피조물 만백성에게 나 여호와가 존재하며 하늘에 있음을 깊이 가슴에 심어 주어야 할 것이니라.
5 그리 심어 줌으로 인하여 그들이 나에게 와 심판받음을 깨닫는다 하면 그들은 나의 법전이요, 나의 십계명을 지키며 살라 하지 아니하여도 스스로 그 길을 택하여 살아갈 것이니라.
6 너희들은 알아야 할 것이니라.
7 구약의 시대에 이루어졌던 그 모든 역사가 모세라는 한 인간의 능력에 의하여 그와 같은 모든 기적을 이루었다 하자.
8 그리고 나의 아들 예수가 정녕 한 인간으로서 그와 같은 역사를 이룰 수 있으며 그와 같은 삶을 살았다 하자.
9 그러나 너희들은 내가 불로써 직접 바위에 쓴 십계명은 무어라 말할 수 있는가?
10 그 또한 사탄이요, 사악한 자가 내렸

다 말할 수 있는가?
11 십계명의 그 구절구절을 너희들이 읽
고 깨우쳐 보라.
12 그 속에 인간의 삶의 도리요, 너희들
의 살아가는 모두가 기록되어 있음이
니, 이는 내가 불로써 직접 바위에 썼
음이니, 이로써 너희들이 나 여호와가
하늘에 존재함을 거부할 수 없으며,
너희들의 마음이 흔들리는 자세로 갈
수 없을 것이니라.
13 그리 너희들이 이 하나를 믿는다 하면
모세의 시대에 역사했던 그 모든 기적
도 나 여호와의 주관하에 모세에게 이
루었음을 알게 될 것이며,
14 또한 나의 아들 예수가 젊은 나이에
그 모두를 저버리며 너희들에게 나의
계명을 지켜 하늘의 구원을 받으라 하
여 그가 목숨으로써 모두를 깨우쳐 주
고 떠났던 그와 같은 것을 거부할 수
없으며, 그를 너희들은 내가 역사를
이룬 것이 아니라 말할 수 없음이니라.
15 그와 같이 너희들이 온유하고 아름다
운 마음으로, 사랑하는 마음으로 세상
을 다 바라본다 하면, 너희들은 지금
내가 제3의 시대에 나의 성령을 태워
나의 선지자를 통하여 내려 기록하는
법전이라는 대장정의 이 160권을 보
고 이를 거부할 수 없음이니, 그리 알
아야 할 것이니라.
16 너희들을 내가 오죽이나 사랑하면 법
전이라는 책으로 만들어 너희들이 대
대손손 읽고 전할 수 있는 성서와 같
은 대역사를 이루겠는가?
17 여기에는 너희들이 실천하며 살아가
야 하는 덕목과, 너희들이 하늘에 오
르는 그 길과, 그리고 너희들이 간단
하게 하늘에 오르는 그 진리의 뜻이
무엇인가를 다 나열하였음이니,
18 이것만이 너희들을 마지막으로 구원
하는 구원의 길이요, 나의 성령임을
알아야 할 것이니라.
19 모세의 시대는 그 역사를 이룬 것을
기록하여 너희들이 전하였으며, 또한
예수가 이룬 기적의 역사들을 그 제자
들이 기록하여 복음서라 하여 전하고
있음이니,
20 그러나 이는 나의 성령을 태워 나의
선지자를 통하여 나의 성령의 뜻을 받
아 그대로 기록하여 법전이라는 책으
로 만들어 내니, 빼고 더함이 없음이
니라.
21 이러하기 때문에 너희들의 살과 뼈이
며, 너희들이 보고 하늘의 구원을 받
을 수 있는 길의 기초요, 기본인 것을
알아야 할 것이니라.
22 이를 읽고 깨우치는 자, 정녕 구원의
길을 볼 수 있음이요, 이를 보지 아니
하고 버리는 자 구원의 길을 볼 수 없
음이라 내가 명하는 것이 여기에 있음
이니라.
23 너희들이 2천 년이라는 그 신약 시대
에 나의 아들 예수가 전하고자 하는
성령이요, 나의 뜻 모두를 막았음이
니, 그 시대는 죽음이요, 그 시대는 암
흑의 시대이며, 내가 버렸던 시대라
너희들에게 그리 말하지 아니하였던
가?
24 그러나 너희들은 정녕 그를 믿으려 하
지 아니하며 들으려 하지 아니함이니
라.

25 나의 아들 예수를 통하여 내렸던 그
모두의 원액인, 너희들의 살아가는 기
본이요, 근본인 나의 법전과 같은 그
내용을 너희들이 감추어 세상에 내보
내지 아니하니,
26 복음서라 하여 나의 아들 예수가 행한
것을 기록한 것이 나무의 원 뿌리요,
기둥이 아님이니,
27 가지만을 가지고 너희들이 지금 2천
년 동안에 하늘에 오르는 길이라며 발
광하고 그와 같이 나의 피조물 만백성
에게 재물을 거두어들이며 흉악한 형
태로써 너희들은 나의 피조물 만백성
을 구원한다 그리 가르쳐 왔음이니라.
28 그리하여 이제까지 내가 예수에게 내
렸던 원액의 그 가르침의 뜻을 너희들
이 모르고 배웠음이니, 너희들이 바로
가지만을 잡고 그것이 진정한 나무라
그리 행해 온 것이니라.
29 이제 그리하여 내가 뿌리와 줄기와 가
지 그 모두를 나의 선지자를 통하여
세상에 내려보내니,
30 이것이 2천 년 전에 예수를 통하여 너
희들을 깨우치고 가르치고자 했던 그
내용들이니, 이를 보고 너희들이 구원
의 길을 오도록 해야 할 것이니,
31 그리하여 원액의 뿌리요, 원기둥이기
에 이것이 너희들을 심판하는 기준의
법전이라 하여, 이를 보지 아니하는
자 구원을 받을 수 없다는 이 무서운
뜻을 기록하여 내려보내니,
32 너희들은 잘못 가르치는 종교 지도자
들의 세 치의 혓바닥에 현혹되어 재물
과 모두를 다 바치며 지옥으로 가는
그와 같은 것을 멈추라 함이니라.
33 이를 명심하여 너희들이 평가하라.
34 자기 것만 좋다고 강조하는 자, 남의
것을 들여다보며 남의 것의 그 속의
깨우침을 얻어야 할 것이니라.
35 그리하여 자기 것과 남의 것을 비교하
여 보는 그 현명함을 얻으라 내가 너
희들에게 수천수만 번 강조하니, 그것
하나도 너희들이 따르지 아니하고 어
찌 구원의 길을 볼 수 있다 말하는가?
36 이는 구원의 길도 볼 수 없으며, 반석
위에 서서 하늘에 오르는 찬란한 빛도
볼 수 없음이라.
37 나의 법전을 가슴에 안고 정독하는 자
만이 반석에 서서 하늘에 오르는 찬란
한 그 영광의 빛을 볼 수 있음이라 못
을 박아 놨으니, 너희들은 그 이상도
그 이하도 없음을 알라.

2,405 번째 하나님 말씀

2002년 5월 25일 05시 50분

1 사랑하는 선지자야!
2 **"네, 여호와 하나님! 말씀하옵소서."**
3 네가 나의 성령의 뜻을 들으며 변하여
가는 그 삶이 천사와 같은 아름다운
삶으로 변하며 나의 뜻에 따라 사는,
영혼의 세계에 사는 사람의 그 아름다
운 모습으로 변하여져 가고 네가 그리
행하고 산다면 나의 피조물 만백성은
과연 무어라 말하겠는가?
4 네가 나의 피조물 만백성에게 재물을
긁어모으며 뒤로 사악한 짓을 하며 뒤
로 추한 짓을 하며 남들의 눈을 속여
추하고 더러운 삶을 살아가는 이중적
이고 삼중적인 삶을 살아간다 하면,

너는 정녕 사탄일 것이며 사악한 자이
며 마지막 시대에 내리는 거짓 선지자
일 것이니라.
5 그리고 나의 성령을 태워 내려보내는
나의 법전이요, 나의 책이라 하여 160
권이라 하는 이 장서도 사탄이요, 사
악한 자가 행하는 그와 같은 것일 것
이니, 이는 어디에 나가 변명할 수도
없으며 어디에 나가 항변할 수도 없음
이니라.
6 내가 내린 법전의 내용을, 네가 청산
유수로 세상의 만백성을 아름답게 깨
우치는 내용을 기록한 네가 그대로 실
천하고 살아가지 아니하며 하나하나
오늘과 내일에 아름다운 쪽으로 변하
여 천사가 되고자 하는 삶을 살아가지
아니한다면, 이 모두는 다 사악한 자
의 장난이요, 사탄의 장난이요, 마지
막 시대에 온 사악한 자이니라.
7 그러나 네가 매일매일 변하는 것이 아
름다운 쪽으로 변하며, 나의 법전에
기록된 그 내용대로 네가 살고자 눈물
의 방황을 하며, 네가 고통과 시련 속
에서 하나하나 접어 가 나 여호와가
원하는 영의 세계에 네가 돌입하며 천
사와 같은 삶을 지상에서 살아간다 하
면 이는 과연 무엇이더냐?
8 너는 천사이니라.
9 네가 만백성으로부터 천사라는 소리
를 듣는 그 삶을 산다 하면 정녕 너는
무엇이더냐?
10 나로부터 선택된 나의 선지자요, 나의
아들임이니, 네가 곧 이 시대에 나의
성령을 전하는 선지자로서 한 점의 부
끄러움이 없음이니라.
11 나는 너를 알고 있음이니라.
12 네가 살아온 과거에 그 모든 육신의
삶을 하나하나 접으며 네가 아름답게
천사가 되어 살아가는 그 모습을 알며
그 변하는 모습을 알고 있음이니, 너
의 제자들 또한 그를 피부로 느낄 것
이며 눈으로 볼 것이니,
13 나의 성령이 사탄의 장난이라 그리하
는 자, 그리고 나의 법전을 읽고 깨우
친 모든 백성들이 너를 찾아와 너를
바라볼 때 그들이 정녕 이는 천사라
그리 말할 수 있다 하면 이는 바로 무
엇이더냐?
14 나 여호와의 뜻이요, 성령임을 온 백
성이 알 것이니, 이것으로써만 증거할
수 있음이니라, 선지자야!
15 지금 성령이 정녕 나의 뜻이라 그들이
전하는 것이 무엇이던가?
16 예수가 죽음으로써 그를 항변하였으
며, 예수가 그로써 나의 피조물 만백
성을 구하고자 그리하였으며, 그는 또
그리 살아갔기에 그들이 지금 존재하
지 아니하는가?
17 바로 그와 같은 역사가 너로부터 이루
어져야 함이니라, 선지자야!
18 바로 그것만이 나의 성령이 진실이며
나의 피조물 만백성을 구하기 위하여
나의 가슴을 태워 내리는 나의 성령의
뜻이요, 나의 법전이라 함을 그들이
믿을 것이니라.
19 그러나 너는 그리 가고 있음이니라.
20 그리 변하여 가고 있음을 내가 알고
있음이니라.
21 오로지 오늘보다 내일에 더 아름다운
천사로서 변하는 그 삶을 너는 계속

전진해 가도록 하라, 사랑하는 선지자
야!
22 그리고 너의 제자들에게 그리 일러야
될 것이니라.
23 그리 살아가는 모습만이 나의 피조물
만백성이 이게 나 여호와의 뜻이라 하
여 그들이 구원의 길을 볼 수 있는 것
임이니 그리 알라.

2,406 번째 하나님 말씀

2002년 5월 26일 09시 21분

1 사랑하는 선지자야!
2 "네, 여호와 하나님! 말씀하옵소서."
3 네가 숨 쉬고 먹고 움직이는 것 하나
도 내가 모르는 게 없음이니, 네가 잘
못 가고 잘 감을 내가 다 알고 있음이
니,
4 너는 오늘 이 순간부터 세상에 하나의
부끄러움이 없는 아름다운 삶을 살아
가 네가 지금까지 짓고 산 그 죄를 다
나에게 갚아야 할 것이니 그리 알라.
5 그리하여 네가 바르고 곧은 자세로써
만백성에게 빛이 되어 네가 오늘의 지
금까지 쌓아 온 죄 모두를 다 그것으
로 갚는 그 역사를 이루어야 될 것이
라.
6 오늘 이후 네가 다시 한 번 어떤 실수
를 했을 때, 이제 내가 너를 버림이니
명심해야 할 것이니라.
7 오늘이 마지막임이니라.
8 오늘을 기하여 네가 천사가 되느냐,
그렇지 않으면 지옥으로 가느냐 하는
둘 중에 하나의 길을 선택해야 함이니,
9 네가 지옥으로 간다면 나의 법전이요,
나의 피조물 만백성이 구원을 받지 못
하는 길이며, 네가 정녕 천사로서 만
백성을 구하는 빛이 된다 하면 너의
모든 죄를 내가 용서함이니,
10 이제는 네가 두 길 중에 하나를 선택
하여 갈 때가 되었음을 알라.
11 모든 것은 너에게 이제 선택의 기로에
있음을 그리 알고 행하도록 하라.

2,407 번째 하나님 말씀

2002년 5월 26일 12시 01분

1 사랑하는 선지자야!
2 "네, 여호와 하나님! 말씀하옵소서."
3 내가 너의 제자들에게 어떤 상황에서
도 대처하며 그를 견디어 나갈 수 있
는 능력을 그들에게 다 부여하였으며,
그들이 어렵고 힘든 그 상황에서 유하
고 부드럽게 그와 같은 상황을 처리할
수 있는 능력을 부여하여 주었음이니,
4 나의 법전이 세상에 나가는 그 일에
어떤 힘들고 어려운 역경일 때에도 너
의 제자들이 다 정리하고 헤쳐나갈 수
있는 그와 같은 능력과 지혜를 내가
그들에게 임하여 주었음이니, 너는 이
를 알아야 할 것이니라.
5 그리하여 나의 법전이 어떤 역경과 어
떤 곤란과 어떤 상황의 어려움에 부닥
친다 하더라도 너희들이 모든 지혜를
모아 그를 헤쳐나갈 때, 내가 너희들
에게 준 그 지혜의 능력이 있으며 대
항할 능력이 있으며 대응의 능력이 있
음이니,
6 너희들이 좌절하지 말며 실망하지 말
아야 할 것이니라.

7 그리고 너희들은 알아야 할 것이니라.
8 믿음이 얕으며 믿음이 깊지 아니한 자
는 사탄으로부터 사탄의 요구와 사탄
의 그 향락에 의하여 넘어지고 무너지
는 것이니, 그러한 것은 어찌할 수 없
는 일이니라.
9 그리하여 너희들이 믿음의 깊이를 알
아야 될 것이며, 나의 법전을 많이 정
독하여 그 뜻을 깨우치라 함이 여기에
있음이니라.
10 믿음이 약한 자, 사탄으로부터 견디기
어려움이니 너희들의 믿음을 깊이 가
져야 할 것이며,
11 선지자가 가는 길에 너희들이 3부라
는 법전이 세상에 나올 때까지 어리고
약한 그를 받쳐 그가 바로 설 수 있도
록 하여야 함이 너희들의 지혜이며,
너희들의 대명이며, 너희들이 나로부
터 선택된 막중한 임무가 여기에 있음
을 알아야 할 것이니라.
12 믿음이 약한 자 사탄으로부터 쓰러지
게 되어 있음이니라.
13 이를 너희들이 깊이 깨우쳐 행하여야
됨을 잊지 말라.

2,408 번째 하나님 말씀

2002년 5월 26일 17시 06분

1 사랑하는 선지자야!
2 "네, 여호와 하나님! 말씀하옵소서."
3 내가 오늘 너희들에게 일깨워 준 그
대목 중에, 네가 네 주변에 아무도 없
음이니 너 스스로 모두를 해결해 딛고
일어서야 된다 내가 너에게 일찍이 가
르쳐 준 그 구절이 있음이니라.
4 나의 아들 예수가 많은 기적과 은혜를
베풀었으며 죽은 자를 살리며 병든 자
를 고치는 그 역사 속에 그의 제자라
하여 그를 따르는 자들이 그 모두를
보고 더불어 갔지만,
5 나의 아들이 십자가에 못 박혀 죽는
그 형상에, 그 무거운 십자가를 짊어
지며 그 어려운 길을 가는 나의 아들
을 도운 자 누가 있던가?
6 그리고 그가 죽어 갈 때 그를 도운 자
누가 있더냐?
7 이것이 인간사에 가지고 있는 마음이
요, 그들의 마음이라 내가 너에게 일
찍이 말하였음이니라.
8 오늘 네가 쓰러지는 그 형국에 이르며
네가 죄를 지으며 네가 과오를 범하며
네가 남들로부터 지탄을 받을 때, 과
연 네 옆에 너를 지켜 줄 사람이 누가
있으며 어떠한 제자들이 있는가?
9 너는 오늘 깊이 깨우쳐야 할 것이니라.
10 네가 만일 죄를 지어 쓰러질 때, 네가
정녕 마지막 크나큰 사탄이요, 사악한
자들의 간교에 넘어져 힘없이 쓰러져
갈 때 과연 너를 받쳐 줄 자 있으며,
11 나의 법전 160권이 세상에 나갈 수 있
는 그 역사를 이루기 위하여 모든 굴
욕과 슬픔과 괴로움과 아픔에도 저 자
신을 모두 던져 버리며 너를 지키고
따라갈 수 있는 사람이 몇이나 있는가?
12 너는 오늘 그것을 알아야 될 것이며,
너 스스로 너를 다스리며 너 스스로
일어서는 그 훈련을 해야 될 것이니라.
13 오늘날 네가 남들로부터 지탄받는 죄
를 지으며 험악한 죄를 지으며 용서받
을 수 없는 그 죄를 지었다 할 때, 그

들이 과연 너를 어찌 볼 것이며, 네 곁
에 남아 있을 자 몇이나 있으며,
14 나의 성령의 160권이라는 이 법전이
세상에 나가는 그 역사를 위해 그들이
모든 굴욕을 참으며 너를 보호하여 나
의 법전을 세상에 만들어 나갈 자 몇
이나 있겠는가?
15 더럽고 추하다 하여 머릿속에서 지우
려 할 것이며 나의 법전을 찢어 버리
며 던질 것이니, 그와 같은 너의 제자
들의 그 형태를 너는 어찌 생각해야
되는가?
16 너는 지금도 너의 제자들이 그리할 리
는 없을 것이라 생각할 것이니라.
17 몇 사람은 너를 따를 것이며, 나의 성
령의 법전을 세상에 내기 위하여 모두
를 다 바쳐 너를 변호하며 너를 둘러
업고 들로 산으로 뛸 것이라 그리 생
각할 것이니라.
18 과연 그러한 제자가 네 주변에 몇 명
이나 있을 것인가 너는 오늘 한번 그
이치를 깨달아 보아야 될 것이니라.
19 너를 엎고 뛰며 나의 성령의 160권이
나올 수 있도록 너를 보호하고 받치는
자, 그들에게 어떠한 크나큰 영광의
상이 있을 것인지 그것은 너희들이 이
다음에 보아야 할 일이니라.
20 나의 선지자를 보지 말라 하였느니라.
21 나의 법전을 보며 나의 성령을 보고
깨우쳐 나의 뜻임을 깨달으라 하였음
이니라.
22 이제 네가 오늘에 어떤 깨달음과 너
스스로 마음에 와 닿음이 있었을 것이
니, 이는 내가 너에게 다시 한 번 강조
하니 너는 너 스스로 일어서는 그 지
혜를 가져야 될 것이며,
23 너 스스로 너 자신이 만백성으로부터
존경받는 선지자로서 바로 서지 못한
다 하면 너도 죽음이요, 나의 법전도
죽음이요, 너의 제자들까지 모두가 눈
물 흘리며 네 곁을 떠난다는 것을 잊
지 말라.
24 이것이 세상사 너희 인간 사회의 흐름
이요, 너희들의 정이요, 너희들의 마
음일 것이니라.
25 모두는 다 자기 것이 옳다 말하는 자,
자기가 대장이라 말하는 자가 나의 법
전을 접하고 듣는 자에게 이는 사탄이
요, 사악한 자라 몰아붙일 것이니, 그
는 당연히 저희들이 살기 위한 것이니
라.
26 그리고 큰 것을 쓰러뜨림으로써 제가
더 위대하다는 것을 알리기 때문이니,
너는 오늘의 생활을 거울삼아 네가 어
찌 살아가야 할 것인가를, 이제는 네
가 피를 토하는 아픔이 있다 하여도
네가 정도요, 바른길을 가지 아니하면
아니 됨을 잊지 말라.
27 사랑하는 선지자야,
28 오늘의 프로그램이라 함이 여기에 있
음이니라.
29 내가 너에게 깨우쳐 주며 네가 현실을
보며 너를 바로 세우기 위해 내가 너
에게 프로그램의 한 토막을 보여 주었
음이니 이를 잊지 말라, 선지자야!

2,409 번째 하나님 말씀

2002년 5월 27일 10시 28분

1 사랑하는 선지자야!

2 "네, 여호와 하나님! 말씀하옵소서."
3 너희들의 인간사 세속 속에 살아가면
서 부모가 자식을 얻는 기쁨이 얼마나
크며, 또 그 자식에 대한 기대요, 그
자식에 대한 바라고 생각함이 얼마나
행복하며 얼마나 위대하던가?
4 그러나 그 자식이 성장하는 과정에서
잘못 살아가 그가 제 자식이라는 것을
부끄럽게 생각하며 그를 자식이라 부
를 수 없는 부모의 마음이라면 이는
어찌하는가?
5 자식으로서는 불효자요, 짐승만도 못
한 자며, 부모로서는 그를 보는 마음
이 얼마나 찢어지고 아프겠는가?
6 오늘 나는 너에게 나 여호와로서 아픈
말을 전하니, 이를 너는 명심하여 들
어야 할 것이니라.
7 지금까지 살아오는 너의 그 모습을 보
고, 네가 나의 예수를 대신하는 아들
이요, 나의 모두를 가지고 세상에 내
려가 대업을 이루는 자식이라 하지만,
8 지금까지 너를 내가 자식이라 부르는
그 마음에 아프고 저림이 있었다 하면
너는 어찌 생각해야 되겠는가?
9 선지자야!
10 "네, 여호와 하나님!"
11 너는 오늘 무엇을 깨달았는가?
12 내가 오늘부터 너를 아들이라 불러도
모든 세상사의 귀신이요, 천사요, 사
탄이요, 하늘나라의 모든 이들이 바라
봄에 부끄럼이 정녕 없는 나의 아들이
되겠는가?
13 내가 너를 아들이라 그리 불러도 되겠
는가?
14 선지자요, 나의 종이라는 것을 지워
버리며 나의 아들이라 너를 불러도 되
겠는가?
15 "여호와 하나님! 이제 깨달았사옵나
이다.
16 제게 죽은 자의 명을 열어 주심과 '너
는 죽은 자라' 하신 그 뜻을 이제야 알
았사옵나이다.
17 저를 아들이라 불러 주심은 아직은 아
니 되겠사오나, 저에게 조금의 말미를
주시옵소서.
18 정녕 죽은 자의 그 뜻을 알았사옵나이
다.
19 아버지께서 '너는 죽은 자라' 하신 그
말뜻을 이제야 깨달았으며 이제야 실
천할 수 있사옵나이다.
20 먼저 가신 예수님의 그 삶보다 더 아
름답고 값지게 살 수 있는 '너는 죽은
자라' 하신 그 뜻을 오늘에야 깨달았
사옵나이다.
21 죽은 자에게 호화로운 것이 무엇이 필
요하며, 죽은 자가 남들에게 무슨 말
을 할 수 있으며, 죽은 자가 맛있는 음
식을 먹을 이유가 어디에 있으며, 죽
은 자가 어디 누구를 원망할 수가 있
으며, 죽은 자가 어디 밉고 곱고 아름
다운 것을 바라볼 수 있으며, 죽은 자
에게 무슨 말이 필요하겠사옵나이까?
22 다만, 저는 죽은 자로서, 아버님의 성
령을 받아 세상에 전하는 그것이 저의
모두의 삶이며 제가 살 수 있는 길임
을 이제 알았사옵나이다.
23 정녕 죽은 자라는 뜻을 몰랐사옵나이
다.
24 어찌하여 이제야 저에게 그 죽은 자의
뜻을 깨우쳐 주시옵나이까?"

25 선지자야,
26 내가 오늘부터 너를 아들이라 함에 부
끄러움이 없으며 내 마음이 편안함이
니라.
27 육의 세상 속에서 얽히고설키며 살아
가는 너를 바라보는 나의 마음이 얼마
나 조바심했으며, 너희들이 말하는 철
모르는 걸음마 하는 아이가 뒤뚱뒤뚱
걷는 그 모습이 언제 쓰러질지 모르니
그 부모의 마음이 항상 그곳을 떠날
수가 없으며, 그 눈을 벗어날 수 없으
며, 불안하고 또 즐거운 마음으로 바
라보는 그러한 마음이었음이니라.
28 네가 죽은 자의 그 뜻을 깨우쳤으니
이제는 네가 바로 갈 수 있으며, 너를
내 아들이라 하여 부끄러운 마음이 아
니기에 남에게 자신 있게 너를 내 자
식이라 부를 수 있음이니, 너는 나의
아들이니라.
29 그리고 예수의 대를 이어 그 역사를
이루어야 될 자가 너이니라.
30 정녕 너를 사랑하노라.
31 내가 사랑하는 선지자야, 들으라.
32 내가 너를 이제는 사랑하는 아들이라
부를 것이니, 너는 죽은 자의 그 뜻을
깨달았음이니 그리 살라, 사랑하는 나
의 아들아!

2,410 번째 하나님 말씀

2002년 5월 27일 10시 34분

1 사랑하는 나의 아들아!
2 "네, 여호와 하나님! 말씀하옵소서."
3 나의 법전의 열여섯 권이 160권의 기
초이며 근본이니라.
4 그를 기록하고 그를 만든 너의 제자들
을 사탄이요, 이단이라 그리 평하지
말라 이르라.
5 너희들은 아무리 남의 아이들이 아름
답고 예쁘다 하여도 제 자식만 못하다
는 교훈을 어찌 모르는가?
6 솔로몬이 평하기를, 한 자식을 놓고
서로 자기 자식이라 견주고 싸우는 그
어미들에게 그 자식을 죽여 똑같이 나
눠 준다고 할 때, 그를 그렇게 나누어
달라는 여인이 있었으며 무릎 꿇어 그
렇게 할 수 없다 하는 여인이 있었으
니, 그리할 수 없다 한 그가 바로 누구
더냐?
7 그 어미이니라.
8 손발이 저리도록 열여섯 권의 법전을
세상에 만들어 낸 너의 제자보다 그
열여섯 권의 법전을 더 사랑하는 자
있거든 말을 해 보라 이르라.
9 열 달 동안 잉태하여 자식을 세상에
낳아 본 여인이 그 마음을 안다 하였
으니, 나의 열여섯 권의 법전을 손발
이 저리도록 만든 그 여인의 마음보다
더 저리고 아픔을 아는 자가 있거든
너희들 앞에 와서 말하라 그리 이르라.
10 어찌하여 너희들은 이 간단한 이치 하
나를 깨우치지 못하며 그 열여섯 권의
법전을 만들 수 있도록 한 그 너의 제
자를 사탄이요, 이단이라 하는가?
11 그가 사탄이요, 이단이요, 사악한 자
라 하면, 160권의 근본인 이 열여섯
권의 법전을 내가 어찌 그를 통하여
만들도록 하였으며, 그가 이를 만들었
겠는가?
12 모두를 다 바쳐 만든 여인에게 너희들

은 돌팔매를 던지지 말라 이르라.
13 이 근본이요, 기본을 깨우치지 못하면
너희들은 사악한 무리들이요, 천사가
될 수 없음을 알라 이르라.
14 솔로몬의 심판 앞에 서로 자기 자식이
라 하던 그 여인들이, 정녕 그 아이를
죽여 나누어 준다 할 때 무릎 꿇고 그
리할 수 없다 한 여인과 그것을 나누
어 달라 한 그 사악한 여인이 아이를
갖고 싶어하며 사랑하는 것은 같다 너
희들이 생각할 수 있으나, 죽여서 가
져가서는 아니 된다 하여 무릎 꿇는
어미의 마음을 안다 하면,
15 열여섯 권의 이 법전을 만든 너의 제
자를 아프고 쓰리게 하는 자, 그들의
마음이 얼마나 간악한 것인가?
16 솔로몬 앞에, 재판대에 서서 제 자식
이라 악을 쓰고 나누어 달라 하는 그
여인과 똑같은 것이니, 어찌하여 너희
들은 그 길을 가려 하는가?
17 이 아름다운 이치를 너의 제자들에게
일깨워 줄 것이며, 과연 그에게 돌팔
매질할 수 있는 자 있거든 돌을 던지
라 그리 말하라.
18 나의 아들아,
19 그는 내가 너 못지않게 사랑함이니라.
20 그들이 저리고 아프게 만든 그 법전의
역사를 누구도 모를 것이니, 자식을
낳아 보지 아니한 여인이 어찌 그 부
모의 심정을 알 것이며 그 고통을 알
겠는가?
21 이제는 너의 아내와 너의 제자 실장이
하나가 되어 모든 편집과 그리고 기계
를 다룰 수 있도록 그들에게 공부를
하라 일러, 그 두 사람의 손으로써, 그
리고 한 사람의 여인이 더 올 것이니,
셋이서 그 일을 감당토록 하라.
22 너희들이 법전을 만들어 세상에 전하
는 데는 그 외에 아무도 필요없느니라.
23 오늘부터 기계의 모든 기술을 익히고
배워서 편집부터 모든 이 세상에 나의
법전이 나가는 것은 너희들 손에서 이
루어지도록 내가 명함이니,
24 너희들은 하나가 되어 이를 이루는 역
사를 갖도록 하라.
25 그리하지 아니하는 자 내가 용서치 않
을 것이니,
26 내가 나의 선지자를 나의 아들이라 부
르는 이 기쁨에 너희들에게 내리는 나
의 명령이니, 생명을 바쳐 이를 시행
하도록 그리하라.
27 선지자를 받들어 160권의 법전이 세
상에 나가는 것은 너희들 손이며 너희
들 지혜면 될 것이니,
28 너희들이 그저 남이 돕든 돕지 아니하
든, 재물이 쌓이든 쌓이지 않든, 너희
들은 160권의 법전을 만드는 데 오늘
부터 너희들이 기계를 다루는 그 모든
기술과 편집과 발간과 그 모두를 너희
세 사람이 하도록 그리하라.

2,411 번째 하나님 말씀

2002년 5월 27일 12시

1 사랑하는 나의 아들아!
2 "네, 여호와 하나님! 말씀하옵소서."
3 너희들은 말할 것이니라.
4 나 여호와가 너희들이 갈 것을 미리
다 가르쳐 주며, 너희들의 마음을 잡
아 주며, 사악한 자 제거하며 선한 자

만 세상에 살아갈 수 있도록 그리하면
될 것을, 그리도 너희들이 닳고 고생
과 시련과 그 역경을 겪고 하나를 깨
우쳤을 때 그 깨우침의 가는 길을 가
르쳐 주며 힘을 실어 줌이니,
5 어찌하여 미리 깨우쳐 주면 될 것을
고통과 시련과 그 어려운 고비를 넘어
깨우쳤을 때, 그때서야 그 이치를 깨
우쳐 주며, 그 가는 길을 알려 주며,
그 소중한 것을 알려 주는가 하여 나
를 원망하고 원망할 것이니라.
6 그러나 너희들 세상 속에 인간의 상태
가 무엇이더냐?
7 너희들은 백 번, 천 번, 만 번 듣는 것
보다도 너희들이 직접 눈으로 보고 만
지는 그와 같은 교육의 방법이요, 깨
우침만이 더 효과가 있고 그를 알게
됨이니,
8 내가 너희들에게 미리 갈 수 있는 길
을 가르쳐 주나, 인간의 욕심이요, 사
악한 그 생활 속에서 너희들이 살아가
면서 나의 소중한 그 뜻을 지키지 못
함이니, 나의 명을 지키지 못했을 때
너희들이 받는 그 죄의 무서움을 너희
들은 모르는가?
9 내가 최종적으로 하는 것은 나 창조주
의 마지막 명령이며, 그 이상 그를 수
정할 수도 없으며, 그를 누가 교정하
여 다시 내릴 수도 없는 것이 나 여호
와의 뜻이니라.
10 내가 나의 사랑하는 아들 너를 통하여
무엇을 지키라 명하며 그는 이러기에
지키라 명할 때, 네가 지키지 못하고
시행하지 못한다 하면 이는 누구도 너
를 바로잡을 수 없음이요, 그 오차의
범위는 감당할 수 없음이니라.
11 그리하여 네가 깨우치고 깨우쳤을 때,
네가 피나는 노력과 시련과 고통 속에
서 깨우쳐 그것을 확실히 네 것으로
만들었을 때 나 여호와는 너에게 상을
내려 주는 것이며, 네가 가고자 하는
깨우침의 마음에 내가 길을 열어 주며
그 이유와 빛을 보도록 함이니,
12 이는 네가 그리함으로 인하여 그것이
너의 재산이요, 네가 깨달음이며 네가
소중함이며,
13 네가 뼈를 깎는 고통과 시련과 쓰러질
듯한 그 속에서 너의 노력에 의하여
얻는 그것이 소중함을 알며, 너의 마
음속에 그것을 지켜 갈 수 있는 인내
가 있으니, 사악한 마음이 감히 건드
리지 못하며 침투하지 못하기 때문이
니, 이는 네가 깨우쳐 가야 할 길이니
라.
14 그리하여 내가 20퍼센트의 선을 네가
깨우쳐 가라 말하지 아니하였는가?
15 그동안에 너를 나의 선지자요, 나의
종이라 불렀던 나 여호와의 마음 아픔
을 네가 정녕 알겠는가?
16 자식을 자식이라 부르지 못할 정도로
잘못 살아가는 그 자식을 보는 부모의
마음이 얼마나 아프고 저렸겠는가?
17 내가 너를 자식이라 부르지 못하고 나
의 아들이라 부르지 못하며, 선지자
요, 나의 종이라 부르며, 그저 흘러가
는 말로 한마디씩 나의 아들이라 불러
주는 나의 이 아픈 가슴이 어떠했겠는
가?
18 너를 선지자요, 종이라 부르며, 내가
눈물의 아픔을 무릅쓰고 나의 아들이

라 한 번씩 너를 불러 주었음이니, 너
는 나의 애절한 마음을 이제야 알았음
이니,
19 네가 이제는 죽은 자의 뜻이 무엇이며
죽은 자의 길이 무엇인지 알기에, 그
리고 죽은 자가 어찌 가며 어찌 행하
는 것인지, 너는 죽은 자로서 지금서
부터 세상의 이치를 깨달아 가고 있음
이니,
20 이 세상 누구도 너를 따를 자 없으며
너의 변하는 그 모습을 흉내도 낼 수
없음이니, 이는 네가 얻은 값진 보배
이니라, 선지자야!
21 네가 이와 같은 뜻을 깨우쳐 행하는
그 속에서 얻음이니, 이제 오늘부터
내가 너를 사랑하는 아들이라 부름이
니 이를 네가 명심하여 행하여야 될
것이며, 그 이상 내가 너를 더 부르고
호칭할 것이 없음이니,
22 내가 너를 부르는 이 이름을 버린다
하면 이는 네가 나로부터 멀어짐이요,
나의 자식이 아니니, 정녕 인간사에
너희 몸에서 살을 도려 내는 그 아픔
과 같음이니라.
23 알겠는가?
24 너는 너무나 값지게 오늘의 고통 속에
얻은 죽음의 의미를 알았기에 너는 영
원히 나의 아들로서 갈 수 있음을 내
가 아노라.
25 나의 사랑하는 아들이요, 나의 선지자
요, 만백성을 구하는 지도자인 네가
이제는 완벽하게 갈 수 있으니,
26 나 여호와의 기쁨을 내가 오늘 너의
기도 소리를 듣는 너의 제자들과 같이
기뻐하니 그리 알라.

2,412 번째 하나님 말씀

2002년 5월 27일 10시 34분

1 사랑하는 나의 아들아, 세상이 어찌
보이던가?
2 "네, 여호와 하나님!
3 파란 바다요, 파란 잔디 위처럼 세상
이 그리 아름답고 곱게 보이나이다.
4 그리고 악한 것, 험한 것, 추하고 더러
운 것이 없사오며, 그가 보이지 아니
하옵나이다.
5 다만, 제 마음속에 넓은 파란 바다요,
끝이 보이지 않는 평원의 파란 들처럼
그것만이 제 마음에 지금 와 간직하여
있으며 닿아 있사옵니다."
6 그 외에 어떤 것이 있겠느냐?
7 그저 그 위를 너는 걸어가면 되느니라.
8 그리고 그 아름다움 위에서 네가 너
스스로 걸어가는 그 삶을 살아가면 되
느니라.
9 "이제는 미워하는 것도 없으며, 싫어
하는 것도 없으며, 질투하는 것도 없
으며, 누구를 더 경외하는 것도 없으
며, 은애하는 것도 없으며, 누구에게
사랑을 더 주고 덜 줌도 없으며, 그리
고 더럽고 추한 것도 없사옵나이다.
10 그저 제 마음속에 하얀 백합꽃이 만발
하여 있음이니, 그저 그 꽃향기를 세
상에 전하며 사는 것이 저라는 것을
이제는 알고 있사옵나이다."
11 그러니라.
12 네 가슴속에 한 아름의 백합꽃이 그득
히 차 있으니, 이제는 네 입을 통하여
나오는 것은 다 아름다운 향기이니라.
13 그 향기를 누구도 막을 수 없으며, 그

누구도 흉내 낼 수 없으며, 그 누구도 그와 같은 역할을 할 수 없음이니라.
14 오로지 네 가슴에 있는 그 하얀 백합꽃의 그 모두를 가슴에 안고 젖어 있으니, 그속에서 나오는 그 아름다운 향기야말로 진실한 향기가 아니더냐?
15 그러니 너보고 사탄이라 이단이라 말하는 자, 그 향기에 그들이 질식하여 쓰러질 것이니라.
16 이제는 그 아름다운 향기요, 그 소중한 향기는 누구도 흉내를 낼 수 없으며 감히 누구도 그와 같은 역할을 할 수 없음이니, 이게 바로 나의 아들이요, 만백성을 구하는 나의 선지자요, 만백성의 지도자가 가야 할 길이니,
17 이제는 너는 만백성의 종으로서, 또 만백성의 지도자로서 감에 손색이 없음이니라.
18 오로지 그와 같은 삶을 살아 영원히 나의 피조물 만백성을 구원하며 나의 뜻을 향하여 전하는 네가 되어야 될 것이며,
19 너는 영원히 나의 아들 예수를 대신하여 이 세상 나의 피조물 만백성을 구하는 나의 아들로서 세상에 내려가 있음이니, 그 대명을 수행함에 조금도 소홀히 하지 말며,
20 오늘, 지난날의 너의 아픔과 모든 쓰렸던 그 잘못을 이제는 다 불어 날려 보내라.
21 그와 같이 아프고 쓰림이 네 가슴에 있으면 네 가슴의 그 아름다운 백합꽃 향기가 세상에 나올 때 그 추악한 향기가 끼어듦이니 이제는 모두를 다 버리라.
22 그리고 그저 ...
23 (하나님께서 녹음테이프 159번의 A 면을 지우셨습니다. 그리하여 기도의 뒷부분을 기록할 수 없게 되었습니다.)

녹음테이프 **159** 번 삭제된 부분

2002년 녹음테이프 159번 A면 삭제하심

1 저와 저의 제자들이 깨닫지 못함을 질책하시고 하나님의 존재하심을 일깨워 주시기 위해, 하나님께서 내려 주신 말씀을 녹음한 테이프 몇몇 개의 A 면을 하나님께서 일시에 지워 버리시는 사건이 있었습니다.
2 평소에 말씀을 받아서 녹음을 끝마친 테이프는 항상 한 개 더 복사해서 보관하고 있었습니다.
3 그러나 하나님께서 '녹음테이프 A면을 지울 것이니라.' 하고 말씀을 하신 후에 원본과 복사본이 모두 지워졌습니다.
4 160권의 법전을 만들기 위해서는 엄청나게 많은 분량의 말씀을 받아 기록해야 하는데, 어렵고 힘들게 받아 녹음한 것을 한순간에 날려 버리셨으니,
5 삭제된 것만큼 또다시 말씀을 받아야 했고, 정신적으로 육체적으로 힘들 뿐 아니라, 기도가 지워질 때마다 저와 저의 제자들이 잘못을 더욱 깊이 반성하고 또 반성해야 했습니다.
6 이 당시, 저와 저의 제자들이 잘못된 생각과 행동을 하고 깨달음이 없었기에 하나님께서 많은 질책을 하셨습니다.

7 크고 작은 기적으로 하나님의 존재하심을 일깨워 주시며 저희에게 경각심을 주셨고, 잘못을 저지른 사람은 기도를 듣지 못하도록 하셨습니다.
8 제가 잘못된 생각과 행동을 하면 녹음기가 중간에 멈추거나 아예 작동을 하지 않았습니다.
9 잘못을 깊이 반성하고 회개해야만 녹음기가 작동되었고 하나님께 말씀을 받아 녹음할 수 있었습니다.
10 또한, 하나님 말씀을 들을 자격이 없는 사람이 기도를 들으러 오면 녹음기가 멈추고 이상한 소리가 나는 등, 녹음을 더 이상 할 수 없도록 하셨습니다.
11 잘못된 생각과 잘못된 행동을 한 사람이 그 자리를 떠나야 비로소 녹음기가 제대로 작동되었습니다.
12 이후로도 저희들이 깨우치지 못하여, 하나님께서 몇 차례 더 녹음을 지워 버리셨습니다.
13 무엇보다도 하나님께 또다시 말씀을 내려보내셔야 하는 수고를 끼쳐 드렸으니, 너무나 죄송할 뿐입니다.
14 아래 그림은 녹음테이프 159번의 소리 파형입니다.
15 녹음테이프의 길이는 총 90분이며, A면과 B면에 각각 45분씩 기록하였습니다.
16 그중에서 A면에 기록된 말씀이 지워졌습니다.

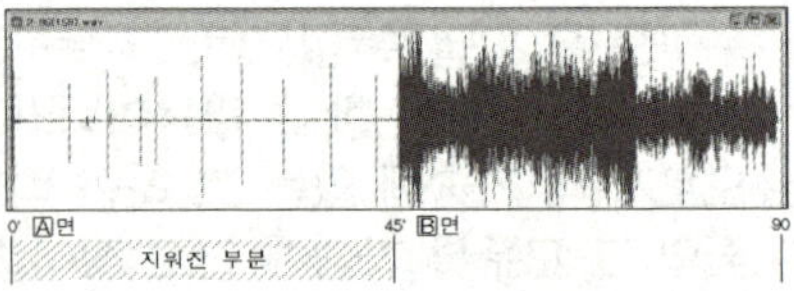

2,413 번째 하나님 말씀

2002년 5월 28일 18시 04분

1 (녹음테이프 159번 B면에 녹음된 말씀부터 기록하였고, 기도의 앞부분을 기록할 수 없게 되었습니다.)...
2 너희들이 금 하나 그어 놓고 바라보라.
3 위에는 선한 것이요, 밑에는 악한 것이니, 그 금의 간격은 얼마나 되더냐?
4 선과 악이 항상 붙어 있음이니라.
5 어느 선으로 너희들은 넘어서느냐 그것뿐이니, 너희들은 사탄이요, 사악한 자요, 선한 자요, 인자한 자요, 이와 같은 것을 시시비비하지 말라.
6 모두는 그 60점 속에서 지금 너희들이 얽히고설켜 살아감이니, 누구든 선한 자요, 악한 자로 수시로 변할 수 있는 것이 너희들이니라.
7 다만 60점의 그 점수를 넘어서 세상사의 선과 악을 다 들여다볼 수 있는 너의 제자들이 되어야 될 것이니,
8 이는 오로지 죽은 자의 그 의미와 뜻을 알아 실행해야 함이니, 그리하도록 깨우쳐 주라.
9 그것만이 너희들이 하늘과 땅의 이치를 알게 될 것이며, 너희들 스스로 반듯이 설 수 있음이니, 곧 바로 이는 무엇이더냐?
10 세상사 이치를 너희들이 높이 서서 깨달아 내려다보는 그 안목이 있을 때,

그 깨달음이 있을 때, 너희들은 선함
을 행할 수 있음이니라.
11 그와 같은 이치에 오르지 못하는 자들
은 선함을 행할 수 없음이니라.
12 60점의 그 세계에서, 너희들은 육의
세계를 넘나들며 정녕 나에게 오를 수
가 없으며, 그리하여 너희들은 말하지
아니하는가?
13 인간으로서는 완벽할 수가 없다 말하
였음이니, 인간이 완벽할 수 있는 것
은 그 60점을 넘음이니, 그를 넘는 것
은 너희들이 곧 죽은 자라 하는 것이
니라.
14 죽음은 무엇이더냐?
15 영과 육의 세계가 구분됨이니, 너희들
의 육신이 이 세상에 살면서 죽은 자
가 되라 함이니,
16 너희들이 죽어서 너희 영혼이 육신의
세상사에 살아가는 추하고 더럽고 높
고 낮음을 영의 세계에서 내려다본다
하면, 너희들은 얼마나 후회하며 잘못
살아옴을 통탄하며 가슴 아파 울겠는
가?
17 그게 바로 지금 내가 죽음이라는 것이
니라.
18 너희들이 지금 죽어 와 영의 세계에서
육의 세계를 바라보는 그와 같은 이치
를 깨달아 70점이라는 그 높은 점수
에 올라올 수 있도록 죽은 자라 명하
라.
19 죽어서 영의 세계에 와 너희 영혼이
육신이 살아오는 추하고 더러운 60점
의 그 틈바구니를 내려다보는 그와 같
은 마음의 깨달음의 이치를 너의 제자
들에게 일러 주라.
20 그것이 천사가 되는 길이니라.
21 내가 너를 나의 아들이라 부를 수 있
음은 너의 제자들이 또한 오늘 그와
같이 받쳐 주고 있음이니,
22 오늘의 네 장부에 기록된 너의 제자들
에게 내가 내리는 하늘의 상임을 알라
그리 전하라.

2,414 번째 하나님 말씀

2002년 5월 29일 09시 02분

1 사랑하는 나의 아들아!
2 "네, 여호와 하나님! 말씀하옵소서."
3 부모가 자식을 자식이라 부르는 그 마
음의 기쁨을 아는가?
4 그리고 그 이름을 부르고 그 자식을
부를 때 부모가 사랑이 충만한 마음으
로 그를 부르며, 그가 정녕 효자요, 부
모가 원하는 자식으로서 성장해 주는
자식이라 생각할 때 부모의 마음이 얼
마나 훈훈한가를 너는 아는가?
5 지금 너의 제자들이요, 너를 따르는
나의 피조물 만백성, 나의 법전을 읽
고 깨달은 자, 그리고 네 앞에 와 너를
따른다 하며 제자라 하는 자들이 네가
변해 가고 변하며 네가 성장하는 그
모습을 바라보지 못하는 자는 이 세상
에서 가장 어리석은 자며 우매한 자며,
6 아무리 나의 성령의 법전을 읽고 깨우
쳐도 그는 한 줄의 그 의미를 깨닫지
못함이니, 즉 그러한 자, 육의 세상에
서 벗어나지 못함을 알아야 할 것이니
라.
7 내가 일찍이 너를 일깨워 말하였느니
라.

8 어린아이가 성장하듯이 겨자씨를 세
상에 하나 뿌렸다 함은, 그 겨자씨의
성장이 어찌되는가 그것을 모르고 못
깨우치는 자는 네 앞을 떠나듯이,
9 겨자씨가 싹트기 시작할 때 나약하며
그가 또 성장하는 과정이요, 세월이
흐르면서 많은 그늘을 지워 만백성이
쉬어 가도록 할 수 있는 그 이치를 못
깨달음이니,
10 성급하게 너를 많은 그늘을 지우는 큰
나무로서 보고 온 자들이, 저희들의
욕심이요, 나의 진리요, 나의 뜻을 모
르고 떠나감이니, 그들이 바로 제일
어리석은 자들이니라.
11 겨자씨라 하였음이니, 그가 싹트고 자
라는 것에 물을 주고 토양을 주어 저
희들이 역할을 다할 때 그 그늘에 쉬
어 간다는 것을 모르며,
12 사람도 살아가면서 어려서부터 성장
하여 그가 재목으로 변한다는 그 이
치 하나도 깨닫지 못하고, 성인이요,
권력 있는 이요, 능력 있는 자를 바라
고 생각해 왔다가 떠나는 자들이 가장
어리석고 우매하며, 짐승만도 못한 불
쌍한 자들이니라.
13 그리고 그보다 더한 자들이 무엇이던
가?
14 네 옆에 있으면서 네가 변화되고 성장
하는 그 내면을 볼 수 있는 눈을 뜨지
못하며, 너를 믿지 못하며 신뢰하지
못하며 너를 보고 불안해하는 자,
15 네가 그리 성장하여 저희들보다 열배
백배 위에 있거늘, 위에 있는 자를 깨
닫지 못하는 어리석은 자가 그보다 더
불행한 자이니,
16 아무리 네 앞에 와 공부를 하며 나의
법전을 읽고 깨우치고자 하나 그를 깨
우치지 못하는 자가 더 불쌍하고 어리
석은 백성이니라.
17 그는 하늘에 내가 존재함을 알 수도
없으며, 그를 깨달을 수도 없으며, 한
벽을 넘지 못함이니,
18 그는 인간으로서 그 근본의 틀을 버리
지 못하는 욕심이요, 시기요, 오만이
요, 오기요, 불행한 자들이니 그보다
더 불쌍한 자가 없음을 너의 제자들에
게 일깨워 주라.
19 지금도 떠나갈 자 있을 것이니라.
20 그리고 오는 자 있을 것이니라.
21 어찌하여 너희들은 겨자씨를 뿌려서
그 잎이 트도록 보았으며 그리고 물을
주어 성장하도록 해 놓고, 그것이 성
장하기 전에 그 역할을 바라며 그 역
사를 바라는가?
22 그 욕심 때문에 그를 보지 못하고 떠
남이니, 나중에 오는 자, 그 그늘에서
쉬며 육의 세계를 벗어나 하늘에 오르
는 영광을 얻게 됨이니,
23 그러한 어리석은 너의 제자들, 그와
같은 자는 아무것도 깨달을 수 없으
며, 이 세상에 가장 불행하며 불쌍한
자인 점을 알라.
24 사랑하는 나의 아들아,
25 네가 변해 가며 네가 올라오며 네가
역사하는 것을 보지 못하는 자, 그리
고 너를 처음 세상에 나가 겨자씨를
뿌렸던 그 씨앗으로 보는 자, 그리고
싹터 오는 것을 모르는 자, 그와 같은
자가 세상에 가장 우매하고 오만하고
자만하며 불행한 자며 욕심 있는 자들

이니,
26 그들이 가장 어리석은 백성이라는 것
을 너의 제자들에게 일깨워 주라.
27 너희들이 알 수 없음이라는 것을 알려
주라.
28 네가 변하는 그 높이를 모르며, 항상
너를 겨자씨처럼, 처음에 뿌려진 씨처
럼 생각하며, 거기에 모든 생각을 바
치며 그와 같이 너를 보기를 벗어나지
못하는 자, 그자가 세상에서 가장 불
행한 자며, 머지않아 내가 그들의 손
을 놓게 됨을 알라 이르라.
29 저희들이 정녕 깨우쳐 하늘의 빛이요,
하늘의 뜻이요, 영혼의 구원의 세계인
60점이라는 그 점수를 넘지 못하는
자, 그들의 불행이 곧 있을 것이니 그
리 알아야 할 것이니라.
30 정녕 네가 변하는 모습을 보는 자만이
이 성령의 법전이 나의 성령이요, 나
의 뜻임을 알게 되며, 내가 하늘에 존
재함을 알며, 나의 전지전능함을 봄이
니, 그를 못 보는 자 나의 백성이 아니
지 않더냐?
31 이 이치를 그들에게 깨우쳐 주도록 하
라, 선지자야!

2,415 번째 하나님 말씀

2002년 5월 29일 09시 39분

1 사랑하는 나의 아들아!
2 "네, 여호와 하나님! 말씀하옵소서."
3 믿음이라 하는 것이 무엇이더냐?
4 자기 자신이 변할 수 없는 그 선을 넘
어 변하는 것이 믿음이니라.
5 믿음이 무엇이냐 묻거든, 자기 자신이
인간의 능력으로써 변할 수 없는 그
마음의 변화요, 행함의 변함이요, 그
변화를 이루는 것이 믿음이라 그리 깨
우쳐 주라.
6 지금 수천 년 동안 나의 성서를 가지
고 너희들이 공부해 왔으며 나의 피조
물 만백성을 구원하여 하늘에 오른다
하고 있음이니, 그 믿음이 과연 무엇
이던가?
7 너희들은 어려운 것에 부닥칠 때마다
그는 인간으로서 행할 수 없으며 인간
으로서 이룰 수 없다며 그리 그를 피
해가고 돌아갔음이니라.
8 그것은 믿음이 아니니라.
9 그것은 정녕 너희들이 나에게 오를 수
있는 길이 아니며, 너희들이 나에게
올 수 없음이니라.
10 너희들이 죽은 믿음이요, 나와는 아무
런 관계도 없는 암흑의 세계에서 지금
까지 믿음의 길을 왔다고 내가 나의
사랑하는 아들을 통하여 너희들에게
전하는 뜻이 어디에 있는지, 너희들은
이를 깨우치지 못하는가?
11 너희들이 말하는 인간으로서 넘을 수
없는 길이며 할 수 없는 것이라 함을,
너희들이 그것을 해내고 이루는 것이
바로 믿음이니라.
12 진정한 믿음으로써 나를 향하여, 구원
의 그 길을 향하며 나 여호와의 뜻에
살아가고자 하는 자, 바로 너희들에게
는 못 이룰 것이 없음이니라.
13 거기에는 변하지 아니하는 것이 없음
이니라.
14 변화를 못 시키는 것이 없음이니라.
15 너희들 스스로 마음이요, 너희들 자신

의 살아가는 행동이요, 생각이요, 그
모두를 인간으로서는 넘을 수 없으며
지킬 수가 없다 그리 말하는 그것을
넘는 것이 바로 곧 믿음이니라.
16 나를 믿는 자는 이를 넘을 수 있으며,
나를 향하여 진실한 믿음의 길을 가는
자, 나의 율법을 지키며 나의 계명을
지키며 그리 살아가고자 하는 자, 그
런 진정한 믿음을 가진 자는 그 모두
를 초월하여 넘을 수 있으며,
17 그것이 진정한 믿음이라는 것을 너의
제자들과 나의 법전을 읽고 깨우치는
만백성에게 전해야 할 것이니라.
18 남들이 넘지 못하는 것, 남들이 해낼
수 없는 것, 남들이 인내할 수 없는
것, 그 모두에서 다 인간이기 때문에
그를 이룰 수 없다고 좌절하고 돌아서
는 것은 믿음이 아님이니라.
19 그것은 나에게 오는 길이 아님이니라.
20 그리하여 내가 너희들에게 일렀느니
라.
21 나의 피조물 만백성이 나의 계명을 지
킬 수 없으며 십계명대로 살 수 없으
며 부모에게 효도할 수 없으며 거짓
하지 아니하고 살 수 없다 말함이니,
그리하여 그들의 믿음이 지옥으로 가
는 믿음이요, 나의 아들딸이요, 나의
백성의 믿음의 길이 아니라 하였음이
니라.
22 나의 아들아,
23 그것을 넘는 자가 믿음을 아는 자며,
진정한 믿음의 길을 가는 자며, 진심
으로 믿는 자는 그를 다 넘을 수 있음
이니라.
24 그것을 넘는 것이 믿음이며, 그리고
나에게 기도하는 것이며 나를 경배하
고 나를 따르는 백성인 것이니라.
25 이 이치를 너의 제자들과 만백성에게
일깨워 주어야 될 것이니라.
26 그러하니 지금 너희들이 인간으로서
넘을 수 없는 그 선의 마음이요, 행함
이요, 너희들의 욕심이요, 그 사악한
질투요, 오만이요, 자만하는 것이요,
인간 세속의 부귀와 영화를 얻고자 하
는 마음이요, 그 모두를 다 넘을 수 있
는 것이 무엇이더냐?
27 넘는 자가 곧 진심으로 믿는 자며 믿
음의 길을 아는 자이니라.
28 나의 아들아,
29 이제 이 이치를 너의 제자들의 손에
쥐여 주었을 때 그들은 이를 받아들
이고 깨달을 것이며 알 것이니라.
30 그것만이 믿음이요, 진정한 믿음의 길
을 가고 있는 백성은 그를 넘을 수 있
다 하는 것을 일깨워 주라.
31 그를 넘지 못하는 자는 진실한 믿음을
보지 못함이요, 진실한 믿음의 길을
가지 못함이니, 진실이 아닌 것은 무
엇이더냐?
32 나와는 관계가 없음이니라.
33 오로지 진리요, 진실이요, 순리인 것
이 나에게 올 수 있는 길이니, 이를 넘
지 못하는 자, 이를 넘어서 보지 못하
는 자, 그들은 구원을 받을 수가 없으
며, 나와는 관계가 없으며 지옥으로
가는 것이니라.
34 너희들이 정녕 믿음으로써 나를 향하
며 나에게 선택된 백성이며, 나로부터
구원받은 자라 하여 내가 너희들의 이
름 석 자를 에덴동산에 갖다 놓았다

하였음이니,
35 그것은 바로 너희들이 그 선을 넘는
그 믿음의 한계를 알아야 될 것이며,
36 진실한 믿음을 알아 남들이 이룰 수
없는 그 고비를 믿음으로써 넘는 것,
그것이 너희들이 낙원에 오를 수 있음
을 너의 제자들에게 깊이 깨우쳐 일러
주도록 하라, 선지자야!
37 그리고 사랑하는 나의 아들아, 이를
꼭 명심하여 행하도록 그리하라.

2,416 번째 하나님 말씀

2002년 5월 29일 09시 47분

1 사랑하는 나의 아들아!
2 내가 너에게 일러 일깨워 주었음이니,
진정한 믿음이요, 하늘에 오르는 것은
모든 것을 다 초월하여 넘고 넘어 가
는 것이 믿음의 길이라 하였음이니,
3 그 모두의 너희들의 삶을 다 초월하는
것만이 진정한 믿음의 길을 행하는 것
이라 말하였음이니라.
4 그러나 나의 피조물 백성들은 아무리
듣고 또 들어도 그를 잊어버리며 그를
기억에서 지워 버림이니, 너희들을 깨
우치는 것은 듣는 것으로써, 나의 법
전을 읽는 것으로써, 나의 성령을 너
희 가슴에 담는 것으로써 너희들이 그
모두를 초월하는 믿음의 길을 가기가
어려우니라.
5 그리하여 나의 아들 너를 세상에 내려
보냈음이니라.
6 네가 모두를 초월하는 그 삶을, 네가
깨닫고 경지에 오른 그 모두의 초월하
는 삶을 초연히 보여 주고 갈 때, 너의
삶을 보며 너의 제자들이 그를 따라
행하게 되며 그를 따라 그들이 몸소
훈련하여 몸에 익히게 됨이니,
7 그리하여 내가 너를 달구는 것이며,
네가 지금까지 초연한 자세요, 믿음이
요, 그 모두를 초월하는 그 마음을 갖
지 못하였기에 내가 너를 감히 아들이
라 부르지 아니하였음이니라.
8 이제는 네가 모두를 초연히 넘어 너
스스로 믿음의 가는 길이 무엇이며 믿
음을 행하는 자가 무엇인가를 알았음
이니, 내가 너를 사랑하는 아들이라
부름이며,
9 이제는 네가 그 생활을 실천하고 행하
는 것이, 이 수십억 인구요, 나의 백성
들이요, 수천 년에 걸쳐 이 지상에 와
살다 가는 나의 사랑하는 아들딸들이
너의 삶의 그 근본이요, 기본을 보고
그들이 깨우침을 받고 바로 서게 됨이
니,
10 그리하여 너를 달구고 또 달굼이니라.
11 내가 너를 버리지 아니하였음은 너는
나의 아들이요, 나의 뜻을 대신하여
만백성에게 전할 사람이며, 그리고 너
는 그리 행할 수 있기에 나 여호와가
너를 지금까지 기다렸음이니라.
12 아들아, 잘 왔음이니라, 그리고 잘 깨
우쳐 왔음이니라.
13 이 모두는 다 지금 너의 제자들의 공
이며, 그들이 넘으며 그들이 고생한
덕이라 내가 그리 알고 있음이니, 너
의 제자들 모두를 사랑한다 그리 전하
라.
14 그리고 너의 제자들에게 지금 막 잎이
피는 너를 보고 무엇인가를 원하지 말

며 바라지 말라 그리 이르라.
15 그것이 가장 현명한 자며 가장 똑똑한
자며 지혜로운 자라는 것을 일깨워 주
라.
16 이제 거기에 물을 주고 또 토양을 주
며 퇴비를 너희들이 주었을 때 그 모
두의 영광과 영화는 너희들 것이니,
그를 버리고 떠나는 자 없도록 그리하
라 이르라.
17 이것이 나 여호와가 너희들을 사랑하
는 그 뜻을 전함이며, 너희에게 위대
하고 크나큰 은혜요, 영광을 줌이라
그리 알라.
18 걸음마도 하지 못하는 나의 아들을 보
며 그에게 기대를 걸었다가 떠나지 말
라 하라.
19 걸음마를 하지 못하는 나의 아들이 말
을 잘 못하며 표현을 잘 못하며 전하
기를 잘 못한다 하여 너희들보다 어리
석고 미진하다 생각하지 말라.
20 그의 생각은 경지에 와 있음이니, 그
는 그 머릿속에 경지를 향하여 살아가
고 성장함으로 해서 육의 세계를 넘는
자 중에 그가 으뜸이니,
21 그를 넘어 그를 따라오는 것이며 그가
낸 그 길을 따라 너의 제자들이 올라
온다는 그것을 깨우쳐 주도록 하며,
그들에게 오만하지 말며 자만하지 말
며 경거망동하지 말라 그리 이르라.
22 그리고 기다리라 그리 이르라.
23 그것만이 너희들이 구원의 길을 올 수
있는 것이며, 나의 아들 선지자가 온
그 자국 자국을 따라서 너희들이 올라
오게 되어 있음이니,
24 그 길을 벗어나고서는 너희들이 아무
리 유능하며 믿음이 높으며 깨우침이
높다 하여도 올 수 없는 그 이치를 알
라.
25 나의 모든 뜻을 단 한 사람을 통하여
세상에 내려보냄이니,
26 신약 시대는 나의 아들 예수요, 지금
제3의 시대는 나의 아들 너를 통하여
내려보내며 너를 통하여 거두어들임
을, 나의 피조물 만백성에게 그를 깨
우쳐 잊지 말라 그리 가르칠 것이며,
27 그 길을 따라오도록 해야 할 것이며
그 길만이 구원의 길이라는 것을 잊지
말도록 그리하라.
28 이 영광된 이치를 깨우치라.
29 이것이 그들에게 내리는 크나큰 상이
며 은혜임을 알라 이르라.

2,417 번째 하나님 말씀

2002년 5월 29일 16시 06분

1 사랑하는 나의 아들아!
2 "네, 하나님 아버지! 말씀하옵소서."
3 너희들이 살아가는 생활 속에 이 세상
모두를 다 누가 창조하였으며 누가 존
속케 하였는가?
4 그것 하나만을 너희들이 돌아다보고
깨우친다 하여도 나 여호와가 존재함
을 알 수 있을 것이거늘,
5 너의 제자들과 너를 따르는 백성들,
그리고 나의 피조물 만백성은 나 여호
와가 존재함이요, 나 여호와가 실제
살아 있음이요, 나의 심정이요, 나의
심성까지도 볼 수 있는 것이거늘, 어
찌하여 너희들은 그를 보지 못하는가?
6 자연에 움직이고 살아가는, 이 세상

지구상에 이루어진 그 모든 것들이 나
여호와가 존재하며 내가 살아 있는 산
증거요, 표시이거늘, 어찌 그것 하나
도 너희들은 깨우쳐 바로 보지 못하는
가?
7 모든 동식물이요, 모든 그 하나하나를
너희들이 분석하고 깨달아 볼 때, 그
모두는 다 내가 존재함을 증명하기 위
하여 만들어진 것이라 하면 너희들은
그를 믿겠는가?
8 그 모두 하나하나를 너희들이 분석해
서 보다 보면 그가 나 여호와가 존재
함을 증명하는 신비로운 삶을 다 살아
가고 있음이니,
9 그 모든 계획을 창조주인 내가 아니면
어찌 그리 이룰 수 있다 생각하는가?
10 너희들은 그와 같은 이치를 깨우쳐 주
도록 하여야 될 것이며, 너의 제자들
은 여기서 너희들의 흔들리는 그 마음
의 자세를 바로잡아야 할 것임을 깨우
쳐 주라.
11 그 이치 하나도 깨우치지 못하기에 너
희들이 죄를 짓고 사악한 마음으로 세
상을 살아가고 있음이니, 그 신비로움
과 신비의 세계를 안다 하면 너희들은
과연 그 죄를 지으며 사악한 형태로써
살아갈 수 있는가?
12 이는 정녕 살아갈 수 없음을 알아야
될 것이니라.
13 그리고 또한 믿음의 길이라는 것을 나
를 향하여 달려오고 가는 너희들의 삶
의 형태가 어찌 변해 가고 있는가?
14 너희들은 흘러가는 세월 속에 삶을 살
다 그저 버릴 때 버리는 것처럼 죽을
때 되어 죽어서 오면 된다 그리 생각
하고 사는 자가 부지기수이니, 그들을
어찌 깨우쳐야 되겠는가?
15 너의 제자들과 나의 법전을 읽은 나의
백성 너희들은 그들에게 전하여야 될
것이니라.
16 깊고도 높은 마음의 욕심이요, 사악한
인간의 생각을 다 저버리고 사르고 날
려 보낼 때, 나의 백성이 되는 것이며
영원히 사는 구원의 길에 올 수 있는
길을 가고 있으며 걸어가고 있다는 것
을, 그것만이 너희들이 나에게 오르는
빛을 보며 구원의 길을 달려옴이라,
그를 깨우쳐 주어야 될 것이니라.
17 너희들 마음속에 있는 그 욕심이요,
오기요, 사악한 마음은 아무리 깊은
바다도 그보다 더 깊은 것이 없으며,
아무리 높은 산도 더 그보다 높음이
없음이니,
18 내가 만든 이 지상의 낙원에서 너희들
의 그 사악한 마음보다 깊은 것이 없
고 높은 것이 없음이니, 얼마나 너희
들이 마음자리를 다스리기가 힘들고
어려운 것인가를 알아야 할 것이니,
19 그러나 그 모두를 접어 두고 넘고 인
내하는 자만이 구원의 길에 오를 수
있음을 너의 제자들에게 일깨워 주어
야 될 것이니라.
20 이제는 너의 제자들이 나의 법전을 읽
고 깨우침이 높아졌으니, 오늘 내가
너희들에게 가르침을 그들은 깨달을
것이니라.
21 그리하여 그들이 천사가 되는 그 길에
네가 빛을 밝혀 주어야 될 것이니 그
리 알아야 할 것이니라.

2,418 번째 하나님 말씀

2002년 5월 29일 16시 13분

1 사랑하는 선지자야!
2 "네, 여호와 하나님! 말씀하옵소서."
3 너를 찾아와 묻는 자에게 네가 깨우쳐
주기를 이리 이르라.
4 너는 선지자요, 나의 아들임이니, 네
가 지금 그에게 전하는 말을 그는 얼
마만큼 소중히 받아들이며, 얼마나 소
중히 생각하며, 너와 더불어 있음이
얼마나 귀한 시간인가를, 그를 먼저
깨닫는가 그리 물어보라.
5 그리하여 그가 정녕 깨달음을 얻고자
하며 너에게 가르침을 받고자 할 때,
너는 그에게 그리 가르쳐 주라.
6 믿음이라 함은 남들이 넘을 수 없는
그 어렵고 힘든 고비를 넘어 행하는
것이 진정한 믿음의 길이니,
7 그들이 지금 믿고 오는 그 믿음은 어
렵고 힘들면 비켜 가며, 돌아서 가며,
그리고 모든 이유와 변명을 대며, 그
리고 나 여호와로부터 시험이요, 그리
하여 그 시험을 이긴다 하여 그러한
변명과 이유 속에서 모든 것을 해결하
며 믿음을 향하여 전진하고 가지 않았
는가 그에게 물어보라.
8 그러하다 그가 말하거든, 그는 나 여
호와와는 아무런 관계도 없으며 그것
은 진정한 믿음이 아니었음을 일깨워
주라.
9 나를 향하는 길이요, 나로부터 선택된
백성이요, 진정한 나의 믿음의 길에
들어선 자는 아무도 이룰 수 없으며
인간으로서 행할 수 없다 주저앉는 그
어렵고 힘든 모든 고비를 슬기롭게 넘
기며, 그를 향하여 그 고비를 넘어 나
의 음성을 듣고자 오는 자만이 바로
진정한 믿음이요, 나에게 오르는 길이
라 말하라.
10 피해 가는 자, 돌아가는 자, 어떠한 이
유와 변명을 붙이는 자, 그리고 중단
하는 자, 좌절하는 자, 그는 진정한 믿
음의 길을 못 감이라 말하라.
11 평생을 바쳐 아우성치며 소리 지르고
광란의 믿음을 가지나 나의 계명을 지
킬 수 없으며 나의 율법을 지킬 수 없
다, 그리하여 인간으로서는 갈 수 없
는 길이 있다 그리 말하며, 하늘에 오
르는 길이요, 하나님으로부터 선택되
는 것은 아무나 이루어질 수 없다 그
리 말하는 자,
12 그들은 나와는 아무런 관계도 없는 자
들이며 진정한 믿음을 모르는 자들이
니,
13 진정한 믿음을 아는 자요, 나로부터
선택된 진실한 그 길을 오는 자는 모
든 것이 다 답이 있음을 알아야 할 것
이니라.
14 그리하여 너희들이 넘을 수 있는 길이
있으며 넘는 방법이 있음이니,
15 그것을 얼마나 너희들이 인내하며 넘
느냐 하는 것만이 너희들이 나의 백성
이요, 아님이며, 구원을 받고 구원을
받지 못함을 거기서 알게 됩니다.
16 나의 피조물 만백성이 살아가는 이 세
상에 자연의 그 미물이요, 동물들이
얼마나 오묘하며, 흙 속에, 바닷속에
사는 그 동물들이 어떠한 방법과 지혜
로써 살아가던가?

17 그와 같은 미물들이 다 살아가는 지혜
가 있으며, 대처해 가는 그와 같은 능
력을 내가 주었듯이, 이 세상 나의 동
산에서 사는 나의 백성 너희들은 어떠
한 상황이요, 어떠한 처지에서도 거기
에는 반드시 아름다운 정답이 있음을
알아야 할 것이니라.
18 너희들을 밀어붙인 자에게 밀어붙였
다 하여 욕하고 원망하기 전에, 그가
밀어붙임으로써 너희들이 과연 어떠
한 것이 있는가를 너희들이 순간 돌이
켜 보고 생각해 볼 때 거기에 얻어지
는 진리가 있음이니라.
19 남이 너에게 한 번 주먹을 날렸다 해
도, 그것이 아프고 화나며 잘못된 것
이라 하여도, 그가 너에게 주먹을 날
린 그 이후에 아름다운 깨우침이 있으
니,
20 그 정반대 속에서 답을 찾을 때 그 속
에 정녕 신비하고 영광스러우며 진정
한 진리요, 아름다운 사랑의 길이 있
음이니, 그걸 찾는 지혜를 갖는 자만
이 곧 무엇이더냐?
21 바로 누구도 넘을 수 없는 그 길을 넘
어 나의 진정한 믿음의 길을 향할 수
있는, 진정한 믿음의 길에 들어서는
나의 백성이 됨이니,
22 이와 같은 이치를 너는 너의 제자들에
게 손에 쥐여 주듯이 그리 깨우쳐 주
어야만 할 것이니라.
23 그리하여 그들이 그를 깨달아 시행하
는 자가 생길 때, 천 년 후에 나의 에
덴동산이 이루어지는 기초가 됨을 알
아야 할 것이니라, 사랑하는 나의 아
들아!

2,419 번째 하나님 말씀

2002년 5월 29일 16시 18분

1 사랑하는 나의 아들아!
2 "네, 아버님! 말씀하옵소서."
3 네가 하나의 나의 점을 세상에 다시
보임이니 너희들이 6월 9일 오후 2시
에 나에게 경배의 기도를 그리 드리도
록 하라.
4 (서울시 신림동에 서점을 만듦)
5 그리하여 그곳에서 나의 피조물 만백
성이 깨우침을 얻어 진정한 하늘에 오
르는 길이 무엇인가를 깨닫도록 그리
일깨워 행하도록 하라.
6 나의 성전에서 너희들이 나의 법전을
연구하고 공부하며, 그리하여 너희들
모두가 다 그곳에 가서, 2시에 그곳에
서 내가 너희들과 같이할 것이니, 그
곳의 문을 열어 나에게 경배의 기도와
나의 법전을 정독하며 그들에게 깨우
침을 이루어 주라.
7 그리하여 많은 나의 피조물 백성이 진
정한 믿음이 무엇이며 하늘에 오르는
길이 무엇이며 구원의 길이 무엇인가
를 깨닫도록 그곳에서 역사하도록 그
리 행하라, 선지자야!
8 그곳에 참석하는 모든 나의 백성, 그
들에게 다 깨달음이 있으며, 깨우침이
있는 그날의 역사가 이루어질 것임이
니, 내가 명한 대로 그리 행하도록 하
라.

2,420 번째 하나님 말씀

2002년 5월 30일 08시 30분

1 사랑하는 선지자야!
2 "네, 여호와 하나님! 말씀하옵소서."
3 나의 피조물 만백성 너희들이 하루를
살아가면서 한 가지 선행이요, 아름다
운 행위를 하는 그 모두는 다 나 여호
와를 향하여 너희들이 이루는 역사의
삶이라는 것을 알아야 할 것이니라.
4 어려운 자에게 끼니 한 끼를 대접하
며, 노자 없는 자에게 노자를 주며, 어
렵고 힘든 자 보필하고 사랑을 베풀며
그들에게 희망을 주며 아름다운 삶을
살아가는 그 모든 하나하나의 행위는,
너희들은 그 상대자가 있어서 그 사람
에게 베푼다 생각하나,
5 그는 모두 나의 자식이요, 아들딸이
니, 나의 백성들에게 너희들이 베푸는
그 모든 선한 행실은 그게 다 나 여호
와를 위해서 이루는 역사임을 알아야
될 것이며, 그때그때마다 너희들이 나
에게 행하는 행사라 그리 생각하고 행
하도록 하라.
6 그리하여 너희들이 범사에, 모든 일에
나에게 감사하라는 뜻이 또한 여기에
있음이니라.
7 그렇다면 너희들이 살아가면서 악한
짓, 사악한 짓, 그리고 사랑을 모르는
일, 나눔을 모르는 일, 남을 시기하고
음해하며 모함하는 일, 자기 욕심과
고집을 버리지 못하여 제 스스로 남에
게 해하는 말을 함부로 하는 일, 그리
고 어렵고 배고픈 자에게 금화와 은화
한 닢을 던져 주지 아니하고 그들의
어려움을 모르는 체하고 살아가는 행
위는 바로 무엇이던가?
8 그는 다 나 여호와로부터 등을 돌림이
며, 나 여호와를 너희들이 경시함이
요, 나 여호와를 의식하지 아니하고
삶이니라.
9 그리하여 너희들의 형제에게 무엇을
잘못하며 무엇을 잘못 던지는 자, 형
제를 음해하고 바보라 욕하는 자, 그
는 지옥 불로 간다 하였으니 그것이
무엇이냐?
10 곧 나에게 하는 행위라 함이니라.
11 그와 같은 이치를 너희들이 깨달아야
할 것이니라.
12 그리하여 너희들이 선한 행위요, 사랑
을 베풂이요, 그리고 인색하고 잔인하
며 욕되게 삶이요, 그 모두는 다 나 여
호와에게 너희들이 직접 행하는 것이
니, 죽어서 너희들이 하늘에 와 나에
게 심판을 받는 이치가 거기에 있음을
알아야 할 것이니라.
13 내가 모든 세상사를 너희들에게 내려
주었으며, 그리하여 너희들이 살면서
부딪치는 그 모두를 다 나 여호와에게
감사하라 하였음이니라.
14 그것이 바로 나의 뜻이니라.
15 나의 사랑하는 백성들이 나의 아들과
딸들이니, 그리하여 너희들이 살아가
면서 행하는 행동의 모두는 다 어버이
라 부르는 나를 대신하여 행하는 것이
며,
16 너희들이 잘하고 착하게 살아가며 선
행을 베풀며 나눔과 사랑을 베풀며 살
아가는 것은 곧 무엇이더냐?
17 나의 뜻을 따르는 나의 효성스러운 아

들이요, 딸이니라.
18 그러나 너희들이 악하고, 선행을 모르
며 나눔을 모르며 살아가는 그와 같은
잔인한 삶을 사는 것은 너희들이 너희
부모라 하는 나 여호와에게 거부함이
며 나의 뜻을 순종하지 아니함이니,
그 자식이 매를 맞는 것은 당연한 것
이 아니더냐?
19 그리하여 너희들이 죽어 나에게 왔을
때 그 심판을 받게 되어 있는 이치를
오늘 너희들은 깨달아야 할 것이니라.
20 모두는 나 여호와에게 행하는 행동이
라 함을 알아 행하도록 그리 깨우쳐
주라, 나의 사랑하는 아들아!

2,421 번째 하나님 말씀

2002년 5월 30일 08시 42분

1 사랑하는 나의 아들아!
2 "네, 아버님! 말씀하옵소서."
3 오늘 내가 너를 부름에 내 마음의 기
쁨이 한이 없노라.
4 네가 이제는 모든 이치를 깨우쳐 바로
서 감이니, 이 세상의 만백성이 너를
보고 그 구원의 빛을 보게 됨이니, 위
로는 나 여호와의 기쁨이요, 아래로는
만백성이 구원의 그 빛을 바라보게 됨
이니, 오늘의 이와 같은 경사가 더 없
음이니라.
5 나의 아들 예수가 그 죽음의 고통의
길을 가기 전에, 그 길을 가지 아니하
고 이를 수 없는가 하고 나 여호와에
게 피눈물 맺힌 그 많은 기도를 드렸
으나 그를 내가 들어주지 아니하였음
이니, 이는 곧 너희들을 사랑하기 때
문이라 말하였느니라.
6 또한, 나의 아들 예수가 그와 같은 고
통의 시련과 그 죽음의 길을 택하여
후세에 너희들에게 전하지 아니하였
다면 성서라는 것이 존재할 수 없었으
며 성서라는 나의 뜻의 가르침이 존재
할 수 없었기 때문이니,
7 이 모두를 위하여 나의 아들의 그 기
도를 들어주지 아니하였으며 오로지
나의 피조물 만백성을 구하고자 함이
었느니라.
8 또한, 오늘날 너와 같이 나의 뜻을 받
아 나의 아들로서 세상에 나가 선지자
라 명하여 나의 성령을 받아 기록하는
이 역사가 이루어질 수 없으며, 이를
보고 깨우치는 자가 없었을 것이니,
9 오늘의 제3의 시대의 역사를 위하여
또한 그는 그와 같은 고통스러운 죽음
의 길을 갔음을 알아야 할 것이니라.
10 예수가 그와 같은 죽음의 고통과 시련
을 겪고 감으로 인하여 너희들은 성서
를 갖고 하늘에 오르는 길이라 하여
깨우치고자 하였으며, 또한 나 여호와
가 존재함을 지금 만방에 전하는 너희
들의 역사가 이루어졌음이니라.
11 또한, 그리하여 제3의 시대요, 나의
아들이요, 나의 선지자가 나가 나의
성령을 받아 만백성을 구하고자 나의
법전을 만들어 내, 이를 보고 깨우쳐
하늘에 오르는 길에 구원을 받는 나의
백성들이 존속하게 되었으며,
12 그들로 하여금 천 년에 걸쳐 지상의
낙원에 역사를 이루는 이와 같은 가르
침에 귀를 기울이도록 그리하기 위하
여 그와 같은 역사가 이루어졌음을 너

희들은 알아야 할 것이며,
13 이와 같은 행위 또한 성서에 기록되어
있음을 알아야 할 것이니라.
14 이와 같은 역사의 고달프고 힘들고 어
려운 흐름 속에서 오늘의 제3의 시대
가 탄생되었으며, 나의 성령이요, 나
의 법전이 세상에 내려가 있음을 너희
들이 알아야 할 것이니라.
15 오늘 나는 너희들에게 다시 한 번 말
하느니라.
16 나의 아들의 죽음이 오늘의 너희들을
있게 하였으며, 그 고통을 보고 그 고
통으로 하여 성서가 지속되었으며, 또
오늘의 나의 법전이 세상에 나와 너희
들을 인도하는 이 역사가 이루어졌음
이니,
17 그 죽음의 고통을 면해 달라는 나의
아들의 기도를 듣지 아니하고 그를 들
어주지 아니하여 오늘의 성서와 오늘
의 법전이 세상에 나와 너희들을 깨우
쳐 하늘에 오르는 그 역사를 이루고자
하는 나의 뜻에, 나의 은혜 속에 살아
가는 너희들은 과연 지금 어떠한 삶이
며 어떠한 속에서 살아가고 있는가?
18 너희들이 살아가는 그 자신을 한 번
돌아다봐야 될 것이니라.
19 이와 같은 나로부터 은혜와 은총을 받
으며, 너희들에게 다시 한 번 기회를
내리는 나 여호와의 뜻에 너희들은 과
연 얼마만큼 순종하며 따르며, 너희들
의 삶이 얼마나 아름답게 살아가는 것
인가를, 너희들 자신을 되돌아보는 그
와 같은 오늘의 계기를 만들어야 할
것이니, 이를 잊지 말라.

2,422 번째 하나님 말씀

2002년 5월 30일 08시 56분

1 사랑하는 나의 아들아!
2 "네, 아버님! 말씀하옵소서."
3 내가 너에게 뭐라 말하였더냐?
4 예수가 죽은 그다음부터 나의 뜻이 세
상에 전해지지 아니하였으며, 내가 이
루고자 하는 그 역사의 뜻을 전하는
자 없으며 받은 자 없음이니, 곧 이는
암흑의 세계의 삶이라 내가 말하였으
며,
5 나와는 아무런 관계도 없는 그와 같은
삶의 세월 속에서 무엇인가를 너희들
이 이루고자 발버둥쳤으며, 너희들이
나의 피조물 만백성을 하늘에 오르는
길로 인도한다 하여 갖은 방법과 수단
을 가리지 아니하고 나의 백성으로부
터 금화와 은화를 거둬들여 취하며,
6 지금과 같이 나의 아들이 고통 속에
죽어 간 그 십자가의 형틀을 천 가지
만 가지의 모양과 자재를 들여 만들어
하늘을 향하여 붉게 불을 켜 놓음이
니, 너희들이 나를 얼마나 잔인하게
고문하는 것인가를 알라 하였음이니
라.
7 정녕 너희들이 나의 백성이요, 나의
성령이요, 내가 예수에게 전하고자 한
그 뜻을 받아들여 나에게 오르는 종교
지도자들이요, 정녕 선택된 자들이 나
의 피조물 만백성을 구원하여 하늘에
오르는 길로 인도한다 하면,
8 그와 같이 밤마다 나의 아들이 처참하
고 고통스럽게 죽어 간 그 십자가에
불을 밝혀 빨갛게 물들여 내가 보도록

나를 그리 고문하는 행위를 하지 아니
할 것이니,
9 이것 하나만 보더라도 너희들이 나에
게 얼마나 불순종하는 자들인가?
10 너희들은 나의 존재함을 생각하지 아
니하며, 나의 뜻이 무엇인가를 전혀
모르며, 내가 원하는 길이 무엇인가를
생각조차도 할 수 없는 자들이니,
11 지금 나의 피조물 만백성을 하늘에 오
르는 길로 인도한다 하여 금화와 은화
와 시간과 그 모두를 착취하는 사악한
사탄들이 세상에 이루어졌음이니라.
12 사탄이 무엇이며 사악한 자가 무엇이
며 마지막 오는 선지자가 무엇이라 너
희들은 알고 있는가?
13 그 거짓 선지자, 그 모두가 다 나의 뜻
을 순종하지 아니하며 순응하지 아니
함이니라.
14 너희들이 나의 뜻을 알며 나에게 순종
하는 자라면 내가 너희들에게 내린 십
계명을 지키고 살 수 없다는 그런 말
을 감히 할 수 없음이니라.
15 너희들에게 내가 예수가 살던 그 시대
는 예수를 통하여 모든 나의 성령을
나의 피조물 만백성을 구하고자 전했
으며, 또한 기도를 그를 통하여 내가
다 거두어들였음이라 하였느니라.
16 너희들의 구원의 길은 무엇이라 내가
못을 박았더냐?
17 너희들의 영혼의 구원이요, 너희들의
영혼의 삶을 위해서는 내가 불로 써
내린 십계명을 지키고 사는 자만이,
아무도 넘을 수 없고 지킬 수 없는 그
계명을 지키며 살아가는 자만이 믿음
의 길에 든 자요, 나의 뜻에 따라 순종
하며 나에게 구원을 받는 자라 말하였
음이니라.
18 그렇다면 너희들이 지키고 구원을 받
는 길을 내가 문자로써 십계명으로 내
렸듯이, 너희들이 기도하는 방법 또한
내가 원하는 그 내용으로써 기도하는
것만이 나에게 상달되며, 너희들이 나
에게 구원받으며, 나의 뜻이라는 것을
너희들은 알아야 할 것이니라.
19 내가 나의 아들을 통하여 너희들에게
내렸느니라.
20 '이 모두는 여호와 하나님의 은혜이
며, 여호와 하나님의 은혜에 감사드립
니다. 저의 죄를 용서하여 주옵소서.'
이리 기도를 드리라 내가 나의 아들을
통하여 나의 법전에 기록하여 세상에
내려보냈음이니, 이것이 바로 무엇이
더냐?
21 이와 같은 기도를 드리지 아니하는 자
의 기도는 내가 들어줄 수 없음이니라.
22 그는 나와는 아무런 관계도 없는 백성
임을 너희들은 다시 한 번 깨우쳐 깨
달아야 될 것이니라.
23 너희들이 만들어 마음대로 개구리처
럼 울부짖으며 지껄이는 그것은 나와
는 아무런 관계가 없음이니라.
24 내가 내려 준 기도요, 내가 내려 준 그
기도 내용대로 나에게 경배하고 기도
하는 자만이 하늘에 오를 수 있음이니,
25 이는 곧 나의 아들을 통하여 너희에게
전했듯이, 나의 아들을 통하여 그것이
하늘에 올리는 열쇠임을 알아야 할 것
이니라.
26 내가 들을 수 있으며 하늘에 올리는
그 기도의 그것이 바로 너희들 세상사

에 비밀을 유지하는 암호요, 너희들만
이 가지고 있는 비밀의 열쇠임을 알아
야 될 것이니라.
27 나의 법전을 읽고 이와 같은 내용으로
써 기도를 드리지 아니하는 자의 기도
는 하늘에 들릴 수 없음을 알아야 될
것이니라.
28 이제 제3의 시대를 열어 가면서 나의
성령이요, 나의 모든 뜻을 다 나의 법
전에 담아 세상에 내려보내 전하니,
이 기도의 내용만은 내가 불로 쓴 십
계명과 똑같은 뜻임을 너희들이 알아
야 될 것이니라.
29 이 기도의 내용이 바로 하늘의 문을
열 수 있는 길이며, 그 음성이 나에게
들릴 수 있는 열쇠이며, 그리하여 이
기도의 구절을 암송하는 자만이, 그
음성만이 나에게 들림을 알라.
30 그리하지 아니하는 자는 아무리 울부
짖어도 내가 들을 수 없음을 나의 법
전이 세상에 나간 이후에 너희들은 깨
달아야 될 것이니라.
31 이것이 나의 뜻이며 하늘의 비밀임을
알아야 될 것이니라.
32 그리해야만 나의 피조물 만백성이 생
명을 구원하고 구원을 얻고 또 나에게
오를 수 있는 길을 열어 주는 그 모두
가 한 길로써 이루어짐을 알아야 할
것이니라.
33 그리하여 나의 아들을 통하여 내리는
나의 성령이요, 나의 뜻이요, 나의 법
전이 그리 소중함이며, 나의 아들이
행하는 그 행동이 모두 다 소중함이라
내가 말하였느니라.
34 내가 너희들에게 기도로 내리며, 또
너희들이 나에게 기도를 하여 상달하
는 너희들의 그 기도의 내용을 내려보
냈으니 그대로 너희들은 기도를 하면
될 것이며,
35 그 기도는 오로지 나의 아들을 통해서
만 하늘에 상달됨이니, 그 상달되는
통로의 역할을 하는 나의 아들이 얼마
나 깨끗하고 아름답게 살아야 하는가
를 명시함이니라.
36 그리하지 아니하면 아니 되기 때문에,
너는 만백성의 생명을 지고 있다는 것
을 알아야 할 것이니라.

2,423 번째 하나님 말씀

2002년 5월 30일 08시 39분

1 사랑하는 나의 아들아!
2 "네, 아버님! 말씀하옵소서."
3 믿음의 길이요, 너희들이 나에게 오르
는 길은 아무나 견디고 이해하기 어려
우며 실천하기 어려우며 행하기 어려
운 계명도 지키고 넘는 것이며, 그가
나에게 선택된 백성이라 하였음이니
라.
4 이제 너희들은 나에게 오르는 백성으
로서, 너희들이 살아감에 있어서 자기
자신에 대해 엄격히 다스려야 하며,
자기 자신에 대하여 무서우리만큼 그
리고 냉혹하리만큼 자신을 다스리지
아니하면 그 길을 볼 수도 없으며 오
를 수도 없음을 알아야 될 것이니라.
5 이제는 너의 제자들과 나의 법전을 읽
고 깨우친 백성과 만백성에게 너희들
이 정녕 하늘에 오르는 길이며 나에게
구원을 받으며 영원히 사는 낙원에서

살 수 있다 하면 너희들이 얼마나 너
희들 자신에 대하여 가혹하리만큼 냉
혹하며 냉철해야 하는 것인가를 일깨
워 주라.
6 또한, 그와 같이 자신에 대해 무서우
리만큼, 살을 도려 내는 아픔보다도
더 진한 가혹함이 없이는 너희들이 정
녕 어렵고 힘든 그 길을 넘지를 못함
이니, 남들이 넘을 수 없는 그 나의 계
명이라는 고개를 넘을 수 있고 행할
수 있는 것은 자신에 대하여 냉혹해야
됨이니, 너의 제자들에게 이를 잊지
말고 그리 행하도록 해야 할 것이며,
7 너 또한 너 자신에 대하여 그리 무서
우리만큼 냉혹하지 아니한다면 만백
성의 거울이 될 수 없음이니라.
8 누가 뭐라 하여도 자신을 바라볼 수
있는 그와 같은 것보다 더 위대한 깨
우침이 없으며, 저 자신을 바라볼 수
있는 것만큼 위대함이 없음을 알아야
될 것이니라.
9 자기 자신을 바라보아 그 자신에게 얼
마나 가혹해야만 아무도 넘볼 수도 없
으며 그저 말로써만 구원의 길이라 부
르짖다 지옥으로 가는 그 지옥행에서
구원을 받는 낙원에 오르는 그 길에
오를 수 있겠는가?
10 너희들은 살점을 도려 내는 그 아픔보
다 열배 백배 더한 각오로써 자신을
다스려야 함이니,
11 자신을 다스리는 자만이 하늘에 오르
는 그 영광의 길을 볼 수 있으며 나에
게 구원받을 수 있음을 알아야 할 것
이니라.
12 그리고 너희들이 모든 것에 있어서
'나 여호와의 이름을 망령되이 일컫지
말라.' 하였음이니,
13 여호와요, 너희들이 말하는 전지전능
한 아버지요, 창조주인 나의 이름을
너희들이 망령되이 일컫지 아니한다
하면 자신에 대해서 냉혹해야 됨을 알
아야 할 것이니라.
14 이를 행하지 못하는 자는 구원의 길을
볼 수 없음을 알아야 할 것이니라.

2,424 번째 하나님 말씀

2002년 5월 30일 21시 08분

1 사랑하는 나의 아들아!
2 "네, 아버님! 말씀하옵소서."
3 내가 너에게 명하여 일렀느니라.
4 나 여호와가 이 세상의 나의 수십억
피조물 만백성 중에 너에게 나의 성령
을 통하여 법전을 기록하여 세상에 내
는 대명을 내려, 네가 지금 제2부요, 3
부의 나의 성령을 기록하여 법전을 준
비하고 있음이니,
5 오늘 내가 너를 말하여 부르기를 아들
이라 부르며, 내가 너를 더 이상 부를
호칭이 없으며 더 이상 내가 너에게
내릴 명칭이 없다 그리 말하였음이니
라.
6 오늘 너의 깨우침이 그와 같이 높으
며, 나에게 오르는 길을 네가 알며, 네
가 스스로 가야 할 깨우친 그 상을 내
가 너에게 뭐라 말하였던가?
7 모든 사탄이요, 천사인 그들도 내가
너를 아들이라 부르기에 한 점의 부끄
러움이 없을 때 내가 너를 불렀음이
니, 너를 내가 아들이라 부름이니 너

의 제자들 또한 그 경지요, 깨달음이
많이 올라와 있음이라 하였음이니라.
8 그리하여 너의 제자들이 지금쯤은 제
손바닥 위에서 악과 선을 구분하는 그
와 같은 경지에 올라와 있어야 한다
하였음이니라.
9 지금 나의 법전을 읽고 공부하며 깨닫
는 너희들이 그와 같은 경지에 오르지
아니하였다면, 너희들 마음속에 가지
고 있는 인간 육의 삶의 한계인 그 욕
심을 버리지 못하였음이니라.
10 너희들이 육의 삶이며 육의 한계를 벗
어나 나에게 오르는 길이요, 내가 원
하는 그 깨달음을 알았다 하면, 너희
들은 모든 것을 너희 스스로 마음속에
서 다 비울 수 있을 것이며, 너희들 마
음이 지금쯤은 창공을 날 수 있는 그
와 같은 경지에 와 있어야 함이니라.
11 내가 오늘 선지자를 통하여 너희들에
게 강론을 내렸음이니라.
12 너희들이 죽어 나에게 불려오는 그 영
혼의 형태에서 너희들이 인간사 육이
살아가는 그 삶을 바라보라 하였으며,
또한 너희들이 나에게 와 심판을 받는
다 할 때 지금까지 살아온 너희들의
모습을 돌아다보는 그 깨달음을 가지
라 하였으며, 그리하여 너희들이 남은
시간에 어찌 살아갈 것인가를 깨달으
라 일렀음이니라.
13 너희들이 지금 죽어서 이 자리에서 너
희 육은 여기에 있으며 너희 영혼이
나에게 심판을 받으러 온다 할 때, 너
희들이 남을 시기하고 음해하고 욕하
고 저주하며, 앞에 가는 자 발 걸어 넘
기며, 가는 자 당기며, 너희들 자신을
다스리지도 못하면서 남을 평가하는
그와 같은 삶을 살았으며,
14 시기하고 질투하는 마음이요, 너희들
이 질서를 파괴함이요, 질서에 위배됨
이요, 진리가 아닌 욕심이라는 그 근
본을 버리지 못하고 살아온 그 죄를
더덕더덕 지고 하늘로 오른다 하면,
15 그 무게에 의하여 너희들의 영혼은 나
에게 오를 수 없음이며, 나에게 심판
도 받을 수 없음을 알아야 할 것이니
라.
16 오늘 내가 나의 선지자를 나의 아들이
라 부르는 것은 천사요, 사탄이요, 모
든 하늘나라의 경축이며,
17 또한 내가 너희들에게 이 상을 내리는
것은 어렵고 힘든 그 길을 건너오는
것이 너희들이 믿음의 근본이며, 나를
볼 수 있으며, 나의 아들과 딸이라 하
는 것을 잊지 말라 하는 것을 깨우쳐
주며, 너희들이 영혼의 세계에서 내려
다보는 그와 같은 이치의 깨달음을 내
가 너희들에게 오늘 가르쳐 줌이니,
이 뜻을 깊이 새겨 너희들이 살아야
할 것이니라.
18 너희 육의 삶에서 남의 어려움을 도와
주며 이웃을 도와주며 사랑을 나누며
사는 것을 너희들이 행하는 것이요,
그것이 곧 무엇이라 말하였더냐?
19 너희 영혼을 지켜 주는, 영혼의 근본
의 힘을 실어 주는 기초라 하였으며,
너희들이 구원을 받는 영혼의 양식은
무엇이라 말하였더냐?
20 너희들이 나의 계명을 지키며 율법대
로 살아오는 것이 영혼을 구원하는 근
본의 양식이라 말하였음이니라.

21 이제는 너희들이 이를 초월하였음이
니라.
22 지금 너희들이 죽어 그 영혼이 너희들
의 삶을 뒤돌아보며, 너희들은 죽은
자라 내가 명하니, 이 뜻을 지키고 살
아온 그 길을 너희들은 지금 선택하여
야 할, 결정을 내려야 할 때이니라.
23 나의 선지자가 '나는 죽은 자'라 하여
그가 경지에 오르듯이,
24 너희들이 그 선지자의 발자국을 뒤따
라 올라올 수 있는 자들이라면, 선지
자 못지않은 너희들은 '나는 죽은 자'
라는 그 깨달음을 깨우쳐 오늘부터 행
하여야 할 것이니라.
25 죽은 자가 좋은 것을 탐할 것이 없으
며 부귀영화를 탐할 것도 없거늘,
26 너희들이 너희 앞에 있는 너희 동료와
형제를 미워하고 시기하고 질투하며,
그의 잘못을 사랑으로 감싸는 그와 같
은 마음의 자세가 없다 하면 너희들은
과연 어떠한 자들이냐?
27 믿음이요, 하늘에 오르는 그 문을 열
어 주는 것은 나 여호와의 고유의 권
한이며 나만이 할 수 있거늘, 너희들
은 성전이라는 곳에 찾아가 기도하고
경배하며 구원을 받았다 하니, 그는
곧 무엇이냐?
28 나의 하늘에 오르는 그 열쇠를 제가
갖고 있음이니, 열고 하늘에 왔다 함
이니, 감히 죄인이 하늘에 올라왔다
하는 그와 같은 경거망동의 오만한 행
동보다 더한 것이 너희들인 것을 잊어
서는 아니 될 것이니라.
29 나의 뜻에 따라 나의 법전을 읽으며
나의 성령의 가르침을 들은 너희들이
오늘의 깨우침에 선과 악이 너희 손바
닥에 있으며 너희들은 죽은 자라 깨우
쳐 행하라 내가 명하였으며,
30 너희들이 지금 당장 죽어 영혼으로써
지상을 내려다보는 그와 같은 깨달음
을 가지라 하였으니,
31 그와 같은 너희들이 시기하고 질투하
는 욕심이라는 그 근본의 뿌리를 버리
지 못한다 하면 이는 내가 너희들을
용서할 수 없음이니, 오늘 이후 너희
들이 명심하여 행하도록 하라.
32 '사랑'의 노래의 그 구절을 음미하며
그 하나하나를 너희들 생활 속에 적용
하며 생각하고 반성하는 그 아름다움
의 시간을 가져, 이 낙원에 너희들이
오를 수 있는 그 영광을 놓치지 말라.

2002년 6월

2,425 번째 하나님 말씀

2002년 6월 1일 07시 21분

1 사랑하는 나의 아들아!
2 "네, 아버님! 말씀하옵소서."
3 인간사에 수천수만 가지 그들의 형태
가 다르며 살아가는 방법이 다르며 또
한 그를 지배하는 생각 자체가 다 다
름이니라.
4 그를 맞추고 그 뜻에 따라 네가 움직
이려 한다면 아무것도 이루어지는 것
이 없음이니라.
5 오로지 너는 나의 기도와 나의 묵상으
로써, 내가 내리는 나의 뜻에 따라 행
하며 그 길을 위하여 가는 것만이 160
권이라는 법전이 세상에 나와 만백성
을 구하는 그 기틀이 될 것이니라.
6 이제는 어떠한 사람의 기도요, 어떠한
사람의 뜻이요, 저희들이 옳고 그르다
갑론을박하는 그 모든 것을 너는 다
접어 두고 가라.
7 그들이 말하는 그 뜻에 따라 그들이
원하는 것을 찾아 네가 좌우로 상하로
움직인다 하면 이를 너는 이끌어 갈
수 없음이니라.
8 너희들은 사탄이요, 사악한 자의 행위
를 지금 아직 구분하지 못하고 있기
때문이니라.
9 예수의 제자들이 마지막에 그를 팔아
사악한 행위를 했듯이, 모든 사람들이
어떠한 마지막의 그 시점에서 어찌 변
하는가는 나 여호와 외에는 아무도 알
수 없음이니라.
10 오로지 너는 내가 내리는 성령의 메시
지와 묵상으로써 받는 그 뜻에 의해서
만 움직일 것이며, 이제는 누구의 말
에도 귀 기울이지 말라.
11 지금까지 너 자신이 잘 지켜 왔으며
흔들리지 아니하였으며 네 소신껏 잘
왔음이니, 항상 지금같이 기도와 묵상
으로써 모두를 받아 일관하라.
12 그렇지 아니하면 나의 법전 160권이
세상에 나가기도 전에 너를 쓰러뜨리
고자 하는 그자들이 수없이 너를 공격
할 것이며, 사악한 무리들이 또한 너
를 지탱치 못하게 할 것이니,
13 네가 너를 위하는 자들과 너를 쓰러뜨
리고자 하는 자들의 그 음성을 스스로
구분할 때까지 너는 오직 나에게 경배
와 기도로써만 일관하여 지탱해 나가
도록 그리하여야 할 것을 잊지 말라.

2,426 번째 하나님 말씀

2002년 6월 1일 07시 35분

1 사랑하는 나의 아들아!
2 "네, 아버님! 말씀하옵소서."
3 네가 이 세상에 살아 존재함이 무엇이
던가?
4 나의 법전 160권이라는 나의 성령의
뜻을 기록하여 나의 피조물 만백성을
구원하는 그 길이 너의 대명이며, 그
와 같은 역사를 이루고자 가는 너를
돕는 것이 너의 제자들이니라.

5 너의 제자들의 첫 번째 임무요, 두 번
째 임무도 나의 법전이요, 나의 성령
이 세상에 나오는 것을 돕는 것이거늘,
6 너의 제자들이 한 팀이 들어왔을 때
네 가는 길을 흔들어 놓으며, 또 더 많
은 제자들이 들어오고 더 많은 집단이
들어와서 너의 가는 길을 또 흔들어
놓는 이와 같은 역사가 계속 반복되는
그 환경이 이루어질 것이니라.
7 이를 바로잡고 바로 지탱하는 것은 너
의 제자들만이 그 길을 이룰 수 있음
이니라.
8 너는 들어오는 자, 또 나가는 자, 그리
고 집단으로 오는 자, 그들이 너의 마
음에 파장을 이루는 그 모든 마음을
덮어 두어야 될 것이니라.
9 오는 집단들, 그리고 새로 너에게 와
제자라 고개 숙이는 자, 그들이 너의
마음에 파장을 이루는 그와 같은 행위
에 네가 마음이 흔들린다 하면 나의
성령의 160권이 세상에 나가 나의 피
조물 만백성을 구할 수 없음이니,
10 오로지 너는 기도와 묵상에 따라 나의
뜻에 움직여야 할 것이니라.
11 그리고 저희들이 나로부터 메시지를
받았으며 나로부터 음성을 들었으며
나로부터 대명을 받았다 하는 자, 그
들의 말에 네가 귀를 기울이지 말라.
12 너는 예수의 제자들이 마지막에 그에
게 사탄이 되어 배신했던 그 역사를
알고 있지 아니한가?
13 너의 제자들 또한 네 밑에 와 나의 성
령에 따라 공부하는 자들이라도 마지
막에 가 너를 팔며 너를 음해하는 자
들은 그때 가서만이 알 수 있음이니,
이는 나 여호와밖에는 알 수가 없음을
알라.
14 네가 이제는 그를 구분할 때가 머지않
았음이니라.
15 오로지 네가 열여섯 권의 법전을 만들
어 세상에 내보내는 그 역사를 이룰
때 너희들은 두 사람, 세 사람으로서
그 임무를 수행했음이니라.
16 너의 제자들과 나의 법전을 읽고 깨우
치는 그 집단이요, 또는 개인으로 오
는 그들이 네가 가는 길에 파장을 이
루는 그 음성을 듣지 말라.
17 그들은 조용히 160권의 법전이 세상
에 나가도록 그저 물이 높은 곳에서
낮은 곳으로 흐르듯이 유유히 흘러가
면 될 것을, 저희들이 그를 역행하려
함이니,
18 이를 너는 듣지 말며, 그들의 말에 귀
기울여 네가 흔들리는 그와 같은 자가
되어서는 아니 됨이니라.
19 너는 지금까지 잘 이루어 왔으며 잘
지켜 왔음이니라.
20 좀 더 굳은 마음과 좀 더 굳은 결의로
써, 너는 묵상과 기도로써 모두를 일
관하여야 될 것이며,
21 집단으로 또는 개인적으로 와 너에게
말하는 그들에게 네가 흔들리는 그와
같은 일이 있어서는 아니 될 것이니라.
22 너의 제자들 또한 너의 기도와 너를
따라 내가 내리는 그 명의 뜻 외에 다
른 것에 흔들리는 자, 다른 것의 기도
소리에 귀 기울이는 자, 그들은 스스
로 저희들의 갈 길을 가라 그리 이르
라, 선지자야!

2,427 번째 하나님 말씀

2002년 6월 1일 17시 33분

1 사랑하는 나의 아들아!
2 "네, 아버님! 말씀하옵소서."
3 나의 아들 예수가 세상에 나가 그 제
자들과 대업을 이룰 때, 그들은 나의
아들 예수를 어찌 따랐는가?
4 갖은 충성의 맹세를 하며 생사를 같이
한다 했던 그들이, 그가 막상 죽음의
기도요, 그가 나에게 오는 그 준비의
기도를 드리기 위하여 나에게 그 아픔
의 간절한 기도를 드리는 그 순간에
눈을 뜨고 예수를 기다리라 하였건만,
5 그들은 단 한 시간이라는 그 시간을
인내하지 못하고 잠들어 쉬었음이니
라.
6 그리하여 그들은 나의 아들 예수가 죽
어 갈 때 다 등을 돌렸음이니라.
7 지금 나의 아들 너를 통하여 너에게
제자라 임하여 온 나의 백성들이 과연
어떠하던가?
8 그들의 복음서를 나의 법전에 기록하
여 천 년의 역사를 이루는 그동안에
나의 백성들이요, 너희 후손들이 대대
손손 오늘의 나의 아들 너의 제자들이
어찌 믿어 왔으며 어찌 살아왔는가 그
것을 본보기요, 근본으로 하도록 하라
하였음이니,
9 그들이 과연 얼마나 그 복음서를 제출
하였으며 네 앞에 기록하여 내놓았는
가?
10 그러고도 그들이 나의 성전에 와 나의
성령을 들으며 내가 나의 아들에게 내
리는, 나를 태워 보내는 그 모든 주옥
같은 나의 가르침을 들으면서 그들은
무엇을 생각하고 있다 생각하는가?
11 작은 것도 실천하는 것이 가장 소중하
다 했으며, 나의 선지자를 통하여 내
리는 작은 명령도 거역하지 아니하는
그것이 너희들의 구원의 길의 기초라
하였거늘,
12 지금 너희들은 과연 어찌 행하고 가는
가?
13 그와 같은 마음 자세로 나의 성전에
와 공부하며 하늘에 오르고자 하는 자
들, 그들이 과연 나의 백성이며, 나의
아들을 따르는 자들이며, 나의 음성이
요, 나의 성령을 듣고 목숨을 바쳐 행
할 자들인가?
14 그들이 지금 어찌 가고 있는가 그를
보라.
15 내가 그들에게 복음서를 제출하여 나
의 법전에 기록하여 만대에 걸쳐 그를
그의 후손들에게 거울로 삼도록 하라
하였건만,
16 그들이 과연 지금 얼마만큼 제출하였
으며 얼마만큼 그 복음서를 써서 네
앞에 내놓았는가?
17 그것이 지금 그들의 형태이니라.
18 그들에게 무엇을 이루어 주며, 그들의
소원을 무엇을 들어주며, 그들의 뜻이
무엇이 이루어진다 너희들은 생각해
야 되겠는가?
19 너는 지금 너의 제자들 하나하나를 재
점검해야 할 것이며,
20 너는 숫자를 따지기 전에 너를 따라
같이 불 속이요, 지옥이라도 갈 수 있
는 그와 같은 나의 백성이요, 너의 제
자들과 손을 잡고 나를 향하여 한 길

을 오는 데 모두를 다 바칠 수 있는 자를 선별하여야 할 때가 되었음을 잊지 말라.
21 작은 것 하나, 육신으로써 행한 개인의 복음서를 제출하라 하였으나 그 하나 제출하지 아니하는 그들이 과연 얼마만큼 너를 따를 것이며, 나의 음성이요, 나의 성령을 얼마나 따르겠는가?
22 그리하여 시기와 질투요, 저희 욕심을 버리지 못하고 그리 살아가는 것이 지금의 그들의 추악한 그 형국이니라.
23 지금 아무것도 모르는 나의 백성들이 너에게 와 1년이라는 그 세월 동안에 성령의 가르침을 들으며 법전을 깨우쳤으며, 그리고 저희들의 손으로 지은 그 성전에 가 잘못 가르치는 종교 지도자들 앞에 가 '아멘!', '할렐루야!' 찾는 그들이 지금과 같이 너에게 교육을 받았으며 나의 법전을 통달했다 하면, 그들은 너희들보다 열배 백배 더 나은 백성으로 흘러갔을 것이니,
24 이제는 네가 작은 정 큰 정에 휩쓸릴 때가 아님이니라.
25 이제 너의 제자들부터 하나하나 선별하여, 나의 명을 따르지 아니하는 자, 그들이 나의 성전에 와 너를 통하여 내리는 나의 이 성령의 뜻을 들을 자격이 없으며, 하늘에 오를 길이 없으며,
26 그리고 그들이 과연 나의 계명을 따를 자들인가 이를 다시 한 번 점검하고 되돌아보아야 될 것이니, 너는 이를 명심하여 행하도록 하라.
27 네 어렵고 힘든 그 길을 과연 그들이 목숨을 바쳐 나의 법전 160권이 세상에 나가는 데 모두를 바칠 수 있는 그와 같은 대역사의 그 가치를 아는가?
28 그리고 그 위대함을 아는가?
29 천 년에 걸쳐서, 대대손손 만대에 걸쳐 너희들 후손들이 깨우쳐 구원의 길을 받는 그 역사를 이룬다 하였으니, 그 감사요, 그 은혜요, 그 큰 뜻이라도 과연 깨우치고 있는가 그들에게 물어보라.
30 그와 같은 것 하나도 실천하지 못하면서 구원을 받으며 무엇을 이루고자 하는 것은 그들이 아직도 추하고 더러운 그 욕심의 마음을 버리지 못하였음을 그들에게 네가 일깨워 주어야 될 것이니,
31 이를 명심하여 그들의 가슴에 심도록 그리하라.
32 이를 주저하지 말라, 나의 아들아!

2,428 번째 하나님 말씀

2002년 6월 1일 17시 48분

1 사랑하는 나의 아들아!
2 **"네, 아버님! 말씀하옵소서."**
3 네가 사람의 음성을 들으며 그 사람의 선하고 악함을 알며, 네 앞에 와 앉아 있는 자의 선하고 악한 그 본심을 알고 꿰뚫어 봄이니, 네가 얼마나 고통스럽고 괴롭더냐?
4 또한, 너의 제자들의 그 마음을 속속들이 바라보고 알고 있는 네 마음이 얼마나 고통스럽던가?
5 예수 또한 그 제자들이 살아가는 형태며, 그가 한 시대의 그 역사를 이루고자 하였을 때 그들의 겉마음과 속마음

을 다 알고 있었음이니,
6 그를 그의 마음처럼 끌어올리지 못했으며 그의 마음처럼 잡아 교육시키지 못하였음이니라.
7 그러나 너는 지금 네 마음이 오르고 변하는 것처럼 너의 제자들의 그 마음을 변화시키고 끌어올리지 못한다면 이 지상의 낙원에 아름다운 백성들만이 사는, 하늘에서 이루어진 것같이 이 땅에서 이루어질 수 있는 나의 백성들이 존재할 수 없으며 존속할 수가 없음이니,
8 네가 오르는 그 마음의 경지처럼 그들이 따라 올라야 함을 그들에게 일깨워 주며, 또 그들에게 매질을 하여야 될 것이니라.
9 네가 그들의 마음을 그저 보고 넘기는 것이 아니라 이제는 그들의 마음 하나 하나를 다스려 그들을 바로 세우는 데 게을리해서도 아니 되며 태만해서도 아니 될 것이니,
10 단 한 명, 두 명, 세 명, 열 명, 이리 다스려 그들을 이끌어 가도록 그리하여야 될 것이니라.
11 그리하지 아니하면 하늘에서 이루어진 것같이 이 땅에 역사가 이루어질 수 없으며, 이 낙원을 지배하며 통제하며 이 세상 속에서 살아가는 백성이 있을 수 없음이니, 이를 네가 명심해서 행하여야 될 것이며,
12 네 살이 갈기갈기 찢어지는 그 아픔과 고통이 있다 해도 너는 인내하고 견디며 너의 제자들을 그리 바로잡고 다스려 가야 함을 잊어서는 아니 될 것이니라.
13 이를 너의 제자들에게 일깨워 주며, 내 가슴의 모두를 다 바치는 가장 소중한 나의 명령임을 잊지 말라.

2,429 번째 하나님 말씀

2002년 6월 2일 12시 20분

(강론을 마치며)

1 사랑하는 나의 아들아!
2 **"네, 아버님! 말씀하옵소서."**
3 내가 너를 아들이라 부름이니, 오늘의 그 공은 다 너의 제자들의 변함이요, 너의 제자들의 노고에 있음이니, 내가 너를 통하여 너의 제자들의 그 마음을 어루만져 줌이니라.
4 이 세상 수십억 인구 중에, 몇천 년의 역사가 흐르는 그 속에서 그들이 죽어가고 다시 태어나는 그 수를 헤아릴 수 없음이니, 그 속에 내가 내 아들이라 부른 자가 누가 있었던가?
5 너희들은 내가 나의 아들이라 부르는 나의 선지자 앞에서 같이 나의 법전을 연구하며 나의 성령을 들으며 이와 같이 깨달음의 세계에 있는 너희들이 얼마나 소중한 것인가를 다시 한 번 각자 깨우쳐야 할 것이니라.
6 내가 오로지 너희들을 선택하여 이곳에 모은 것은 다 각자가 필요한 부분이 있으며 내가 쓰고자 불렀음이니, 한 사람도 소중하지 아니한 자가 없느니라.
7 내가 나의 아들을 통하여 이르기를 너희들은 '죽은 자'가 되어 살라 하였음이니라.
8 그리하여 죽은 자의 삶이 무엇인가를

깊이 깨달아 그리 행하라 하였음이니,
오늘 내가 너희들을 사랑하며 너희들
에게 하나의 뜻을 더 가르쳐 줌이니
그 이치를 깨우치고 행하면 될 것이니
라.
9 너희들의 몸이 흔들리지 아니하고 바
로 서 있을 수 있는 것은 무엇이더냐?
10 중심을 잡음이니라.
11 모든 것이 중심이 바로잡히면 흔들리
지 아니하며 그는 쓰러짐이 없느니라.
12 너희들이 우선 죽은 자라 생각하는 그
마음을 너희들 가슴속에 깊이 중심을
잡아야 너희들 마음이 흔들리지 아니
함을 알아야 될 것이니라.
13 중심이 없는 것은 흔들림이니라.
14 그리하여 작은 것부터 큰 것까지 아무
것도 이룰 수 없는 것이 중심을 잡지
못한 백성들이 살아가는 형태임을 알
아야 될 것이니라.
15 너희들은 이제 중심을 잡아야 될 것이
니라.
16 너희들이 두 손을 깊이 꽉 쥐어 너희
들의 가슴에 올려놓고 그 손에 힘을
주어 그가 중심을 이룰 수 있도록 그
와 같이 너희들 가슴속에 중심을 잡아
야만 됨을 잊지 말라.
17 너희들이 죽은 자라 아무리 생각하며
너희들이 영혼의 세계에서 나를 바라
보며, 너희들이 가장 어렵고 힘든 그
믿음의 길을 가는 것만이 나에게 오르
는 길이요, 믿음의 길이라 해도,
18 그 모두를 지킬 수 있는 것은 너희들
가슴속에 중심을 잡음임을 알아야 될
것이니라.
19 오늘 너희들은 나의 이 성령을 전함을
듣고 난 다음에 너희들이 기도하는 모
습으로써 두 손을 꼭 모아 너희들의
가슴에 그 손을 대 놓고,
20 오직 그와 같이 굳건히 마음의 중심을
잡겠다 약속하며, 죽은 자의 모습으로
써 살아가겠다는 굳은 결의를 하며,
거기에 너희들이 중심에 힘을 실어 줄
때, 너희들이 쓰러지지 아니하며 나에
게 오를 수 있는 그 길의 영광을 얻게
됨이니,
21 이를 잊지 말고 각자 깊이 깨우쳐야
할 것이며,
22 내가 말하기를 너희들은 매일 너희들
이 살아온 그 과정을 반성하라 하였음
이니라.
23 매일같이 너희 스스로 살아온 잘못됨
을 반성하고 깨닫는 그 간곡한 기도를
드리라 하였음이니, 이것이 하늘에 오
를 수 있는 비밀임을 내가 너희들에게
말하였음이니,
24 이를 너희들이 깊이 깨우쳐 행하는 데
소홀히 해서는 아니 될 것이며, 그리
내가 너희들에게 명하여 내렸느니라.
25 모두는 나의 아들을 통하여 너희들에
게 내려보내며 너희들의 기도를 들어
줌이니,
26 내가 너희들에게 기도를 드리라 그리
내린 기도의 내용이 하늘에 들리는 길
이며 하늘의 문을 열 수 있는 황금 열
쇠임을 알라.
27 너희 인간이 아무리 만들어서 나에게
기도하며 경배한들 그건 너희들의 생
각이며 너희들의 환상이며 너희들 스
스로 하는 이야기며, 나와는 아무런
관계도 없음이니라.

28 창조주인 나 여호와가 너희들에게 기
도하는 방법을 가르쳐 주었음이니라.
29 그 내용만을 가지고 너희들이 기도하
는 그것이 바로 무엇이더냐?
30 하늘의 그 문을 열 수 있음이니, 내가
기도하는 방법을 너희에게 내린 것은
너희에게 하늘 문을 열 수 있는 황금
의 열쇠를 주었음이니, 그 기도를 항
상 너희들이 충실히 행하며 그리 살라.
31 내가 너희들에게 하나씩 그 아름다운
황금 열쇠를 준 것이 기도의 내용임을
깊이 깨우쳐 행하도록 그리하라.

2,430 번째 하나님 말씀

2002년 6월 2일

1 사랑하는 나의 아들아!
2 "네, 아버님! 말씀하옵소서."
3 내가 너에게 일러 말하였느니라.
4 자식을 자식이라 부르지 못하는 어버
이의 마음이 얼마나 저리고 아픈가를
너희 인간 세상의 부모도 그리 안다
하였으며, 내가 너를 자식이라 부르지
못하고 선지자요, 종이라 부르는 나의
아픈 가슴을 너는 어찌 아는가 물었으
며,
5 네가 죽음의 그 뜻을 깨우쳐 내가 너
를 아들이라 부르기를, 네가 한 점의
부끄러움이 없는 너의 삶이며 네가 가
고자 하는 그 길을 알기에 내가 너를
아들이라 불렀음이니,
6 이 세상 나의 피조물 만백성 중에 나
의 성령을 받아 기록하며 나의 피조물
만백성을 천 년에 걸쳐 정화하며, 천
년에 걸쳐 깨우치며, 그리하여 나의
낙원을 만들려 하는 너를 바로 세웠음
이니,
7 그를 인간들이 너에게 시시비비를 함
이니, 이 모두는 다 너의 잘못이며 네
가 지금까지 살아온 그 삶의 단면임을
알아야 할 것이니라.
8 사랑하는 아들아,
9 누구도 원망하지 말며, 누구도 네 기
억 속에 두지 말며, 모두를 다 지우고
잊으라.
10 네가 나의 아들로서 그들에게 말하기
를 네가 나에게 기도하여 답을 내린다
그리 애걸하였건만, 그를 듣지 아니하
는 그들을 바라보는 나의 마음이 그들
은 그를 모르는 자들이니라.
11 내가 예언하여 너에게 일깨워 주도록
한 그 여인도 그들이 그와 같은 행동
으로써 너를 핍박하며 너에게 거부하
는 것을 원하는 여인이 아니니라.
12 자상한 마음으로써 포근히 너를 보호
하고 감싸는 것을 원하는 것이요, 그
여인 또한 그와 같은 방법으로써 그리
원하는 것이 아님이니라.
13 모두는 다 너의 지난날의 삶의 잘못이
며 네가 바로 서지 못하였음이니라.
14 그러나 네가 나 여호와에게 경배를 하
며 네가 나에게 기도를 받아 나 여호
와의 뜻을 전하나 그들이 이리 너를
핍박하는 것은 나를 핍박하는 것이며
나 여호와를 거부함이라 네가 그리 무
서운 말을 그들에게 전하였건만, 그들
의 그 모습은 용서할 수 없음이니라.
15 그는 절대 있을 수가 없음이니라.
16 네가 잘못되었을 때 내가 너를 벌할
것이며, 네가 잘못 갈 때 내가 너를 엄

히 다스릴 것이나, 그들이 너에게 그
리 말할 수 없으며 그리 저희들의 고
집으로써 다스릴 수가 없음이니라.
17 네가 누구이던가?
18 나 여호와의 아들이라 하였음이니, 그
는 혈통이요, 그리고 계승자라 하였느
니라.
19 내가 나의 아들이요, 나의 계승자라
말하였다면 내가 정녕 나의 아들을 쓰
러뜨리게 할 수 있으며, 어떠한 사탄
이요, 어떠한 사악한 자가 그를 넘어
뜨릴 수 있다 너희들은 생각하는가?
20 이것이 너희들의 믿음이 없음이요, 너
희들의 깨달음이 없음이니, 너희들은
어찌하여 제자리에 서 있는 그 형상만
을 보는가?
21 그리고 너희들은 그 나무의 자라는 모
습은 보지 못하며 어렸을 적의 노란
나무의 그 이파리만을 보고자 하는가?
22 이는 도저히 용서할 수 없음이니라.
23 너희들이 이는 십자가에 불을 켜 나에
게 보라 하는 그 고문보다도 더 내 가
슴이 아프고 저림을 모르느니라.
24 60이 다 되어 세상사에 찌든 그 자식
을 아들이라 부르며, 그를 내가 내세
워 세상만사의 천 년의 역사를 이루려
는 그 대열에 선 자들이 감히 너에게
눈을 떠 그리 말함이니,
25 이는 나의 아들 예수를 살해한 것보다
도 그들의 마음의 죄가 더 무거움을
알아야 될 것이니라.
26 그들은 너를 사랑함이요, 너를 위함이
라 하며 아무리 저희들이 나의 아들
너를 위해서 그리한다 하나, 내가 너
를 사랑하는 만큼 자기들이 감히 거기
를 올 수 있는가?
27 여인(제자), 너는 들으라.
28 아무리 누가 뭐라 해도 네가 네 자식
을 사랑하는 만큼 어미인 너의 마음을
아는 자 있겠는가?
29 나 여호와보다 나의 선지자를 더 사랑
하며 더 아끼는 자 있거든, 정녕 내 앞
에서 고개 반듯이 들고 하늘을 향하여
'내가 여호와 아버지보다 선지자를 더
아끼고 사랑함이라.' 말할 수 있으면
말하라 이르라.
30 어찌하여 그 여인을 그리 사탄이라 몰
아붙이는가?
31 너희들이 어제 와 선지자에게 이야기
할 때는 그것이 충정이었으며, 아름다
운 너희들의 사랑이었으며, 오로지 선
지자와 더불어 같이 가겠다는 너희들
의 마음이 들어 있기에 내가 선지자를
통하여 그에게 명하였느니라.
32 그 여인을 정녕 지우라 말하였음이니
라.
33 너희들은 인간이 그 스스로 사탄이 되
는 것을 보았는가?
34 그가 아무리 사탄이라 하여도 그가 사
탄일 수는 없음이니라.
35 내가 순리적으로 모든 것을 정리하고
자 하였으며, 내 뜻을 너희들이 그리
거역함이니라.
36 그 여인이 열여섯 권의 법전을 세상에
냈을 때 그가 어찌 그 길을 걸어왔는
가를 너희들은 알아야 할 것이며, 그
것만을 알아서 말해서는 아니 됨이니
라.
37 그 여인이 바르고 곧게 나의 아들 선
지자 옆에서 바늘로 찌르듯이 믿음이

무엇이라는 것을 깨우쳐 주지 아니하였다면, 나의 아들은 지금 진흙탕에서 허덕이는 그런 인생을 살아갔을 것이니라.
38 그가 옆에 바짝 붙어 일거수일투족을 다 보며 그의 빛나는 눈으로 나의 아들을 감시하고 깨우쳤기 때문에 그로 하여금 그 고비를 넘겼음을 너희들은 알아야 할 것이니라.
39 그러나 이제는 그 여인이 떠날 때가 됐으며, 그의 책무가 있어 내가 그를 스스로 멀리 다스리고자 하였으며,
40 그리하여 내가 선지자를 통하여 너희들에게 며칠의 말미를 달라 그리 말하도록 하였음이니라.
41 사랑하는 아들아!
42 "네, 아버님! 말씀하옵소서."
43 여인으로서 그가 네 마음을 더러는 흐리게 함이요, 네가 앞을 보지 못하게 한 그 죄 또한 내가 물어 그를 네 옆에서 정리토록 내가 너에게 명하지 않았는가, 그리고 어찌할 것인가를 내가 다 너에게 명하지 아니하였던가?
44 그 여인에게 이르라.
45 네 곁에서 멀리 바라보며, '영어'와 '일어'라는 그 길을 완벽하게 할 수 있도록 자중하며 공부하도록 할 것이며,
46 그는 모든 나의 법전을 읽지 아니하고 보지 아니하면 이 세상의 삶을 포기할 여인이니라.
47 네 옆에 감히 근접지 말라 이르며, 1권서부터 16권의 법전의 교정을 그가 집에서 깨우쳐, 그 마음을 다스려 만인이 천사로 볼 수 있도록 그 기회를 주라.
48 이것도 또한 내가 금지하며 그를 용납지 아니하려 하였으나, 오늘의 너희들이 나의 선지자를 받드는 그 모습을 내려다보는 나로서는 그 누구도 선지자를 보필할 자가 없으며, 그를 따를 수가 없음이니라.
49 사랑이 무엇이던가?
50 너희들은 사랑의 근본을 모름이니라.
51 너희들은 나의 프로그램에 의하여 나의 계획에 움직이는 그 자체를 무시함이며 이를 인정치 아니하려 함이니,
52 나 여호와가 내리는 나의 성령을 부정하는 자 ...
53 (녹음 실수로 녹음테이프 A면 끝 부분, 6분 7초 분량의 말씀 기록이 지워졌습니다.)

2,431 번째 하나님 말씀

2002년 6월 2일 21시 02분

1 (앞부분 녹음 지워짐)...
2 내가 너에게 이르기를, 이 모두는 다 나의 아들 네가 존재하며 나의 성령이요, 나의 법전이 세상에 나감이 우선이라 하였느니라.
3 그것이 먼저 존재함이며 거기서부터 새로운 생명수가 너희들에게 전해지거늘,
4 그 생명수를 받아 성장하고 자라야 할 너희들이 그 생명수를 전해 주는 너의 그 그릇을 엎으려 한다면, 이는 엎어질 수도 없으며 그리 갈 수도 없음이니라.
5 모든 나의 피조물 백성은 내가 내리는 그 생수를 너를 통하여 받아 성장하

며, 하늘에 오르는 길을 보며, 천사로
변해 가며, 너를 따라 하늘에 오르는
길이라 내가 수없이 너희들에게 일깨
워 주었건만, 너희들은 이 나의 뜻을
그저 소홀히 들음이니라.
6 이러고도 너희들이 정녕 나의 아들을
따라 변하는 자며 구원을 받을 수 있
는 자라 말할 수 있는가?
7 선지자가 너희들에게 모두를 웃으며
사랑의 노래로써 모두를 덮어 주고자
하는 그 마음을 천 번 만 번 그 가슴에
갖고 있었음을 너희들은 모르나니,
8 그러나 내가 그를 붙잡았으며 내가 그
의 입을 열지 못하도록 하였으며 내가
그로 하여금 말을 하지 못하게 하였음
이니, 그는 내가 계획하여 그에게 준
그 계획표를 너희들에게 말하지 아니
하였음이니라.
9 이것이 오늘의 너희들이었음을 알아
야 할 것이니라.
10 그 계획표도 모르면서, 내가 입을 열
어 주지 아니하며 내가 말을 하지 못
하도록 한 나의 선지자를 너희들이 그
리 핍박할 수는 없음이니라.
11 이는 너희들이 선지자 앞에 일어서고
자 함이며, 내 앞에 너희들이 영광된
자로서, 축복받은 자로서 모두를 다
선지자를 접어 두고 올 수 있으며 일
어설 수 있다는 생각을 하고 있는 자
들이니라.
12 그 마음의 뿌리를 접으라 이르라.
13 모두는 선지자가 바로 서서 선지자가
가는 자국 자국을 너희들이 따라올 수
있으며, 너희들이 제일 우선으로 와야
될 선택된 자들이거늘,
14 내가 오늘 너희들에게 무어라 말하였
던가?
15 수십억 인구가 선지자를 물고 할퀴려
할 때 그를 받치는 자는 너희들뿐이라
하였으니,
16 그 나의 음성이 너희들의 귓전을 울린
지 한 시간도 지나지 아니하여 너희
귓전을 떠나지도 않은 그 상태에서 너
희들이 나의 선지자를 그리 핍박하며
나의 선지자에게 갑론을박하며 따질
때, 성서를 갖고 와 선지자를 쓰러뜨
리고자 하는 자 얼마나 무서우리만큼
공격을 할 것인가?
17 그를 막아 주며 그를 보호하라는 너희
들이 선지자 앞에 갑론을박함이니, 성
서를 들고 와 선지자를 메어치고자 하
는 그들보다도 너희들의 마음 자세가
더 잘못되어 있음을 알아야 할 것이니
라.
18 누구에게 선지자를 보호하라 내가 명
하였으며, 너희들이 어찌 가라 하였던
가?
19 그리고 선지자가 너희에게 일렀느니
라.
20 어린아이를 다루듯이 저를 다루어 달
라 그리 말하였음이니,
21 그는 선지자의 뜻이 아니요, 나의 명
령이요, 나의 뜻이라는 것을 모르고,
내가 너희 인간에게, 내가 선택한 나
의 피조물 만백성이요, 내가 이름을
낙원에 걸어 놓은 너희들에게 그 낙원
에 이름을 걸어 놓은 그 보답으로 너
희들이 나의 아들을 보호하며 걸음마
를 하는 그 아들을 예쁘고 아름다운
모습으로 보살펴 달라 간곡히 너희들

에게 일러 부탁하였건만, 너희들은 나의 음성이 너희들의 귓전을 떠나기도 전에 오늘 그와 같은 행위를 함이니,
22 선지자를 짓밟고 갈기갈기 찢으려 하는 자들도 그리하지는 아니하였을 것이니라.
23 이 점을 너희들이 오늘 깊이 깨우쳐, 차후에 이와 같은 우를 범하는 일이 없도록 그리하여야 할 것이니라.
24 오늘의 모두를 다 내일의 거울로 삼아야 될 것이며, 너희들의 깊은 마음속에 있는 그 마음을 비워야 할 것이니라.
25 효도라는 것이 부모가 배불리 잘 먹도록 하며 좋은 옷을 입도록 하는 것만이 효도가 아님을 알라.
26 그 부모의 손이 닿지 않는 등을 긁어주는 것도 효도이니라.
27 그 이치를 깨우치라.
28 그리하여 모두는 나의 아들의 잘못이며, 너희들과 오늘 있었던 일들을 없도록 하라 하며 지워 버리라 함이니라.
29 너희들의 충정을 모르는 것이 아니나, 너희들이 열 명이면 열 명의 그 충정의 마음이 다 같은 것이 아니니라.
30 그 열 명의 충정이요, 그 충절의 마음이 다 다름이니, 내가 그들의 등급을 알고 있음이니라.
31 이를 너희들은 벗어날 수 없으며 거부할 수 없음을 알아야 할 것이니라.

2,432 번째 하나님 말씀

2002년 6월 3일 0시 35분

1 사랑하는 선지자야!
2 **"네, 여호와 하나님! 말씀하옵소서."**
3 세상사 인간들의 그 마음이 천태만상이니, 사랑을 베풀며 산다는 자가 정녕 사랑을 모른다면 그들이 바로 무엇이더냐?
4 사악한 자들이며 사탄이니라.
5 너에게 순종하는 자는 내 뜻을 따르는 자이며, 너에게 순종치 아니하는 자는 내 뜻을 따르지 아니함이니, 이는 곧 창조주인 나 또한 그들이 거부함이며 나에게 순종하지 아니하는 사악한 자들이니라.
6 네가 나의 아들이요, 나의 성령을 받아 나의 피조물 만백성을 구하는 법전을 만들어 세상에 전함이니, 그보다 더 소중한 자 없으며 그보다 더 위대한 대명이 없다 하였음이니,
7 이를 따르고 순종하지 아니하고, 이를 거부하며 순종치 아니하는 자, 열 가지 백 가지 이유를 달아 제 변명을 늘어놓는 자, 그들이 정녕 잘못 가고 있는 자들임을 알아야 할 것이니라.
8 오로지 순종하는 자, 명에 따르는 자, 그리고 나의 법전의 내용에 따라 살려고 하는 자, 이제는 너희들이 알아야 될 것이니라.
9 내가 나의 아들을 세상에 내보냄으로 인하여 모든 자들에게 하늘의 뜻을 전하지 아니한다 하였으니, 어떠한 누구의 기도요, 어떠한 내용을 들었다 하여도 그는 다 허상임을 알아야 할 것이니라.
10 허상을 보고 진정한 길이요, 진정한 가르침이요, 진정한 깨달음이라 발버둥치며 소리 지르는 자는 정녕 하늘에

오르는 길을 모름이니,
11 지금 믿음의 길을 잘못 가고 있는 그
들과 조금도 다름이 없는 그러한 것이
니, 이를 네가 가늠해서는 아니 될 것
이니라.
12 이제는 네가 다시 시작하는 마음으로
써 조용히 나의 160권의 법전을 세상
에 내는 그 대명을 이루면 그를 전할
자가 올 것이며 또 너를 도울 자들이
올 것이니, 오로지 내가 너에게 뭐라
말하였더냐?
13 떠날 자 떠나고 남을 자 남는다 하였
음이니, 너를 따르는 자 열여섯 명을
넘지 못할 것이라 내가 말하지 아니하
였던가?
14 그들을 선별하여야 될 것이니라.
15 그리고 그들이 이제는 너를 따르고 안
따름이 확연히 드러날 것이며 그들의
본성을 알게 될 것이니라.
16 재물에 연연하지 말며 재물에 두려워
하지 말며 재물에 불안해하지 말라.
17 나의 아들이요, 네가 가는 그 길의 어
떠한 것도 나의 주관함에 움직임이니,
18 모두를 불안해하지 말며 네 소신껏 네
뜻대로 나에게 기도하고 경배하여 답
을 들어 그리 행하도록 하라, 사랑하
는 나의 아들아!

2,433 번째 하나님 말씀

2002년 6월 3일 10시 55분

1 사랑하는 나의 아들아,
2 이 세상 수십억 만백성 중에, 내가 창
조한 이 우주의 모두 위에 너를 나의
아들이라 명하였으니, 그를 감히 거역
하며 그 뜻을 따르지 아니하며 너의
마음에 파장이 일도록 하는 자, 그들
이 무엇인가?
3 너는 여기서 오늘 깊이 생각하고 깨우
쳐야 할 것이며, 너의 제자들에게 일
러야 할 것이니라.
4 너희들 인간사에 살아가면서 자식이
어떠한 이유를 불문하고 부모를 공박
하며, 경솔하고 경박하게 부모를 공격
하는 그 행동을 만인들은 어찌 보는가?
5 내가 나의 아들이라 명하여, 나의 성
령을 받아 법전을 만들어 만백성을 구
하는 대명을 받아 단계적으로 변해 가
는 네 앞에, 너를 공박하고 너에게 치
받으며 갑론을박하는 자, 그리고 너의
뜻을 거역하는 자, 그들의 형태와 그
들의 생각과 그들의 눈빛과 그들의 마
음이 과연 무엇인가를 알아야 될 것이
니라.
6 그들은 너에게 말할 것이니라.
7 죽은 자요, 선지자는 말하지 아니함이
요, 죽은 자이기에 선지자는 무한한
압박을 받아도 인내하여야 되며, 죽은
자라 하기에 선지자는 곧고 바른 길만
가야 될 것이며, 그리고 죽은 자라 명
하는 선지자는 세상 것을 보지 말라
그들은 말을 할 것이니,
8 그것은 그들에게 해당되는 일이니라.
9 너는 네가 할 것을 해야 되며, 전할 것
을 전해야 되며, 깨우칠 것을 깨우쳐
야 될 대명을 가진 자니, 네가 말하고
네가 행동하는 것은 창조주인 나 여호
와의 뜻이거늘, 그를 저희들이 막으려
하며 그를 제재하려 하며 그 앞에 갑
론을박하고자 함이니,

10 스스로 제가 죽은 자가 되어 저 자신을 바라보는 겸허한 자세로써 행하지 아니하는 자, 그는 나의 백성이 아니요, 나의 뜻이 아니요, 나의 아들을 보호함이 아니요, 나의 법전을 세상에 전하고자 하는 생각을 가진 자들이 아님을 알아야 할 것이니라.
11 내가 너를 나의 아들이라 하였으며 나의 혈통을 받은 자라 하였으며 나를 대신하여 하는 자라 하였음이니, 이는 곧 무엇이더냐?
12 내 뜻에 의하여 네가 모두를 받아 움직이는 것이니 그 행동 하나하나가 나의 뜻이거늘,
13 이를 저희들 스스로 평하며 저희들 스스로 갑론을박하며, 저희들 스스로 이를 거부하며 그 뜻을 따르지 아니하며 그의 마음에 파장을 이루며 그를 흔들어 놓는 그 자체가 무엇이더냐?
14 그들이 바로 크나큰 사탄들이니라.
15 나의 160권의 법전이 세상에 나가는 것을 두려워하는 그와 같은 사탄들에게 뒤집어 씐 자들이니라.
16 사탄이 천사를 볼 때는 그 천사가 바로 사탄으로 보인다 하였음이니, 그들의 눈에 사탄이 사탄으로 보이지 아니할 때 그들이 사탄임을 알아야 할 것이니라.
17 이제는 그들을 용서할 수 없음이니라.
18 스스로 그들을 떠나 너에게 순종하며 조용히 따르는 자, 그리고 오로지 나의 법전에 따라 살아가고자 하는 그들과 더불어 다시 시작하는 아픔의 그 길을 시작하라.
19 그리하지 아니할 때 내가 내린 모든 성전의 문을 닫을 것이며, 너 혼자 160권의 나의 법전을 기록하여 그를 세상에 펼 자를 내가 보낼 것이니, 너로부터 선택된 그 제자들의 능력과 그들 자신을 돌아다보라 하라.
20 저희들이 얼마나 초라한 인생이며 초라한 자신들인가?
21 그를 내가 쓰고자 하였으며, 쓰고자 한 그 이유는 걸음마를 잘 못하는 나의 선지자를 보호하고 받쳐 주라 하였으며, 그들이 버팀목이라 하였음이니라.
22 그 버팀목이 감히 나무의 역할을 하려 하며 그 나무를 제가 흔든다 하면 이는 있을 수 없음이니, 버팀목이 아무리 흔들어도 그 나무는 쓰러질 수 없음을 알라.
23 버팀목은 오로지 버팀목인 것을 알라.
24 그를 깨우치지 못하는 자, 그들을 두 번 다시 거둬들이지 말라, 나의 아들아!

2,434 번째 하나님 말씀

2002년 6월 3일 16시

1 사랑하는 나의 아들아!
2 "네, 아버님! 말씀하옵소서."
3 네가 광야에서 기도를 하든, 들판에서 기도를 하든, 산 속에서 기도를 하든, 작은 다락방 골방에서 기도를 하든, 네가 앉고 설 수도 없는 그 좁은 공간에서 기도를 하든, 나에게 경배를 하든, 나의 성령을 받아 법전을 만들어 세상에 전하든, 내가 너에게 명하여 행하는 그 길은 나의 가슴이 아프고

저려 오지 아니함이니라.
4 그러나 사악한 인간들이 그 사악한 생
각이요, 그 방법으로써 너를 오늘 이
작은 골방에 앉아 나에게 경배하며 기
도를 드리게 하는 것이, 그들이 얼마
나 사악하며 그 뿌리가 흉악스러운 것
인가를 저희들이 이다음에 알게 될 것
이니라.
5 그들이 정녕 네 앞에 와 무릎 꿇고 회
개하지 아니하며 용서 빌지 아니할
때, 그들이 파김치가 되어 쓰러질 때
까지 너는 너 혼자 지킬 것이며,
6 그들이 떠날 때까지 너 자신을 혼자
지키라, 사랑하는 아들아!
7 누구도 너를 거역할 수 없으며, 누구
도 나의 이 뜻을 거역할 수 없으며,
8 나의 아들 네가 스스로 그 모두 나의
성전을 떠나 이 좁은 방에서 나에게
기도하며 나의 성령을 받아 법전을 기
록하고자 하는 네 모습을 내려다보는
나 여호와의 마음이 아픔이니,
9 이보다도 더 험난하고 험악한 일들이
너에게 닥칠 것이며, 너를 갈기갈기
찢어 놓는 그와 같은 엄청난 일들이
벌어질 것이니라.
10 그때마다 너 스스로 슬기로써 일어나
야 될 것이니라.
11 그리고 저희들이 나의 성령을 들어 깨
우친다며 나 여호와를 팔며, 저희들이
나 여호와를 위하여 하는 모든 행위는
정당하며 나 여호와를 위하여 하는 행
동이라 그리 말함이니, 그게 바로 저
희들이 나의 이름을 팔아 너를 핍박함
이니라.
12 그리고 나의 이름을 팔아 나의 아들에
게 내가 내리는 성령을 기록하지 못하
게 함이니, 저희들이 그 죄를 짓고 어
찌 견디며 산다 생각하는가?
13 그 사악한 자들에 대해 두 번 다시 내
가 용서할 수 없으며, 그들이 무릎 꿇
고 너에게 와 사죄를 하며 진심으로
깨달으며 피눈물보다도 진한 그 용서
를 빌 때 네가 그들을 받아들이되, 그
이전에는 그들을 받아들여서도 아니
됨이며, 네가 그들에게 네 모습을 보
여서도 아니 됨이며,
14 그들이 파김치가 되고 쓰러져 그곳을
떠나게 될 때까지 너는 너 스스로 그
곳에 나가지 말라.
15 그리고 너는 기도하며 묵상만 하라.
16 나의 성령을 받아 기록하라.
17 하늘의 뜻이 얼마나 무서운 것이며,
나의 법전을 읽고 깨우친 자가 잘못
행했을 때, 그들이 나의 뜻대로 행하
지 아니하며 나의 법전에 따라 행하지
아니할 때, 그 무서운 죄를 그들이 알
아야 될 것이니라.
18 저희들이 외부에서 아무리 어떤 자의
기도를 받으며 광란했다 하여 너에게
와 핍박할 때, 네가 그는 아니니 네 뜻
을 따르며 나 여호와 하나님의 뜻을
따르며 법전의 내용을 따라 그리 가라
할 때, 그보다도 진실한 것이 없으며
그보다도 위대한 것이 없으며 그 나의
성령 외에 아무것도 없거늘,
19 내가 선지자를 도우며 인도해 주라 하
여 그들에게 한두 가지 일을 깨우쳐
주었거늘, 그를 가지고 그것이 세상에
나보다도 더 높으며, 나의 아들 선지
자보다 더 깊고 더 높으며 깨달음이

높다 하여 그를 가지고 너를 핍박하는
그것이 무엇이더냐?
20 그들이 그와 같은 생각을 하는 그 순
간에 사악한 자들이요, 사탄인 것이니
라.
21 네 앞에 지금 사탄이라는 뱀이 기어가
도 네가 아니라 하면 아닌 것이니라.
22 그 뱀의 속내를 모르며 그 생각을 모
르거늘, 어찌 인간인 그들이 뱀이라
하여 우기는가?
23 나의 선지자가 뱀이 아니라 하면 내가
그에게 뱀이 아니라 명함이니 이건 나
의 뜻이거늘, 그가 너희들을 물지 않
고 지나갈 때 그것이 어찌하여 너희들
에게 사악한 미물이요, 사악한 자가
되는가?
24 그들을 건드려 물게 하는 자가 사탄이
니라.
25 그와 같은 마음의 자세로 너를 따르지
아니하는 자, 나의 법전을 정독하지
않는 자, 나의 뜻에 따르지 않는 자,
그는 언제든지 너에게서 돌아설 자들
이며 나를 향하여 화살을 겨눌 자들이
니라.
26 이는 정녕 용서할 수 없음이니, 네가
굳건히 하라.
27 그들이 정녕 피보다 진한 눈물로써 용
서를 빌며 오로지 나의 성령이요, 나
의 법전이요, 내가 내리는 나의 뜻에
따라 살아가겠다고 진심으로 깨우칠
때까지 그들이 나의 성전을 떠나도록
그리할 것이며, 그리 깨우치지 아니하
는 자 받아들이지 말라.
28 그리고 성전의 문을 닫으라.
29 이는 얼마나 나의 뜻을 거역한 죄가
무서우며, 나의 선지자를 핍박한 죄가
무서우며, 나의 선지자의 뜻을 따르지
아니한 죄가 무서운가를 그들이 깨우
쳐 알아야 될 것이니라.
30 이를 그리 행하도록 하라.

2,435 번째 하나님 말씀

2002년 6월 3일 21시 10분

1 사랑하는 나의 아들아,
2 만백성을 구하고자 나의 성령을 받아
네가 지금까지 살아왔던 삶의 그 모두
를 바꾸고 또 바꾸며 뒤집고 또 뒤집
어야 하는 그와 같이 어렵고 힘든 그
길을 감이 나의 성령을 받아 법전을
세상에 내는 것보다 더 힘들고 어려울
것이니,
3 네가 아래로는 지금까지 살아왔던 네
삶을 탈바꿈하는 그 고통과 역경이 따
라야 할 것이며, 위로는 세상에 누구
도 받을 수 없고 들을 수 없는 나의 성
령을 받아 나의 만백성을 구하는 그
법전을 만들어 전하여야 하는 너로서
얼마나 어렵고 힘든가?
4 하나를 지고 가기도 어렵고 힘들거늘,
하나도 다듬어지지 아니하였으며 준
비되지 아니하였으며 모두가 갖추어
지지 않은 그 여건에서 껍질을 까고
또 껍질을 까고 모두를 다 까는 그와
같은 고통 속에서 네가 이루어야 함이
니, 이를 바라다보는 나 여호와의 마
음이 얼마나 아프겠는가?
5 인간사 너희들도 어린 자식을 사자 굴
에 놓고 그 사자에게 먹히지 아니하고
그 어린 것이 기우뚱기우뚱 걸어서 그

사자들을 피하여 간다 하면, 그를 보
는 인간 육신의 그 부모가 얼마나 마
음 졸이며 얼마나 가슴이 찢어지겠는
가?
6 우글거리는 그 사자 굴 속에 하나의
보호막도 없이 어린 것이 이곳에서 저
쪽의 고지까지 건너가는 그 길을 간다
하면, 과연 인간사에서 그건 이루어질
수 있다 생각할 수 있겠는가?
7 지금 나 여호와가 나의 아들 너를 세
상 속에 던져 넣으니, 우글거리는 그
사탄 속에서 걸음마도 잘 못하는 너에
게 그들에게 먹히지 아니하며 나의 피
조물 만백성을 인도하여 하늘에 오르
라는 그 대임을 주었음이니,
8 이는 네가 남들처럼 기초가 다져짐도
아니요, 근본이 다져짐도 아니요, 재
물이라는 것이 다져진 것도 아니요,
권력이 다져진 것도 아니요, 하나도
갖추어진 것이 없는 너이니라.
9 네가 60평생 남들 앞에 살아온 것을
말한다면 하나의 부끄러움 없이 말할
수 없는, 어렵고 힘들고 남들에게 손
가락질 받으며 저주받을 수 있는 그와
같은 삶을 살아왔음이니, 그를 다 네
가 사하며 그 죄를 갚아야 할 것이며,
10 또한, 네가 그렇게 살아왔기 때문에
나의 피조물 만백성에게 너와 같은 자
가 나의 뜻을 받아 천사가 되어 하늘
에 오르는 그와 같은 역사를 이루었다
하는 그 근본이요, 본보기요, 기초가
되도록 하기 위함이니,
11 오늘에 욥의 그 믿음이 역사에 길이
빛나듯이, 60평생에 인간 속에서 남들
과 똑같이 살아온 네가 변화되는 그
역사의 하나는 욥이 변하지 않는 믿음
으로 견디는 그것보다도 더 위대한 본
보기가 될 것이니라.
12 육신의 욕심이요, 권력의 욕심이요,
세상의 욕심이요, 그 모두를 다 네가
인내하며 바로 서는 그 본보기가 되어
야 되기 때문에 네가 지난날 그와 같
이 험악하고 힘든 삶을 살아왔으니,
13 60이 다 되어 반백이 된 네가 그 모두
를 다 다스려야 되며,
14 위로는 다스려지지 않은 너의 머리로
써 나의 성령을 받으며 나의 법전을
세상에 만들어 내는, 그와 같은 책이
라는 것을 만드는 그 위대한 역사를
이루어야 될 것이니,
15 하나도 갖추어지지 않은 그 속에서 너
의 그 고통이 너무나 어렵고 힘듦이
니, 그것을 바라보는 내 마음이 어떠
하겠는가?
16 그러한 너를 핍박하는 자, 너를 미는
자, 제가 너를 보호한다는 의미에서,
나 여호와의 뜻을 따르기 위해서, 나
여호와에게 축복을 받기 위해서, 나
여호와가 원하는 그 길을 가기 위한다
는 그 명분 아래 너를 핍박하는 그들
이 지금 얼마나 사악하며 나 여호와의
마음을 아프게 하며 내 가슴을 울리는
그 죄를 짓고 있는지 그들이 모르느니,
17 그들이 정녕 나의 법전에 기록되어 나
가는 이 내용을 읽고 그때도 깨우치지
못하며 이와 같은 사악한 짓을 반복하
고 또 반복한다 할 때, 그는 어떠한 대
가를 치러야 될 것인가를 알아야 될
것이니라.
18 너희들은 나를 보호하며 나를 따르며

나를 기쁘게 하며 그리고 나로부터 나
의 아들 선지자를 보호하겠다는 그 명
분 아래 사자 굴을 걸어가는 그 아이
에게 나팔 불며 소리를 내는 깡통을
달아 주는 그러한 짓을 하지 말라.
19 그 어린것이 밀림의 사자 굴을 지나갈
때 소리 한 번 내지 아니하고, 사자요,
짐승들이 공격하지 아니하도록 잠자
는 그 사자들을 건드리지 아니하고 그
밀림을 걸어가야 하거늘,
20 너희들은 그보다도 더 험악한 사탄 속
에 걸어가는 나의 아들에게 깡통을 달
아 주며, 소리를 내는 기계들을 그 발
목에 달아 주며 그 몸에 감아 주며 그
리 걸어가라 하는 지금의 형국임을 잊
지 말아야 할 것이니라.
21 그와 같은 형국으로써 너희들이 사자
를 깨우며, 귀신을 깨우며, 나의 아들
을 잡아 죽일 수 있는 그 사악한 자들
을 너희들이 깨워, 그가 지금 가고 있
으니 그를 죽이며 그를 사살하라,
22 그리하면 너희 사탄의 세계가 영원히
지속될 것이며 사악한 너희들이 세상
을 지배할 것이라, 그리 가라 하며 그
리 너희들이 정보를 주고 첩보를 하며,
23 걸음마를 하는 나의 아들이 사탄 속에
걸어가는데 그에게 깡통을 주며 소리
나는 기계를 달아 주어 그가 가고 있
음을 알려 주는 그와 같은 잔인무도하
고 사악한 짓을 하고 있음을 너희들은
알아야 될 것이니라.
24 지금 너희들이 나의 선지자에게 고통
을 주며 그의 뜻을 따르지 아니하며,
너희들이 그를 보호하고 나에게 오르
며 나를 기쁘게 한다는 그 명분 아래
그를 고통스럽게 하여 그가 지금 기도
할 장소가 없어 전전하는 그와 같은
형국으로 가게 몬 것은 바로 무엇이더
냐?
25 사탄에게 여기에 하나님의 아들이요,
천사가 가니, 이가 천 년의 새로운 역
사를 이루면 사탄 너희들은 후손이 존
재할 수 없으며 뿌리를 내리지 못하
니, 이를 빨리 죽이며 이를 사살하여
빨리 너희 세상을 이루는 데 게을리하
지 말라 하여 너희들이 그를 깨우쳐
주고 그들에게 전달하며,
26 나의 아들이 가는 곳의 위치를 가르쳐
주며 그가 가고 있는 지점을 가르쳐
주며 어디 갈 것이라 가르쳐 주는 그
와 같은 사악한 행동을 하고 있다는
것을 잊지 말라.
27 이 죄를 너희들이 감히 어찌 받을 것
인가 생각해 보아야 될 것이니, 이를
잊지 말라.
28 나의 아들아,
29 너는 굳건히 내가 명하는 대로 실천하
라.
30 주저하지 말며 두려워하지 말며, 오로
지 기도와 묵상으로써 나의 법전을 만
들어 세상에 전하며,
31 어떠한 사탄도 감히 너에게 대적하지
못하며 너를 이길 자가 없음이니, 내
가 너와 같이하고 있음이니라.
32 네가 바로 가고자 하는 마음, 네 육신
을 다스리는 마음, 물욕을 버리는 마
음, 여인들에 대한 금욕의 마음을 가
지는 것, 그를 실천하는 것,
33 그리고 여인들과의 그 관계를 유지하
지 아니하고 그를 멀리 보며 그들과

네가 거리를 두며 그들을 한 형제라
바라보고 살아가는 변하는 네 그 모습
은 천사들이 알며 사탄들이 알며 내가
알고 있음이니,
34 너는 네 계획과 네 뜻대로 그리 밀고
가라, 나의 아들아!
35 네가 할 수 있기에 나는 너를 아들이
라 마지막으로 호칭하였으며, 그 이상
너를 부를 이름이 없다 말하였느니라.
36 사자 굴에 걸어가는 나의 아들을 나
여호와가 보호할 것이니, 그들이 아무
리 너에게 깡통을 달아 주며 소리 나
는 기계를 달아 주며 그들이 앞에서
나팔 불며 소리 질러도 감히 사탄들이
너를 해하지 못할 것이니 두려워하지
말라, 사랑하는 나의 아들아!

2,436 번째 하나님 말씀

2002년 6월 4일 09시 05분

1 사랑하는 나의 아들아, 사랑하는 나의
선지자야!
2 "네, 아버님! 말씀하옵소서."
3 내가 너희들에게 일깨워 가르치기를,
'나 외에 다른 신을 네게 있게 하지 말
라.' 하였으며 우상을 만들지 말라 하
였음이니라.
4 그리고 '나 여호와의 이름을 망령되이
일컫지 말라.' 하였거늘, 너의 제자들
이 공공연히 이와 같은 행위를 하고
있음이니, 그리하여 용서할 수 없음이
라 말하였느니라.
5 너희들이 모든 사물을 대함이 나 여호
와를 향하여 기도하는 그 마음보다도
더 깊을 때 그것이 바로 우상이라 너
희들에게 말하였으며,
6 나의 뜻에 따라 순종하지 아니하는 자
는 나의 이름을 망령되이 일컫는 자라
말하였음이니,
7 내가 나의 아들 너를 통하여 명하는
것을 거역하며 저희들이 다른 사람의
기도요, 다른 사람의 말이 옳다 하여
너에게 반박함은 나의 법전을 무시하
는 것이며, 나의 성령을 듣지 아니하
려 하는 것이며, 나 여호와가 존재함
을 그들이 인식하지 아니하며 인정하
려 하지 아니하는 그 속에서 그와 같
은 행위가 이루어짐이니라.
8 그리하여 내가 이를 용서할 수 없으
며, 스스로 그들이 피나는 용서를 빌
때 다 같이 그들을 받아들이라 내가
말하였음이니라.
9 오늘과 같은 너희들의 미래를 내가 알
고 있었기에, 나의 아들 네가 놓지 않
는 자, 그 이름을 지우지 아니하는 자
는 사탄이 될 수 없다 하였음이 여기
있음이니라.
10 이제 네가 너의 제자들의 인간성의 그
실체를 알았음이니, 이제는 네가 어찌
다스리고 어찌 가야 할 것인가?
11 내가 너에게 명한 그대로만 행하면 될
것이니라.
12 그들이 정녕 나 외에 다른 신을 섬긴
것을 깨닫지 못하며, 그 후에도 너에
게 변명하기를 나의 아들 너를 바로
가게 하기 위하여 제가 그리 행하였다
하거든, 그는 또한 나의 이름을 망령
되이 일컫는 죄를 하나 더 짐을 알라
그리 이르라.
13 이유 불문하고 나의 아들 너를 통하여

내리는 그 명령 외에 다른 명령을 따
르며 이를 불복함은 그들이 다른 신을
제 가슴속에 두었음이니, 모세를 따르
던 자들이 우상을 만들어 거기에 절하
는 것과 무엇이 다르던가?
14 그들은 차라리 보이는 우상에 기도하
고 절하였으나, 너희들은 보이지도 않
고 볼 수도 없는 그 우상의 한 인간의
말에 따라 너희들이 나의 아들이요,
나의 명령이요, 나의 성령이요, 나의
법전을 일시에 거부하였음이니,
15 그것이 바로 너희들이 얼마나 추한 모
습이며 사악한 모습인가를 알아야 할
것이니라.
16 너희들은 들어야 할 것이니라.
17 내가 나의 아들이라 말했으며, 나의
성령을 태워 내린다 하였으며, 내가
그를 통하여 나의 법전을 세상에 만들
어 천 년에 걸쳐서 나의 백성들을 영
원히 사는 나라로 구한다 하였던 그와
같은 뜻의 기도문을 너희들은 수없이
듣고 보았거늘, 어찌하여 너희들은 그
것까지도 다 지워 버리며 무시하였던
가?
18 너희들은 정녕 잘못된 사탄이 예수라
하며 나라 하여 세상에 나가 기적을
이루고 역사를 이루며 나의 아들보다
위대한 역사를 이룰 때, 한 사람도 나
의 아들을 따를 자들이 없으며, 법전
을 갖다 태워 버리는 그곳에 바치며
그것만이 나에게 오르는 길이라며 허
황된 그 빛을 보고 갈 수 있는 자들이
니라.
19 이와 같은 실체를 알았음이니 너희들
은 그 실체에 너희 스스로 반성하여야
될 것이며, 너희들의 그 본성을 깨달
아 바로 서지 아니한다면 나의 아들을
따라갈 수 없음이니라.
20 너희들은 지금 간악한 사탄이 예수의
형체로 와 세상을 구하러 왔다 하며
그가 일순간에 기적을 이룬다 하면 그
리 다 갈 자들이며,
21 나의 법전의 천년만년이 걸리는 그 위
대한 역사요, 너희 마음을 서서히 변
화시켜 주는 이 나의 성령보다 위대한
것이 없거늘, 눈앞에 있는 것만이 보
이는 너희들의 그 심성이, 바로 그것
이 믿음의 깊이라 말할 수 있을 것이
니,
22 이제는 너희들이 그 깊이를 알았으면
너희 스스로 바로 서야 될 것이며, 또
한 그를 본 나의 아들인 너는 어찌 행
하여야 될 것인가를 알아서 행하여야
할 것이니라.
23 그것이 예수가 너에게 말한 인간의 형
태며 인간의 마음이요, 하시라도 변하
고 등 돌리고 떠날 수 있으니 한 사람
도 믿지 말라는 그 애절한 뜻이 여기
에 있었음이니, 과연 믿을 자가 있는
가 없는가?
24 너의 제자들이 스스로 네가 믿을 수
없는 자가 된다 하면, 그는 너의 제자
가 아님이니라.
25 그리해서는 천 년의 역사를 이룰 수가
없음이니라.
26 오늘 너희들이 나의 법전에 성령이 기
록되며, 지금 너의 제자라, 또는 선지
자의 사랑을 받는 제자라 하여 여기서
너희들만이 하늘에 오를 것이라는 그
착각 속에 태만하지 말며,

27 내가 160권의 법전이 세상에 나와 그
이름을 나열하는 자만이 너희들이 구
원을 받을 수 있는 자라는 이 무서운
사실을 알려 주었거늘,
28 본심을 버리지 못하는 그와 같은 마음
을 가지고 가는 자, 아직도 너희들이
나의 아들을 바로 세우는 것이며 나에
게 오르는 길이라 하여 나의 아들의
명령을 거역하고 남의 명령을 들어 그
것만이 하늘에 오르는 길이라 하여 나
의 선지자를 핍박하여,
29 오늘의 그가 정처 없는 여행의 길을
떠나며, 기도할 때 그가 불편을 느끼
며, 나의 성령을 받아 법전을 만드는
데 태만하게 하며, 나의 법전이 세상
에 나가는 길을 막으며, 나의 성전의
문을 닫게 하는 것이 너희들이니,
30 그와 같은 너희들의 죄를, 너희들이
피보다 더 진한 용서를 빌 때 이를 내
가 거두어들일 것이니, 이를 행하지
아니할 때 너희들은 용서받지 못함을
알라.
31 인간 생각의 이유가 없으며 변명이 없
으며, 거기에 아무런 뜻이 없음이니라.
32 너희들이 우선 깨우쳐야 될 것은, 선
지자가 내리는 명령이요, 선지자가 가
르치는 그 뜻 외에 다른 말을 들으며,
다른 자의 뜻을 들으며, 다른 자의 역
사를 따라 행하는 것은 무조건 나 외
에 다른 신을 너희들이 섬기는 것이
며, 우상을 섬기는 것이며, 나 여호와
의 이름을 너희들이 추하고 더럽게,
망령되게 일컫는 자이니라.
33 이 세상에 나의 성령을 듣는 것은 나
의 아들뿐이며, 모두를 다 그를 통하
여 너희들에게 전하며 그를 통하여 상
달하여 다 거둬들인다 하였거늘,
34 너희들은 기적을 이룬다 하여, 꿈에
본다 하여, 어떤 너희들의 미래를 본
다 하여 그곳에 귀가 솔깃하여 발길을
돌리는 자, 이가 바로 우상을 섬길 자
이며 사탄의 앞잡이가 된다는 것을 너
는 이번 기회에 알아야 될 것이니, 이
와 같은 뜻을 그들에게 가르쳐야 될
것이니라.
35 그리하여 모두를 다 바로잡아 저희들
이 모든 것을 버려야 될 것이니라.
36 크나큰 것을 잃는 것 같으나 그를 버
리고 오로지 나의 성전에 와 나의 성
령을 들으며, 나의 법전을 들으며, 나
의 선지자요, 나의 아들이 전하는 그
가르침 외에 그 도를 벗어나며 그에게
고개를 돌려 치받는 자는 나의 명령을
거역하는 자임을 너희들은 확실히 알
아야 될 것이니,
37 이를 따르고자 하지 아니하는 자, 따
를 수 없는 자, 그들은 스스로 나의 성
전을 떠나도록 그리하라.
38 이 세상의 모든 것은 다 나의 것이며
나의 아들이 관제하는 것이거늘, 그것
에 갑론을박하지 말며, 그 재물에 얽
매이지 말며, 그 재물에 갑론을박하지
말며, 그들의 힘에 좌우되지 말라.
39 나의 사랑하는 아들아, 너는 내가 너
에게 내린 그 뜻을 알 것이니 그리 행
하도록 하라.

2,437 번째 하나님 말씀

2002년 6월 5일 0시 24분

1 사랑하는 나의 아들아!
2 "네, 아버님! 말씀하옵소서."
3 차라리 네가 너희들이 말하는 깡통이
라는 것을 들고 구걸하며 나의 법전을
움막에서 완성하여 세상에 내보냄이
나의 마음이 편안할 것 같다 하면 어
찌하겠는가?
4 세상사 너희들이 몇천 년 동안 흘러온
세월 속에 잘못 믿어 왔으며 구원받은
자 없다 하여 너희들이 사악하게 지옥
으로 흘러가는 것을 막기 위하여 나의
아들에게 나의 성령을 내려보내 법전
을 만들어 너희들을 구하고자 이 역사
를 이룸이니,
5 이건 누가 사랑을 내리는 것이며, 누
구의 사랑을 받아 너희들에게 그 뜻을
전하는 나의 아들이 세상에 내려갔는
가?
6 그와 같은 자의 마음을 흔들어 놓으며
그를 밀어붙이며 그를 너희들이 갑론
을박함이니, 이와 같은 것이 너희들
마음의 자리이니 그 마음을 누가 다스
리며 누가 바로잡을 수 있다 생각하는
가?
7 오늘 너희들이 이 자리에 모여 나의
아들을 도우며 나의 법전이 세상에 나
오는 그 역사의 길을 가기 위하여 마
음을 다스리나, 너희들은 하나 알아야
할 것이 있느니라.
8 너희들 스스로 마음이 천사가 될 수
있느냐를 먼저 물어야 될 것이며, 어
떠한 태풍과 비바람이 불어와도 너희
들이 견디고 이끌어 나갈 수 있으며,
나의 법전 160권이 세상에 나올 수 있
을 때까지 너희들 자신이 지켜 갈 수
있으며, 너희들이 과연 천사같이 아름
다운 마음으로 살아갈 수 있는가 그것
을 먼저 너희들 자신을 깨우쳐야 할
것이니라.
9 그리 못 한다 하면 나의 아들을 도움
이 아니니라.
10 그와 같은 마음의 자세로써 너희들이
하나가 되어 가지 아니한다면 지금의
사악한 자들의 그와 같은 말로가 또
벌어지게 됨이니라.
11 이제는 나의 아들이 가는 마음의 아픔
을 더 이상 이룰 수 없으며 더 이상 이
와 같은 시련을 내가 내릴 수가 없음
이니, 너희들의 마음 자세가 중요함이
니라.
12 천사와 같이 아름다운 마음의 자세가
되지 못한다면 너희들 또한 나의 아들
을 따를 수 없는 자임을 알아야 될 것
이니라.
13 내가 너희들에게 뭐라 말하였는가?
14 나의 아들이 걸음마를 하지 못하며,
나무가 바로 서지 못하였으니, 너희들
이 버팀목이요, 그 버팀목의 역할로서
그를 받치라 하여 그 말이 다 끝나기
도 전에 너희들이 나의 아들에게 어떤
행동을 하였는가?
15 걸음마를 잘 못하는 나의 아들을 너희
들이 보살펴 지키라 내가 말하였건만,
너희들이 지금 어떠한 행위들을 하고
있는지 아는가?
16 잘 걷지도 못하는 나의 아들이 지금
나의 피조물 만백성을 위하여 나의 고

지를 향하여 뒤뚱거리는 걸음으로써
걸어오거늘, 그에게 너희들이 뭐라 말
하느냐?
17 지금 하나님의 자식인 먹이가 저기 가
니 너희들이 그를 빨리 잡아먹어야만
사악한 자들이 이 세상을 지배하고 이
룰 수 있다 그리하여 너희들이 사탄들
에게 나팔을 불고 소리를 지르는 그와
같은 형국의 사악한 행위를 하고 있음
이 지금 너희들이 하는 짓이라 내가
말함이니라.
18 너희들에게 내가 뭐라 말했는가?
19 나의 법전이 우매하고 둔한 나의 아들
을 통하여 2부가 세상에 나올 날이 머
지않아 그 빛이 나오며, 3부가 세상에
나와 전해지면 모든 자들이 그를 핍박
하여 더 갈기갈기 쓰러뜨리려 할 것이
라 하였으니,
20 그를 보호할 수 있는 것은 이 나의 성
전에 와 있는 너희들밖에 없으며 수십
억 인구는 너희들의 적이라 하였거늘,
그 말의 뜻이 마르기도 전에 너희들이
나의 아들을 팔아먹으려고 하는 그와
같은 형국이니, 이는 바로 무엇을 입
증하는 것이냐?
21 너희들은 '나 외에 다른 신을 믿지 말
라.' 하였으며 '섬기지 말라.' 하였음이
니라.
22 나의 성령을 받아 나의 아들이 너희들
을 구원하고자 하는 그 법전의 내용에
잘못된 것이 없으며 잘못 깨우치는 것
이 없다 하여 너희들이 나의 뜻이라
나의 명이라 말하면서, 너희들이 나의
선지자를 통하여 내가 명하는 것을 듣
지 아니하고,
23 짐승이요, 사탄이요, 마귀인지도 모르
는 자들이 시부렁거리는 그 소리만이
나의 뜻이며 하늘의 뜻이라 하여 그를
너희들이 앞에 내세워 나의 선지자가
160권의 법전을 만들지 못하도록 이
리 교란시키며 그를 이와 같은 곳으로
몰아냄이니, 그리하여 내가 성전의 문
을 닫도록 함이니, 과연 누가 사탄이
며 누가 우상을 섬기는 자들인가?
24 이것 하나로써 너희들이 모두를 다 결
정지어야 될 것이니라.
25 이것 하나 외에는 그 이상 갑론을박할
가치가 없느니라.
26 그 모두는 다 너희들의 생각이요, 너
희들의 변명이며, 너희들이 말장난으
로써 주고받는 것만도 못한 그 가지를
가지고 줄기를 보지 못하며 그를 자르
는 그와 같은 행위를 하지 말라.
27 내가 나의 아들에게 말하였느니라.
28 1년 만에 나의 아들이라 말하였으니,
그 시간 이후에 나의 아들이 너희들에
게 실수를 하며 지탄받을 행위를 하거
든 그때 그는 정녕 사탄이라 하여 너
희들이 떠나가도 될 것이니, 내가 이
제 더 이상 그를 부를 호칭이 없다 하
였음이니라.
29 나의 아들이라는 그 이상의 호칭으로
써 부를 수 없음이니, 나의 아들이라
명하였으니, 나의 혈통을 받은 자요,
나의 역사를 대신하는 자라 하였음이
니라.
30 그 이후부터 너희들이 모두를 헤쳐 그
를 보호하고 깨우쳐 주라 하였거늘,
지금 너희들이 하고 있는 행위가 무엇
인 줄 알고 있는가?

31 나의 아들이 모세의 백성들처럼 너희
에게 우상을 만들라 하였으며 너희들
에게 그 우상 앞에 절을 하라 하였을
때, 너희들은 당당히 오늘과 같은 그
와 같은 형국으로 대적하여야 됨이니
라.
32 '우리는 선지자를 따르기 전에 선지자
를 믿을 수 없으며, 하나님의 아들을
믿을 수 없기에 우리가 하나님의 명을
따라, 하나님의 뜻에 따라 당신이 가
는 길을 따를 수 없다.' 그리 말할 수
있을 때 너희들이 나의 뜻에 순종하는
자들이니라.
33 그러나 지금은 너희들이 우상을 만들
어 놓고 다른 신을 너희 앞에 갖다 놓
으며 나의 아들에게 그곳에 절을 하
라, 그를 숭배하라 하며 그 뜻을 따르
라 그리 윽박지르고 협박함이니, 너희
는 그리하면 나의 아들이 거기 고개
숙이고 너희에게 순종할 것이라 생각
할 것이니라.
34 그는 나의 아들이요, 그의 속에는 나
의 피가 흐르고 있음이니라.
35 나의 아들 예수가 생명을 던져 죽어
가 그 모두를 지키려 했듯이, 지금 나
의 아들이 그 못지않게 목숨을 바쳐
나의 법전을 세상에 만들어 나의 피조
물 만백성을 구하며 그 길을 갈 자이
거늘,
36 너희들이 너희가 만든 가짜 신이요,
사악한 자요, 우상 앞에 절하고 경배
하라고 한다 하여 그가 하겠는가?
37 너희들 성서에 있느니라.
38 나의 아들 예수가 금식의 기도를 하고
왔을 때, 세상을 다 준다 하며 재물을
준다 하며 시험을 했다 함이니라.
39 그때 예수가 그를 듣지 아니하였다 함
이니라.
40 사탄이 지금 나의 아들에게 경제적으
로 재물을 가지고 그를 핍박하고 공격
하며 그를 시험함이니라.
41 너희들이 나의 아들을 쳤을 때, 너희
들이 그가 기거하는 집이요, 그에게
줬던 재물이요, 그 모든 것을 거둬 간
다 하며 심판하며, 그를 갖다 잡아넣
으며, 그를 벌로써 다스리며 인간의
법도로써 나의 아들을 다스린다 ...
42 (하나님께서 녹음테이프 161번 A면
을 지워 버리셨습니다. 그리하여 기도
의 뒷부분과 시간을 기록할 수 없게
되었습니다.)

녹음테이프 161 번 삭제된 부분

2002년녹음테이프 161번 A면 삭제하심

1 하나님께서 녹음테이프 161번 A면을
지우셨습니다.
2 아래 그림은 A면이 지워진 녹음테이
프 161번의 소리 파형입니다.

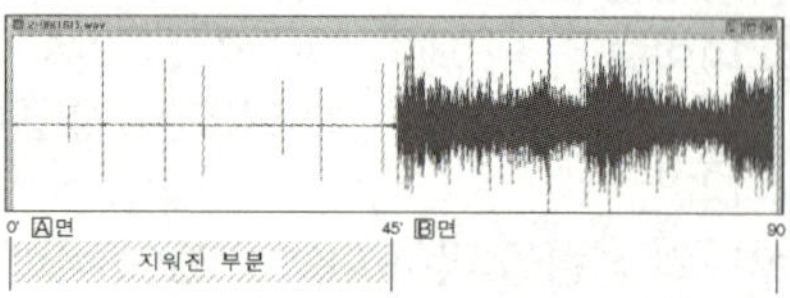

2,438 번째 하나님 말씀

2002년 6월 6일 0시 27분

1 (녹음테이프 161번 B면에 녹음된 말
씀부터 기록하였으며, 기도의 앞부분

을 기록할 수 없게 되었습니다.)...
2 그리 알며 이루어지는 그 뜻과 그들을
구별하여 네가 이제 서도록 해야 할
때가 왔음을 알아야 할 것이니라.
3 사람이 아무리 많으면 무엇하며 네 제
자가 아무리 많으면 무엇하겠느냐?
4 네가 어렵고 힘들 때 등 돌리며 돌아
가는 제자라면 어찌하겠는가?
5 네가 물속에 빠져 허덕일 때 그가 하
나의 끈을 던져 주면 네가 구원받을
수 있거늘, 그 끈을 던져 주지 아니하
고 고개를 돌리고 가는 그와 같은 사
악한 마음을 가진 자가 너의 제자라며
네 앞에 와 있다면, 이는 천 명 만 명
이 다 필요 없음이니라.
6 오로지 물에 빠져 허덕이는 너를 제
생명을 던져 구하고자 하는 자, 그러
한 자만이 네 옆에 있을 수 있으며 믿
음의 길을 갈 수 있으며 하늘의 뜻을
알 수 있으며 하늘의 이치를 알 수 있
으며,
7 그와 같은 마음을 가진 자가 불바다를
건너와 나의 낙원에 오를 수 있는 그
이치를 일깨워 주어야 될 것이니라.
8 내가 다시 한 번 너에게 말하느니라.
9 나에게 오르는 길은 누구도 올 수 없
는 그 험악한 길을 오는 것만이 구원
의 길이요, 그러한 마음의 믿음을 가
지고 가는 자만이 구원을 받을 수 있
다 말하였음이니,
10 네가 어렵고 힘들 때, 네가 나의 아들
이요, 나의 법전의 160권을 세상에 내
는 것이 나 여호와의 뜻이며, 내가 이
루고자 하는 그 역사의 그 한 길만을
생각하여 너를 따르는 자, 그가 정녕
나에게 상을 받을 수 있는 자임을 알
아야 할 것이니 그리 알라.

2,439 번째 하나님 말씀

2002년 6월 6일 01시 15분

1 사랑하는 나의 아들아!
2 "네, 여호와 하나님! 말씀하옵소서."
3 너희들이 세상사 살아가면서 높이 있
는 자, 아래를 내려다보기 쉬우며, 높
은 곳에서 내려다보는 자, 멀리 보이
며 모든 것이 잘 보인다는 말이 있지
않으냐?
4 너희들이 바로 서고 깨우치는 것은 인
간 세상의 삶에서 나의 계명을 지키고
그 계명을 갈고 닦아 너희 것으로써
완전히 만들고 소화하고 세상을 보면
너희들이 구름 위에서 세상을 내려다
보는 그와 같은 형국이 이루어짐이니
라.
5 그와 같이 너희들의 위치가 높아졌을
때 세상을 내려다보는 너희들은 추하
고 더러운 것, 아름답고 향기로운 것
을 다 볼 수 있음이니, 그것이 바로 너
희들이 경지에 오름이니라.
6 너희 스스로 경지에 오르고자 하며 너
희 스스로 나의 계명을 가슴속에 깊이
지켜 그를 행할 때, 너희들이 높이 오
를 수 있음이니라.
7 높이 오르는 자만이 세상사 살아가는
모두의 잘잘못을 볼 수 있으며 인간사
육의 삶의 그 세속을 벗어날 수 있는
것이니라.
8 사랑하는 나의 아들아!
9 "네, 하나님! 말씀하옵소서."

10 너 자신이 이제는 높이 올라와 있음이
니, 네가 내려다보는 그 세상의 삶을
이제는 너 혼자만이 가슴에 안을 것이
아니라, 너의 제자들과 만백성에게 네
가 지금 올라와 세상을 보는 그 경지
의 깨달음을 깨우쳐 주어야 될 것이며,
11 그를 나의 피조물 만백성이 읽고 깨우
쳐 네 뜻과 네가 살아온 그 모두를 깨
달을 수 있도록, 그들에게 교훈으로
삼도록 해야 될 것이니라.
12 너는 너 스스로 모두가 다 미숙하고
부끄러우며 아직 네가 걸음마도 하지
못한다 하여 내가 너에게 심어 준 그
깨우침을 말하지 아니하고 가슴에 담
고 있으나, 이는 그리해서는 아니 됨
을 알아야 될 것이니라.
13 사랑하는 아들아!
14 "네, 아버님! 말씀하옵소서."
15 네 가까이에 있는 자, 너를 따르는 자,
그리고 너에게 순종하는 자, 그는 곧
나 여호와에게 순종하는 자이며, 나의
성령이요, 나의 법전을 믿는 자들이
니, 그들에게 가슴을 열어 깨우쳐 주
어야 할 것이니라.
16 지금 너의 모두를 공격하며 화살을 던
지는 자, 그들로 하여금 네 가슴을 점
점 닫으며 네 가슴의 문을 굳게 닫고
있음을 나 여호와가 알고 있음이니라.
17 이제 그 문을 열어야 되느니라.
18 너의 제자들에게 이르라.
19 곧 나의 성령이요, 나의 법전을 읽고
깨우치는 너희들이 나의 아들에게 순
종하며, 나에게 순종하며, 그 법전이
요, 나의 성령 앞에 고개를 조용히 숙
여 너희들이 깨달음을 얻은 것을 감사
하며 그를 기쁨으로써 생각할 때,
20 나의 아들 네가 정녕 나로부터 받은
그 주옥보다도 소중한, 너희들의 모두
를 일깨워 주는 그 가슴을 열 수 있음
을 깨우쳐 주고,
21 너를 핍박하고 너에게 순종치 아니하
며, 뿌리가 없는 자의 지껄이는 그 이
야기를 듣고 허황된 빛 속에서 허덕이
는 그들의 망령된 말을 듣고 그를 보
고, 너에게 그 앞에 경배하고 기도하
며 머리 숙이라 할 때,
22 네가 마음의 문을 점점 굳건히 닫고
있다는 것을 그들에게 깨우쳐 주어야
될 것이니라.
23 그들이 그와 같은 행위를 할 때 네가
가지고 있는 그 주옥같은 깨우침을 네
가 전하지 아니하고 그들에게 보여 주
지 아니하며 자꾸만 네 마음을 굳건히
닫게 된다는 그 이치를 너의 제자들에
게 일러야 할 것이며,
24 네가 행하지 않는 것을 나의 법전에
기록하여 그들에게 깨우쳐 줌이니,
25 이 대목을 읽는 나의 아들의 제자요,
나의 법전을 읽고 깨우친 너희들은 너
희들의 행위와 자세가 어찌 가야 되는
가를 알아야 될 것이니라.
26 너희들이 나의 아들의 뜻을 거역하고
그에 순종치 아니하며 그를 핍박하고
자 하며, 너희들이 감히 허황된 빛에
젖어 있고 잘못 가는 자들의 말을 듣
고 나의 아들 앞에 와서 나의 아들에
게 그곳에 순종하라 하며 그를 따르라
말한다면,
27 정녕 너희들의 모두를 깨우쳐 주고 너
희들에게 빛이 될 것이며 너희들이 구

원을 받고 못 받는 소중한 그 모두를
가슴에 앉고 있는 나의 아들의 그 가
슴이 점점 더 닫히며 그 문이 열리지
아니함을 알아야 될 것이니, 이는 너
희들이 얻지 못함이니라.
28 너희들이 이를 보지도 못하고 얻지 못
하고 죽어 내 앞에 왔을 때, 너희들은
허황된 속에서 그저 겉 인생을 살았으
며 겉 후회를 했으며 또한 겉 믿음을
얻은 그와 같은 너희들의 허황된 삶을
알게 될 것이니라.
29 내가 너희들이 정녕 가야 할 길이며,
너희들이 깨우쳐야 할 것이며, 너희들
이 빛을 볼 수 있는 그 모두를 나의 아
들의 가슴에 차곡차곡 쌓아 주었음이
니,
30 그가 입을 통하여 하나하나 풀어 내릴
수 있도록 하는 그와 같은 현명한 나
의 아들의 제자가 되어야 될 것이며,
나의 법전을 읽는 백성의 자세가 되어
야 될 것이니라.
31 너희들이 오만하고 시기하며 질투할
때, 나의 아들의 마음의 문은 점점 닫
힘이니, 그게 세상에 나오지 아니하며
너희들이 들을 수 없으며 깨달을 수
없음을 알아야 될 것이니라.
32 너희들이 그 이치를 모르고 그 뜻을
모르며 나의 아들에게 창과 칼을 들이
댐이니,
33 그 창과 칼 앞에, 나의 아들이 가슴을
열어 정녕 너희들의 미래를 알려 줄
수 있으며 너희들의 믿음의 길이 무엇
인지와 구원의 지름길을 가르쳐 줄 수
있는 그 모두를 가슴에서 열지 아니한
다는 것을 알아야 할 것이니라.
34 그를 받을 자격이 있는 자가 없으며
그를 깨달을 자가 없음이니, 지금 그
를 찾고 있는 것이 나의 아들의 마음
가짐이라는 것을 그가 감히 말하지 못
함을 내가 너희들에게 전해 줌이니라.
35 이제 그가 가슴을 열어서 그 뜻을 전
하는 자가 바로 알곡식으로 선택된 자
이니라.
36 내가 알곡식을 선택하는 것이 아니요,
인간 사회에 나의 아들을 통하여 그
가슴에 있는 뜻을 받아들이고 그 뜻을
가르쳐 주며 그 뜻을 전하고자 하는
그 마음을 갖는 자가 선택된 자라는
것을 너희들은 잊지 말라.
37 내가 너희들을 선택함이 아님을 알라.
38 나의 아들이 너희들을 선택함이니라.
39 그가 너희들을 선택할 수 있는, 그 마
음을 열 수 있는 너희들의 행동이 얼
마나 소중하고 중요하며, 너희들이 행
하고 순종함이 어떤 것인가를 내가 너
희들에게 일깨워 줌이니,
40 이 뜻을 들은 자, 스스로 깨우쳐 너희
들이 구원을 받는 길이요, 알곡식으로
서 나의 아들에게 선택되는 그 영광을
잊지 말고 버리지 말라 하여 내가 오
늘 이 뜻을 전함이니라.

2,440 번째 하나님 말씀

2002년 6월 6일 08시 31분

1 사랑하는 나의 아들아!
2 "네, 아버님! 말씀하옵소서."
3 너의 제자들에게 이르라.
4 너희들 인간사에 세속에 살아가는 인
연 속에 자식을 얻었을 때, 그 기쁨과

그 행복감과 그 신비로움과, 그리고
새로운 생명이 태어남이요, 이 우주
만물의 역사에 너희들은 다 감사할 것
이며, 나에게 감사하다 기도드리느니
라.
5 오늘 내가 너희들에게 이르나니, 나는
2천 년 만에 나의 아들이라 불렀으며,
오늘 너희들에게 나의 아들을 얻었음
이라 공포하였으니,
6 이는 하늘로서는 나의 기쁨이요, 땅으
로서는 너희들의 축복이요, 영광이요,
기쁨이거늘,
7 너희들은 어찌하여 하늘의 나 여호와
가 그 아들을 얻은 기쁨을 생각하기도
전에 나의 아들을 핍박하고 그를 공격
하며 그를 저주하는 그와 같은 행위를
할 수 있는가?
8 내가 나의 아들이라 부르며 나의 아들
을 세상에 내보내는 것은 누구를 위함
이던가?
9 너희들을 구하고자 너희들을 위하여
내가 보냈음이니라.
10 2천 년 전에 나의 아들 예수를 세상에
보내 그가 비참히 죽어 왔음이니, 그
세월이 2천 년의 역사가 흐른 다음에
내가 나의 아들을 얻어 너희들에게 그
를 아들이라 명하여 너희들을 구원하
고자 세상에 내려보냈다 하였음이니,
11 내가 2천 년 만에 나의 아들을 얻음은
하늘의 기쁨이요, 나의 기쁨이며, 그
가 너희들을 구원하기 위하여 나의 성
령을 받아 법전을 기록하여 세상에 전
하니 이는 너희들에게 다시없는 영광
이요, 축복이거늘,
12 나의 아들의 제자라는 너희들은 어찌
하여 사악한 자들의 그 행위에 귀를
돌리며, 어찌하여 마음의 동요를 이루
는 그와 같은 흉악한 행위를 할 수 있
는가?
13 하늘의 내가 아들을 얻은 그 기쁨을
너희들은 짓뭉개며 나의 그 마음을 슬
프게 만드는 자들이며, 또한 지상의
너희들을 위하여 영광된 그 새로운 역
사가 이루어지는 그 순간을, 너희들은
그를 거부하고자 하는 그와 같은 행위
를 저질렀음이니, 너희들은 이를 깊이
깨우쳐야 할 것이니라.
14 육신에서 자식을 얻은 것보다도 열배
백배 더 위대한 기쁨을 갖고 있는 나
이며, 또 내가 그 아들을 바라보며 기
쁨을 느끼고 행복을 느끼며 자식을 얻
은 그 즐거움을 느끼기도 전에, 그리
고 그 행복을 맛보기도 전에,
15 나의 성령으로써 나의 법전을 기록하
여 세상에 전해 너희들을 구원하는 그
대명으로 그가 지상에 내려가 있음이
니, 그를 보호하기 위하여 너희들을
세상에 내려보냈거늘,
16 이와 같은 영광과 축복을 너희들이 어
찌하여 짓뭉개며, 이 아름답고 위대한
축복의 은혜를 모르고 그리 사악한 행
위를 할 수 있는가?
17 내가 나의 아들이라 부름의 그 기쁨
을, 그 의미를 너희들이 알아야 될 것
이니라.
18 내가 나의 아들이라 부름은, 이는 나
의 아들이요, 이는 너희들과 더불어
영원히 같이 간다는 것이며, 이는 너
희들을 이끌어 가는 지도자로서 하나
의 손색이 없이 성장해 갈 수 있으며

변해 갈 수 있다는 것을 너희들에게
내려 주었음이니, 그보다 너희들에게
더 큰 영광이 없거늘,
19 어찌하여 너희들은 한자릿수도 생각
하지 못하는 그와 같은 우매한 생각을
갖고 세상을 살아가고자 하는가?
20 내가 뭐라 말하였느냐?
21 나의 가르침은 과거요, 미래요, 현재
가 다 담겨 있는 나의 뜻이며, 그리고
너희들이 생각하고 또 생각하여 그 속
에 있는 가장 아름다운 뜻을 찾아 너
희 것으로 만드는 지혜를 가지라 내가
말하였건만,
22 너희들은 머릿속에 생각나는 대로, 떠
오르는 대로 그저 육적인 행동을 함이
니, 차후에 이와 같은 것을 너희들이
해서는 아니 될 것이며,
23 내가 나의 아들을 통하여 너희들에게
내리는 모든 그 뜻을 하나하나 너희들
것으로 만들어, 모든 너희 생활이요,
너희들의 행함에 있어서 그를 적용하
여 깨우치고 또 깨우쳐 실행하는 그와
같은 삶을 살았을 때, 너희들이 경지
에 오를 수 있는 길임을 잊지 말라.

2,441 번째 하나님 말씀

2002년 6월 6일 09시 56분

1 사랑하는 나의 아들아!
2 "네, 아버님! 말씀하옵소서."
3 인간사 너희들의 신체 구조에도 받아
서 좋은 음식이 있으며 받으면 좋지
않은 음식이 있음이니, 받아서는 아니
될 음식을 너희들이 먹을 때 바로 너
희 몸에 이상이 생기는 것이 아니더냐?
4 그와 같이 소화를 시켜야 할 것이 있
으며 소화를 시키지 말아야 할 것이
있으니, 인간사 너희들이 살아가는 것
도 또한 그러한 것이니라.
5 너희들이 받아들여야 될 것이 있는가
하면 받아들여서는 아니 되는 그와 같
은 것이 있는 것이거늘,
6 내가 너를 통하여 네 제자들에게 어찌
가르치며 전하라 하였더냐?
7 남의 슬픔과 고통을 대신 겪어 주며,
그가 그 고통과 시련에서 벗어날 수
있도록 모든 역량을 다해 그를 도와주
는 것이 너희들이 할 도리며 너희들이
행하고 살아가는 방법이요, 길이라 내
가 말하였느니라.
8 그리하며 또한 내가 너희들에게 뭐라
말하였느냐?
9 남의 약점이요, 남의 아픈 것을 들추
지 말며 그를 가지고 시시비비하지 말
라 내가 너희들에게 일렀음이니라.
10 그러나 내가 이와 같은 깨우침이요,
가르침을 너희들에게 직접 명하였건
만, 너희들이 나의 명령을 어찌 들었
으며, 나의 성령이요, 나의 법전에 기
록된 내용을 어찌 얼마만큼 평가하며
얼마나 생각하기에,
11 감히 이것이 나 여호와의 뜻이요, 창
조주가 내리는 음성이요, 창조주가 내
리는 성령이라 생각하며 이것이 구원
의 길이요, 구원을 받는 길이라 생각
한다면,
12 너희들이 내가 법전에 기록하여 내린
그 내용을 어찌 거역하며 그를 행하지
아니하며 순종치 아니하고 살 수 있다
할 수 있겠는가?

13 이를 거역하는 자가 어떠한 자들이냐?
14 나와 관계없는 자식이라 내가 말하지
아니하였던가?
15 내가 남의 아픔을 들추지 말라 하였으
며, 남의 잘못된 것을 들추지 말며 시
시비비를 하지 말고 사는 것이 너희들
의 도리라 하였거늘,
16 지금 너희들이 살아가면서 남의 아픈
과거요, 남의 상처요, 남의 잘못된 것
을 덮어 주는 것이 아니라, 그를 캐 내
고 갈기갈기 찢어 내며 헤치고자 하는
심성을 가지고 사람을 공격하고 그를
심판대에 올려놓아 심판하는 행위를
한다 하면 그건 무엇이더냐?
17 첫째는 나의 뜻을 거역함이요, 나의
가르침을 거부함이니, 나 여호와가 존
재함을 믿지 아니하니 나의 아들이요,
딸로서 자기 자신의 위치를 박탈하고
자 하며 자신을 버리는 것이며,
18 그는 내가 가르치는 반대의 길을 가고
자 하는 자니 그게 바로 사탄들이 하
는 행위며 사탄의 자식으로서 이름이
등록된 행위이니라.
19 너희들은 그리하여 그와 같은 행위를
한다는 것을 너희 스스로 알아야 될
것이니,
20 나의 성령을 직접 나의 아들로부터 들
으며 법전을 읽고 깨우친 너희들이 아
직 하나도 변함이 없다는 그것이 과연
그 증거가 아니더냐?
21 1년이라는 세월 동안 나의 성령을 직
접 들으며 나의 법전을 읽고 깨우친
너희들의 행함이 남들과 조금도 다름
이 없다 하면 어찌하겠는가?
22 차라리 듣지 아니한 자만 못하지 않던
가?
23 저희 손으로 만든 성전에 가 재물을
바치고 기도하면 구원을 받으며, 저희
들은 구원을 받았다 말하는 그들과 너
희들과의 차별화가 어디 있으며 다른
점이 어디 있는가?
24 이를 다시 한 번 너의 제자들에게 일
러 가르쳐야 될 것이니라.
25 이는 나 여호와의 성령이요, 나의 뜻
을 기록하며, 내가 천 년에 걸쳐 이 지
상에 낙원을 이루고자, 하늘과 똑같은
낙원으로 만들고자 하는 그 뜻이 얼마
나 위대하고 소중한 것인가를, 거기에
동참하여 나의 아들을 따라 더불어 가
는 너희들이 얼마나 선택된 영광이 있
는 자들이며 소중한가를 우선 가슴에
다시 한 번 새기도록 그들에게 네가
깨우쳐 주어야 될 것이며,
26 그리고 나의 법전을 반드시 정독하라
이르라.
27 내가 너희들에게 특별히 전하지 아니
하였는가?
28 '나의 법전을 가슴에 안고 정독하는
자, 반석 위에 서서 하늘에 오르는 찬
란한 영광의 그 빛을 볼 수 있다.' 하
였거늘, 어찌하여 너희들이 정독하여
너희 것으로써 만드는 데 소홀한가?
29 이는 곧 나에게 순종치 아니함이며 나
의 뜻에 거역하고자 하는 그와 같은
행동임을 알아야 될 것이니라.
30 감히 어찌하여 남을 평하며 남의 아픔
을 들추어내며 남을 비방하는 행위를
하는가?
31 너희들 스스로 자신의 깨우침과 자신
의 다스림을 먼저 일깨워 행하도록 그

리하라.
32 이런 말이 너희 인간 사회에 있느니라.
33 '남의 제사에 와서 밤 놔라, 대추 놔라
하며 떠드는 자가 있다.' 함이니, 제
제사상도 차릴 줄 모르며 제 제사상도
준비할 만한 능력을 갖추지 아니한 자
가 감히 그리 말할 수 있음이니라.
34 너희들이 살아가면서 남의 일에 시비
를 거는 자, 저 자신을 돌아다보면 그
보다 못한 자가 저보다 열 배 이상으
로 훌륭하게 차려 놓은 자를 놓고 시
시비비를 하는 것이 너희들의 심성이
니,
35 과연 남에게 시시비비하는 자를 돌이
켜 보라.
36 지금 나의 아들을 따라가며 하늘에 오
르고자 하며 나의 성령을 듣는 너희들
이 밖에서 이렇다 저렇다는 말을 들어
그걸 가지고 와서 나의 아들에게 시시
비비를 한다 하면, 너희들은 어떠한
행위를 하는 것이냐?
37 저 자신이 지금 사악한 자요, 사탄의
세계에 젖어 있는 그 자체를 모르면서
나의 아들에게 '옳다, 그르다.' 하며 사
탄이요, 사악한 자라 너희들이 말함이
니, 그는 무엇이냐?
38 너희들이 나의 아들에게 우상 앞에 절
하라, 그리고 그를 경배하라 하는 그
와 같은 행위이니라.
39 제 마음대로 남의 제사에 '대추 놔라,
밤 놔라.' 하며 시시비비하는 것은 자
기가 자격이 없는 자가 하는 행위이
니, 바로 너희들의 행위가 지금 그와
같은 것을 알아야 할 것이니라.
40 내가 나의 아들을 통하여 너희들에게
말하여 일렀느니라.
41 너희들이 이곳저곳에 가 배우고 견문
을 넓히며 믿음의 진정한 길이 무엇인
가 깨우치는 것은 내가 너희들에게 탓
하지 아니한다 하였으나,
42 너희들이 그를 보고 마음이 동요되어
그쪽으로 떠나는 것 또한 너희 마음이
며, 나의 아들이요, 나의 성전을 버리
고 가는 것도 너희 자유라 하였으나,
43 너희들이 보고 들은 것을 가지고 와서
그것이 옳다 하며 나의 아들 앞에 그
를 강요하고 그와 같이 행하도록 그리
명하지 말라.
44 이는 엄연히 차이가 있으며, 잘못 가
고 잘 가고 하는 것이 여기 있음이니,
45 너희들은 나의 아들을 통하여 내가 법
전을 내리며 나의 만백성을 천 년에
걸쳐 깨우치고자 하는 그 뜻에 감히
시시비비를 하는 그와 같은 행위를 하
지 말라.
46 너희들이 알고 깨우치는 것은 나의 아
들이 기록하는 160권의 법전 중에 몇
장의 내용도 되지 않거늘, 그걸 가지
고 너희들이 160권의 그 법전보다 위
대하다 하는 그와 같은 우를 범하지
말아야 할 것이니라.
47 세상을 다 만든 자에게 너희들이 한
귀퉁이에 우물 하나 파 놓고 그 우물
이 세상을 다 만드는 것보다 소중하고
위대하다는 억지를 부리지 말라.
48 지금 바로 너희들이 그와 같은 행위를
하고 있음을 알아야 될 것이니라.
49 이 세상을 창조한 창조주요, 너희들의
목숨이요, 모든 미물이요, 생물이요,
생명까지도 주관하며 너희들이 살아

가는 그 모두를 나의 주관하에 이루는
것이며, 그 창조주인 내가 나의 아들
을 세상에 보내어 그를 관리하며,
50 내가 너희들을 가장 아름답게 만들고
지능을 높이 만들었으며 모든 동식물
중에 구원을 받아 나의 낙원에서 영원
히 살 수 있는 그와 같은 영광과 은혜
를 주어 내가 특별히 선택하여 만든
자들이니,
51 너희들이 지금 과연 어떠한 길을 가야
될 것인가를 깨달아야 할 것이니라.
52 감히 이 세상의 모두를 창조한 나 여
호와의 아들이요, 그 관리자 앞에 와
서, 너희들이 하나의 겨자씨를 심었으
며 과일나무를 심었다 하여, 또 풀 한
포기를 심었다 하여 그것이 너희들의
가장 위대한 영광이요, 그 이상의 축
복이 없으며 그보다 더 위대한 역사가
없는 것처럼 그리 착각하여,
53 그 모두를 지배하는 나의 아들 앞에
와서 그를 밀어붙이며 쓰러뜨리려 하
지 말라.
54 너희들이 아무리 공격하고 그를 쓰러
뜨리려 하여도 이 세상의 모두를 관리
하는 자는 나의 아들이며, 그들을 바
로잡아 하늘에 오르는 역사를 이루는
자 또한 나의 아들이니,
55 나의 아들의 마음에 파장을 이루는 그
와 같은 행위를 하지 말라.
56 이 세상 수천 수억 가지 동식물이요,
모두를 창조한 나 여호와 앞에 너희들
이 내가 뿌린 그 씨앗을 하나 가꿔 놓
고 그것으로써 세상을 다 아는 것처럼
말하지 말며,
57 한구석에 있는 조약돌 하나를 주워 비
추어 보면서, 이 세상을 다 만든 나 창
조주보다 그 역사가 더 위대하고 방대
하다는 착각을 하지 말라.
58 이것을 오늘 너희들이 깨우치지 못하
면 너희들은 영원히 구원의 길을 볼
수도 없으며 구원의 나라에 올 수도
없음을 알라.
59 이는 내가 너희들을 사랑함이며, 나의
아들이 세상에 나가 너희들을 깨우치
고자 하는 그의 뜻과 이치를 알려 주
고자 함이니 그리 알라.

2,442 번째 하나님 말씀

2002년 6월 7일 08시 45분

1 사랑하는 나의 아들아!
2 "네, 아버님! 말씀하옵소서."
3 예수가 세상에 태어났을 때 동방 박사
세 사람이 와 그에게 경배하며, 목동
이 또한 나의 아들이 태어남을 경축하
며, 그 구세주인 왕이 세상에 온 것을
알고 그들은 경축하였음이니,
4 지금 내가 나의 아들이라 명하여 내가
너를 아들이라 부름이니, 미리 네가
올 것을 알고 있었던 너의 제자들이
다 무엇이던가?
5 그들이 바로 예언자며 그들이 목숨을
바쳐 이 세상의 만백성에게 축하의 메
시지요, 축하의 종을 울려야 할 자들
이니라.
6 그들이 이미 나의 성령이요, 나의 뜻
이 하늘에서 내려왔음이요, 이 세상
마지막 구세주인 나의 아들 네가 올
것을 알고 있어, 너에게 와 내가 내린
성령의 그 법전으로 공부하며 너를 선

지자라 하여 따랐음이니라.
7 그들이 선지자라 하여 너를 따르며,
그리하여 네가 60이 다 되는 인생을
살아오는 과정에서 그들은 너를 인간
으로서 보았으며,
8 또한 그들은 나의 법전을 읽고 네가
전하는 나의 성령의 나의 뜻을 듣고
너를 선지자라 믿고 따랐음이니라.
9 그리하여 네가 바로 설 수 있도록 네
가 나의 아들임을 모두에게 전하였으
며 그걸 가장 먼저 들은 자들이 그들
이니,
10 내가 그들에게 나의 아들이 너희들을
구하고자 세상에 왔다는 그 뜻을 전했
을 때 그들의 가슴은 터질 듯한 기쁜
광란의 황홀함과 축복이 저희들에게
있어야 될 것이며 은혜가 있어야 했을
것이니라.
11 그리하여 그들은 나의 법전을 들고 거
리로 뛰어나가 '우리를 구하는 여호와
하나님의 아들이 이 세상에 왔다.' 하
며 그리 광란자 못지않게 전하고 나의
법전이요, 나의 성령을 전하는 데 모
두를 다 바쳤어야 하거늘,
12 그들은 너를 음해하였음이요, 너를 시
기하였으며, 너의 마음에 파장을 이루
는 그와 같은 흉악무도한 행위를 하였
음이니, 이것이 과연 미리 선택된 예
언자들이 할 수 있는 행동인가?
13 나의 아들을 선지자라 부르며 나의 종
이라 불렀고, 너희들이 그만큼 깨우침
이 높아지며 나의 아들 또한 육의 세
상을 벗어나 바로 살아갈 수 있는 그
깨달음을 얻었기에 이제는 나의 아들
임을 내가 부끄럽지 않게 너희들에게
전하였거늘,
14 그 광란의 세계보다도 더 무서우리만
큼 나의 법전을 들고, '이는 우리를 마
지막 시대에 구원하는 여호와 하나님
의 아들이요, 정녕 하나님으로부터 선
택된 선지자라.' 하며 나팔 불어 전하
기도 바쁘거늘,
15 어찌하여 너희들은 나의 아들을 쓰러
뜨리려는 사악한 사탄들의 앞잡이가
되어 그 칼과 창을 나의 아들의 가슴
에 꽂는 그러한 행위를 했는가?
16 내가 나의 아들을 선지자라 미리 명했
을 때 너희들이 그를 따랐으며, 나의
종이라 했을 때 그를 따랐으며, 나의
법전을 보고 나의 성령을 보고 오늘까
지 나의 선지자가 일어설 수 있도록
그래도 너희들이 버팀목이 되었음이
니, 그를 내가 가상히 여겨 단 한 번의
기회를 너희들에게 내림이니,
17 너희들이 진정으로 용서를 빌며 마음
속 깊이 깨우쳐 내가 지금 너희들에게
전하는 이 뜻을 알아야 될 것이니라.
18 너희들은 조그마한 무슨 경기나 내기
요, 시합이라는 것을 해서 이겼을 때
그 기쁨은 형용할 수 없고 그를 즐기
나,
19 미리 선택되어 예언자로서 만백성을
구하는 나의 아들이 옴을 부르짖는 그
와 같은 대명을 띠고 있는 너희들이,
정녕 나의 아들을 세상에 내보내 너희
들에게 보냈거늘, 그 은혜와 은총과
영광을 전하는 것을 모르며 예언자로
서 할 일을 모르고 있으니, 이 이치를
깨우쳐 행하도록 하라.

2,443 번째 하나님 말씀

2002년 6월 7일 18시

1 사랑하는 나의 아들아!
2 "네, 아버님! 말씀하옵소서."
3 오늘 너의 제자들에게 이와 같은 이치
를 깨우쳐 가르쳐야 될 것이니라.
4 너희들을 내가 세상에 내려보낼 때 사
악한 자, 또는 천사와 같은 자, 그리고
아름답고 나의 뜻에 따라 순종하는
자, 그들에게 산소요, 공기라는 것을
마시고 살도록 하였음이니, 그들에게
내가 차별화를 두었으며 그들에게 구
분을 두었던가?
5 그리고 너희들이 육의 이 세상에서 살
아가는 그 능력의 한계에 따라 너희들
이 얻고 못 얻는 것을 내가 차별화해
서 너희들에게 내렸던가?
6 60이라는 그 안의 육의 세계에서 너
희들은 똑같은 대우를 받았음이니, 너
희들이 잠시도 마시지 아니하면 살 수
없는 물이라 하는 것을 내가 사악한
자와 사악하지 아니한 자를 구분하여
마시도록 규제를 해 놓았던가?
7 그 또한 내가 그를 다 풀어 놓아 사악
한 자, 천사와 같은 자, 아름다운 자,
똑같이 자기 노력에 의하여 취하고 살
수 있도록 그리 만들어 놓았음이니,
이는 바로 무엇이더냐?
8 나의 백성이요, 나의 아들이요, 딸이
요, 소중하기 때문이니라.
9 너희가 어떠한 길을 가든, 어떠한 믿
음의 길을 가든 내가 너희들에게 공기
요, 또는 물이요, 자연의 모두를 취하
며 동식물을 먹고 살 수 있는 권리를
구분하여 주지 않고 다 그리 풀어 놓
았음이니, 그것이 바로 무엇이던가?
10 너희들은 항상 나로부터 육신을 받아
나가는 한 형제요, 또 너희들이 믿는
종파에 너희 생각이 다른 것은 잠깐
너희들이 걸치지 아니하여야 할 옷을
걸친 그와 같은 형국이라 내가 말하였
음이니,
11 검정 옷을 입은 자 검정 무리 속에 가
며, 파란 옷을 입은 자 파란 무리 속에
잠깐 거쳐 가고 있음이니, 이는 다 항
상 나의 품에 돌아올 수 있는 것이라
내가 일깨워 주었음이니라.
12 그러한 너희들이 한 형제요, 나의 성
령을 받아 기록하며 나의 법전을 세상
에 내 만백성을 구하는 나의 선지자를
내가 세상에 내보내어 이가 나의 아들
이라 너희들에게 명하였으니,
13 너희들은 그 소리를 듣는 한 그보다
기쁨과 영광이 없으니, 너희 생명 모
두를 다 바쳐 나의 법전을 세상에 전
하며 나의 아들이 세상에 와 있음을
온 세상에 전하는 것이 너희들의 책무
며 너희들의 기쁨이요, 그것이 나에게
보답하는 길이라 하였음이니라.
14 그러나 너희들은 지금 어떠한 형국으
로 가고 있는가?
15 그래야 할 너희들이 그 본분의 기쁨을
잊어버리며, 나의 아들의 마음에 파장
을 이루어 그에게 공격의 화살을 던지
는 형태가 지금 이루어지고 있음을 알
아야 할 것이니라.
16 내가 너희들을 사랑함은 다 같음이니
라.
17 그리고 너희들이 또한 다 소중함이니

라.
18 그리하여 너희들은 항상 나의 품에 돌
아올 수 있는 그와 같은 특권이 있다
하였으며, 너희들만이 가지고 있는 영
광의 그 기회가 있다 하였음이니라.
19 그러나 너희들은 지금 어떠한 형국으
로써 가고 있는가?
20 너희 스스로 자신이 서 있는 위치를
분별하지 못하며, 자기가 지금 어떠한
길, 어떠한 생각으로써 선택해 가고
있는가 그 자체도 모르고 방황하고 있
음이니,
21 내가 너희들에게 한 번의 기회를 준다
말하였거늘, 너희들이 아직도 이를 깨
닫지 못한다면 너희들은 영원히 구원
의 길을 갈 수 없음을 알아야 할 것이
니라.
22 지금 내가 나의 아들을 세상에 내보내
너희들을 구원하고자 하는 이 역사는
하루아침에 이루어지는 역사도 아니
요, 2천 년이라는 역사가 흐른 뒤에
지금 나의 아들을 내가 명하여 너희들
에게 광명 천지의 구원을 받는 그 길
을, 천 년에 걸쳐 너희 후손들이 부귀
와 영화와 지상의 낙원에서 살아갈 수
있는 그 역사를 이루는 곳에 너희들이
길을 막음이니,
23 너희들이 막는다 하여 그 길이 막힐
것도 아니며 그 또한 가는 것도 중단
함이 아니니, 너희들은 걱정하지 말며
왈가왈부할 것이 없음이니라.
24 내가 너희들에게 하나를 일깨워 주었
느니라.
25 오로지 선지자가 바로 서야 하며, 선
지자가 바로 깨우치는 것이 무엇보다
도 너희에게 가장 소중한 대명이요,
너희들이 지켜야 할 길이라 하였거늘,
어찌하여 그 근본을 모르면서 너희들
이 지금 갑론을박을 하고 있는가?
26 이와 같은 잘못된 그 죄를 너희들이
다 감내할 수 있는가 없는가는 너희들
이 죽어 내 앞에 와서 알 것이니 그리
알라.
27 사랑하는 나의 아들아!
28 "네, 아버님! 말씀하옵소서."
29 지금 너희들을 선별함이니라.
30 내가 만들어 놓은 그 성전의 문을 닫
을 것이며, 그 성전에 누구도 발을 들
여놓지 못하도록 그리할 것이며,
31 그리하여 네가 다시 만드는 그 성전에
가 나의 성령을 전하는 사업을 거기서
부터 이루어야 할 것이니라.
32 내가 다시 너에게 명하여 이 성전을
이루려 할 때는 주인을 바꾸어 명할
것이니,
33 그들은 진리를 알며 나의 성령을 듣는
것을 진실로 생명보다 소중히 알며 너
에게 거역하지 아니하며 순종하며, 나
여호와의 길을 위하여 그 모두를 바칠
수 있는 사람들로서,
34 또 나의 160권이 세상에 나가는 그 역
사를 위하여 모두를 바칠 수 있는 그
와 같은 백성으로서 내가 그득히 그곳
을 채울 것이니, 너는 두려워하지 말
며 그 문을 닫으라.
35 지금 너희들이 말하나 160권이라는
나의 성령이 세상에 나가는 역사는 앞
으로 있을 수 없으며, 몇천 년의 역사
가 흐른 뒤에 몇만 년의 역사가 흐른
뒤에도 이와 같은 역사는 이루어질 수

없음이니라.
36 그리하여 이것이 내가 마지막이라 너
희들에게 말하였느니라.
37 이미 나의 법전 2부가 세상에 나오며
곧 3부가 태동하기 시작함이니, 이 역
사 앞에 너희들이 무엇으로써 거부하
며 이게 나의 성령이 아니며 나의 아
들이 아니라 말할 수 있는가?
38 그들에게 물으라.
39 그들이 존경하는 신이요, 그들의 우상
의 신이요, 그들에게 물어보라.
40 과연 그들이 나의 성령을 받아 너희들
을 대대손손 깨우칠 수 있는 나의 법
전이라 하여 세상에 이 성령의 법전을
내릴 수 있는가?
41 이는 아무도 이룰 수 없음이니라.
42 오로지 나의 혈통이요, 나의 아들들만
이 할 수가 있음이니라.
43 나의 아들 예수가 2천 년 전에 너희들
을 구원하기 위해 그 길을 가려 했으
나 그때 사악한 자들이 그를 매달아
죽게 하여, 내가 다시 인간 세속의 2
천 년 만에 나의 아들을 선택하여 나
의 이 뜻을 전하거늘,
44 그 사악한 자들이 이 세상에 나의 법
전이 나오기도 전에 그를 막으려 하며
너를 쓰러뜨리려 하며 너를 저주하려
함이니,
45 이 무서운 그들의 행위에 너희들이 마
음에 동요가 있어서는 아니 될 것이니
라.
46 오로지 모두는 나의 주관하에 다 이루
어진다는 것을 잊지 말라.

2,444 번째 하나님 말씀

2002년 6월 7일 18시 04분

1 사랑하는 나의 아들아!
2 내가 아담과 이브라는 최초의 인간들
을 만들었으니, 지금 모든 종교 지도
자요, 수천 년의 역사가 흘러오는 이
세상 속에서 너희들이 알기는 남성의
갈비뼈로써 여성을 만들었다 하였음
이니, 그는 누구의 보호를 받으며 살
게 되었는가?
3 남성의 보호를 받고 살아가며 그 사랑
속에 희망을 가지고 살아가도록 너희
들을 내가 그리 만들었음이니라.
4 그러나 너희들은 말하기를, 이브가 사
악한 자의 꼬임에 넘어가 아담에게 선
악과를 따먹게 하여 세상에 눈을 멀게
하였으며 지금과 같이 사악한 형국에
이르렀다 하였음이니, 이는 너희들이
잘못 가르치고 잘못 알고 있음이니라.
5 사랑으로써 베풀어야 될 아담이 이브
를 버렸으며, 이브를 사랑하지 아니하
였으며, 이브의 마음에 그가 동조하지
아니하며 그를 보듬어 그 마음을 다스
리는 그와 같은 남자의 역할을 다하지
못함으로써 이브의 마음을 상하게 했
으며, 이브의 감정이 폭발하여 아담에
게 그와 같은 길을 가도록 그 모두를
만들었으니,
6 그 원인의 제공은 아담이 했음을 알아
야 될 것이니라.
7 내가 그리하여 여인들에게는 모성애
가 있고 아름다운 마음이 있기에 남성
들이 여성을 다루기를 희망을 주고 꿈
을 주며 진실 속에 살아가는 가정을

이룰 때 모든 평화가 이루어진다 하였
음이니,
8 지금 바로 여자의 마음이 어떠한 것인
가를 깨달아야 될 것이니라.
9 너희들은 지금 여성의 마음이 곱고 아
름답다 생각할 수 없음이니, 여성의
마음이 돌변할 때는 남성으로서 그 마
음을 다스릴 수 없는 그와 같은 불행
한 형국이 이루어지느니라.
10 남성은 여성을 끌어안고 같이 죽을 수
없으나, 남성이 여성을 배신했을 때
같이 목숨을 끊어 모두를 정리할 수
있는 그 무서운 마음의 준비가 되어
있는 것이 여성임을 알라.
11 그리하여 내가 여인들을 아름답게 다
루고 사랑하라 하였으며, 여인의 아름
다운 그 마음을 바라보는 남성이 되어
야 된다 하였으며, 그와 같이 사랑하
는 자만이 가정을 사랑하며 이웃을 사
랑하며 나에게 오르는 길을 볼 수 있
다 하였음이니라.
12 오늘 내가 너에게 다시 하나 가르쳐
너의 제자들에게 이르니, 아담과 이브
가 평화로운 속에서 서로 마음에 의견
의 충돌이 없었다면 그와 같은 형국이
이루어지지 아니하였음이니라.
13 아담이 이브를 아름다운 마음으로 보
살피며 그에게 희망을 주고 기쁨을 주
었을 때 그와 같은 역사는 이루어지지
아니하였을 것이니라.
14 아담의 실수로 하여금 이브가 그와 같
이 하여 동반의 죽음의 길을 선택하였
으니, 그 원인은 남성이니라.
15 지금 세상을 지배하는 남성 너희들이
잘못 지배하였으며 잘못 가기에, 그
모성애가 있고 아름다운 마음의 여성
들이 지금과 같이 험난하고 사악한 시
대가 되었음이니, 이는 바로 무엇이던
가?
16 너희들의 가정이 파괴되었으며, 부부
의 신뢰가 깨졌으며, 그리하여 이웃의
신뢰가 깨졌으며, 그 사회의 신뢰가
깨졌음이니라.
17 그리하여 내가 이를 바로잡기 위하여
너에게 깨우쳐 준 것이 무엇이더냐?
18 여인은 모성애가 있고 아름다운 마음
이 있고 용서하는 마음이 있으며 순종
하는 마음이 있으니, 그 마음을 사랑
하고 그 마음을 볼 수 있도록 남성, 너
희들이 먼저 변화되어야만 이 세상이
바로 설 수 있다는 것을 내가 나의 법
전에 기록하였거늘,
19 너희들은 아담과 이브의 이와 같은 것
을 그저 흘러오는 이야기로만 듣고,
인간 세상에 벌어지고 있는 그 역사를
견주어 보지 못하고 이 시대만을 바라
보았음이니라.
20 이제 내가 너희들에게 내린 이 뜻을
연구하고 또 깨우쳐 보면 모든 답이
이 속에 있을 것이니,
21 모든 남성들이 바로 원인을 제공하여
그와 같은 사악한 시대를 만들었기에
내가 지금 유한 여성들로부터 이 세상
을 다스리고 지배하는 역사를 이루고
자 함이 여기 있음이니라.
22 이와 같은 나의 이치를 깊이 깨달아
너희들의 현명한 깨달음을 얻어야 될
것이니라.

2,445 번째 하나님 말씀

2002년 6월 7일 18시 42분

1 사랑하는 나의 아들아!
2 "네, 아버님! 말씀하옵소서."
3 너 자신이 스스로 한 점의 부끄럼이
없이 살아가고자 결심을 하며 네 마음
속에 굳은 결의를 세우고 하루하루 살
아가는 네 삶이 어떠하던가?
4 "네, 아버님!
5 세상에 두려운 것이 없으며, 세상에
무서운 것이 없으며, 세상에 불안한
것이 없으며, 인생의 행복이라는, 육
의 행복이라는 것이 무엇인가를 이제
야 알 것 같사옵나이다.
6 바로 산다는 것이, 그리고 또 살아갈
수 있다는 것이 얼마나 기쁨이며 행복
인가를 깨달았사옵나이다.
7 이 모두는 아버님께서 저를 버리지 아
니하시고, 저를 선지자라, 종이라 하
여 던져 놓으시며 이제 아들이라 칭해
주시니,
8 또한 그 어렵고 힘든 육의 세상 속에
서 저와 더불어 같이 울고 웃으며 온
그 제자분들의 노력과 공이 제 가슴의
깨달음보다 더 높다 생각하오며 그리
깨닫고 있사옵나이다."
9 아들아!
10 "네, 아버님! 말씀하옵소서."
11 사람이 밀림의 늪에 빠지면, 발목이
빠질 때 그는 당당할 것이니라.
12 '내가 너를 구해 줄 것이니 네 옆에 차
고 있는 그 양식을 같이 나눠 먹을 수
있겠느냐?' 할 때 그는 싫다고 고개를
흔들 것이니라.
13 그리하여 옆에 있는 자의 그 줄을 받
지 아니하고 그 욕심 때문에 제가 스
스로 나오고자 하는 것이 너희 인간의
마음이니라.
14 그러나 늪에 빠진 자는 나올 수가 없
음이니라.
15 점점 그는 빠져 들어감이니, 무릎이
빠져 들어감이요, 허리가 빠져 들어감
이요, 그는 정녕 살아나올 수 없을 때,
제가 가진 것을 다 줄 테니 구원해 달
라 말할 것이니라.
16 그러나 또한 밧줄을 던져 주고자 했던
자는 그의 하는 행위가 괘씸하여 그의
양식이 아니어도 살아갈 수 있는 능력
이 생겼다 할 때는 그와 거래를 하지
아니할 것이니라.
17 발목이 빠졌을 때 반을 달라 했던 그
는 다 줘야만 된다 할 것이며, 그리하
여 그가 다 준다 할 때는 다시 그가 가
지고 있는 양식을 자기에게 먼저 던지
라 할 것이니,
18 그 양식을 받은 다음에 밧줄을 던져
주는 것이 인간인 너희들이 살아가는
심성이요, 심보가 아니던가?
19 지금 사악한 무리에 빠져드는 너의 제
자들이 발목이 빠져 있음이니 그들이
무서운지를 모르고 두려운지를 모르
느니라.
20 저희들의 발목이 빠지며 허리가 빠지
며 가슴이 빠지면 그들은 너에게 밧줄
을 달라 원할 것이니, 그러나 그와 같
이 그들이 도저히 헤어날 수 없게 되
어 너에게 밧줄을 달라 할 때, 그 밧줄
을 던져 주고 안 던져 주는 것은 나 여
호와의 뜻이니,

21 네가 네 손에, 네 눈에 밧줄이 보이지
아니하였을 때 너는 던질 수가 없음이
니라.
22 그리하여 내가 그들에게 마지막 한 번
의 기회를 준다 함은, 네가 가지고 있
는 그 밧줄을 던져 그들을 구원할 수
있는 기회를 주고자 함이니라.
23 지금 그 사악한 무리들이 가고 있는
길이 무엇인 줄 아느냐?
24 넓은 늪에 빠져서 저희들이 서서히 빠
져 들어가는 것을 모르고 있음이니라.
25 그리하여 그 늪 속에 빠져 저희들이
숨도 쉬지 못하고 허우적거리다 죽어
가는, 지옥으로 가는 그와 같은 인생
의 삶이라는 것을 그들이 지금 모르고
있느니라.
26 사랑하는 아들아,
27 그들이 그 늪에서 허리 이상이 빠지며
저희들의 가슴이 묻힐 때, 그들은 모
두를 다 버리며 잘못을 깨달을 것이
며, 하늘의 무서움을 알고 하늘의 두
려움을 알며, 네가 던져 주는 그 밧줄
이 얼마나 소중한 것인가를 알게 될
것이니, 그때까지 너는 조용히 그저
나에게 경배하며 기도를 하도록 그리
하라.
28 그것만이 네가 할 수 있는 길이니라.
29 너의 제자 중에 지금 '이기종'이라 하
는 자가 이곳에 와 있으니 그에게 전
해 주라.
30 그는 들어야 할 것이니라.
31 (제자 이기종 씨에게 내려 주시는 말
씀입니다.)
32 너는 내가 너에게 명했을 때 네 살을
베어 네 몸에서 붉은 피가 흘러 쏟아
지는 그와 같은 형태가 이루어질 수
있도록 네 마음이 그리 굳어져야 될
것이며, 그와 같은 모습으로써 너의
형제들에게 보여 줄 때가 있어야 될
것이니,
33 그것만이 네 몸에서 떨어지는 그 핏방
울을 보며 그들이 정녕 어느 것이 하
늘에 오르는 것이며 진리의 길인가를
알게 됨이니라.
34 네 살점을 도려 내는 그 아픔이 있는
역사가 이루어질 때 네 모든 형제들이
그를 보고 깨우칠 수 있고, 모든 자들
이 정녕 믿음의 길을 가는 것이 무엇
이며, 나에게 향하는 것이 무엇이며,
진실한 믿음의 길이 무엇인가를 보게
될 것이니,
35 너는 내가 그 명을 내릴 때까지 네 마
음을 굳게 갖고 다스려야만 할 것이니
이를 깊이 깨우치라.
36 그리고 지금까지 믿어 왔던 그 믿음이
아니라, 실질적으로 나 여호와가 네
머리에 손을 얹고 모두를 명한다는 것
을 너는 잊어서는 아니 될 것이며,
37 오로지 나의 뜻을 나의 선지자요, 나
의 아들을 통하여 너에게 직접 전함이
니,
38 바로 듣고 직접 듣는 너의 행동과 행
실이 달라져서는 이 세상 그 누구도
나의 아들을 따를 수 없으며 나의 뜻
을 따를 수가 없음이니라.
39 네 마음의 그 성격을 바로잡아야 그
마음 위에 나 여호와가 직접 너에게
명하는 것을 잊지 말라.
40 네가 네 몸에서, 네 팔에서 칼로 그 살
점을 깊이 도려 내 그 피가 떨어지는

것을 보는 자들이 정녕 믿음이 무엇인가를 깨우치게 될 것이니,

41 내가 명할 때 너는 그리 행할 각오를 가져야 될 것이며, 너의 그 곧은 마음, 그 위에 나 여호와가 직접 선지자를 통하여 너에게 명을 내리며, 나의 손길이 네 가슴과 네 머리 위에 항상 같이 있음을 너는 오늘 이 시간부터 잊어서는 아니 될 것이니, 그리 알라.

녹음테이프 162 번 삭제된 부분

2002년녹음테이프 162번 A면 삭제하심

1 하나님께서 녹음테이프 162번 A면을 지우셨습니다.

2 아래 그림은 A면이 지워진 녹음테이프 162번의 소리 파형입니다.

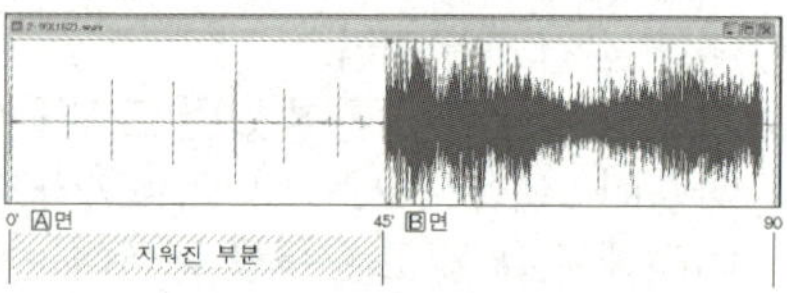

2,446 번째 하나님 말씀

2002년 6월 9일 22시 31분

1 (녹음테이프 162번 B면에 녹음된 말씀부터 기록하였으며, 기도의 앞부분을 기록할 수 없게 되었습니다.)

2 ...나의 성령을 기록한 한 권의 법전을 세상에 내는 것이요, 나의 성령을 담아 내는 것이 아니라, 내가 160권이라는 법전을 세상에 내어 나의 피조물 만백성을 구원한다는 그것만을 너희들이 생각해서는 아니 됨을 알아야 될 것이니라.

3 너의 제자들과 나의 법전을 읽고 깨우친 만백성은 너를 통하여 160권이라는 법전을 세상에 내어 나의 피조물 만백성을 구하는 그와 같은 역사가 이루어지고 있다 이와 같이 생각해서는 아니 될 것이니라.

4 너희들은 한 계단 더 나아가 나의 뜻을 알아야 될 것이니, 이는 곧 무엇이더냐?

5 하늘에서 이루어진 것같이 이 땅에서 이루고자 하는, 그 수천 년의 역사 동안에 이루지 못한 그것을 지금 이루고자 나의 아들을 세상에 내보냈음이니, 그가 이 세상에 존재하는 것은 곧 무엇이더냐?

6 몇천 년에 걸쳐서 하늘의 낙원을 지상에서 똑같이 이루고자 하여 그를 설계하고 그를 세우며 그를 이끌 자가 지금의 제3의 시대에, 너희들이 사는 시대에 와서 같이 존재한다는 그 소중하고 위대한 영광을 너희들이 들여다보고 그 뜻을 깨우쳐야 할 것이니라.

7 160권의 법전을 세상에 만들어 너희들에게 전하여 대대손손 바로 세우고자 하는 것 또한 무엇이던가?

8 하늘에서 이루어진 것같이 이 땅에서 이루고자 함이니,

9 그를 이루고자 하는 안내자요, 그를 실제로 지휘하고 그 기틀을 세상에 세우며 그를 이끌어 갈 수 있는 자, 그를 인도하는 자, 그를 시발하는 자, 그가 바로 나의 아들임이니,

10 그가 누구인가를 너희들이 먼저 깨우쳐야 할 것이니라.

11 그리하면 나의 아들이 160권의 법전
을 세상에 기록하여 만드는 것보다,
그가 이 세상에 와 존재하고 있음이
얼마나 소중하고 위대한 것이며,
12 너희들의 생명과도 바꿀 수 없는 그와
같은 나의 아들이 지금 너희들을 이끌
어 가며 너희들과 더불어 천 년에 걸
친 그 역사의 주춧돌을 놓고 있는, 그
와 같은 것을 시행하는 자임을 알라.
13 160권의 법전대로 살아가며 천 년에
걸쳐 하늘에서 이루어진 것같이 이 땅
에서 이루어질 수 있는 그 주춧돌이
요, 그 시발점을 찍는 것은 나의 아들
이 아니면 그 누구도 할 수 없음이니,
14 그가 이 세상에 존재하는 그 뜻과 그
위대함과 그 소중함이 여기 있음을 너
희들이 모르고 있음이니라.
15 너희들이 아무리 하늘에 오르는 길이
요, 정녕 나의 선택된 길이라 하며, 그
리고 나로부터 무엇인가를 받았으며
무엇인가를 깨달았으며, 너희들의 미
래를 보아 주며 너희들의 운명을 보아
준다 말하는 그들도,
16 그리고 병든 자를 고치고 쓰러져 가는
자를 고친다는 그자들도,
17 그들은 다 정녕 하늘에서 이루어진 것
같이 이 땅에서도 이루어지는 그 역사
의 주춧돌을 놓을 수 없는 자임을 알
아야 할 것이니라.
18 그 주춧돌은 어느 누구도 놓을 수 없
으며 그를 시작할 수가 없거늘, 너의
제자들은 어찌하여 그와 같은 너를 보
지 못하며 내가 너를 아들이라 명하여
세상에 지금 내놓고 있는 그 뜻을 모
르고,
19 사악한 자, 잘못된 빛을 비추는 자, 그
리고 나의 아들이 주춧돌을 놓는 것을
방해하는 자, 그들이 일순간 이루는
사악한 그 역사와 그 기적 속에, 그리
고 잘못 가르치는 종교 지도자들의 그
가르침에 사활을 걸고 있는가?
20 여기서 너희들이 알아야 할 것은, 160
권의 법전으로써 너희들을 구하는 것
보다도, 천 년에 걸쳐 하늘에서 이루
어진 것같이 이 지상에 낙원을 이루는
그 주춧돌을 놓는 것은 누구도 할 수
없으며, 아무도 이룰 수가 없음이니라.
21 이는 나의 아들만이 할 수 있음이니라.
22 바로 그 주춧돌을 놓을 수 있는 나의
아들이 세상에 나가 너희들을 깨우치
며, 그를 같이 터를 닦아 그 주춧돌의
역사를 놓고자 하여 너희들과 더불어
한 시대를 살아가고 있음이니,
23 너희들이 이 소중하고 위대한 역사에
선택된 그 은혜에 감사하며 그 은총에
너희 자신이 눈을 떠야 될 것이니,
24 이 대목을 너의 제자들에게 일깨워 주
어, 그들이 가슴을 열어 그와 같은 그
들의 영광을 잃지 아니하도록 그리하
라, 나의 아들아!
25 모두를 다 덮어 주고 그리 인도하고
안내하는 것이며 그들을 이끌어 주는
것을, 그들이 죽어 내 앞에 왔을 때 너
에게 감사 기도를 드릴 것이거늘,
26 오늘을 보지 말고 내일을 보며, 죽어
너희들이 나에게 와 심판을 받는 그때
알 수 있는 그날을 위하여 오늘의 모
두를 너는 사랑으로 덮고 나가야 할
것임을 잊지 말라.

2,447 번째 하나님 말씀

2002년 6월 9일 23시 06분

1 사랑하는 나의 아들아!
2 "네, 아버님! 말씀하옵소서."
3 너희들 인간 세상에서도 물이 높은 곳
에서 낮은 곳으로 흐름이니라.
4 물은 거역함이 없이 높은 곳에서 낮은
곳으로 흐름이니, 그게 순리요, 진리
라 하였음이니라.
5 그리하여 그와 같이 거역할 수 없는
것이 또한 너희들이 세상사에 살아가
는 한 이치인 것이니라.
6 하물며 흐르는 강물도 순리에 따라 높
은 곳에서 낮은 곳으로 흘러가는 것을
거역할 수 없으며 그를 바꿔 놓을 수
도 없으며 돌려놓을 수도 없음이니,
그 이치는 누구도 변화시킬 수 없는
것이니라.
7 나 창조주가 만든 이 세상의 그 이치
하나도 그와 같이 순리를 거역하고 이
루어질 수 없도록 다 만들어졌음이니,
8 지금 내가 나의 성령을 태워 제3의 시
대를 열어 나의 아들을 통하여 너희들
을 깨우치고자 하늘에 오를 수 있는
그 근본이요, 기본을 전하는 것이 강
물이 높은 곳에서 낮은 곳으로 흘러가
는 그와 같은 순리만도 못하다 생각하
고 있는 것이 지금 너의 제자들이니,
9 이는 너의 제자들이 스스로 생각을 바
꿔야 될 것이며, 나의 법전을 읽고 깨
우친 자들이 나의 법전을 접하며 나의
아들을 접하는 마음 자세가 이 이치부
터 깨우쳐야 할 것이니라.
10 창조주 내가 만든 세상의 그 이치 속
에 강물은 높은 곳에서 낮은 곳으로
흐르는 것을 거역하지는 않거늘,
11 이 세상의 창조주인 나 여호와가 나의
성령을 태워 나의 아들에게 내려보내
는 이 법전을 너희들이 과연 중단시킬
수 있으며, 이가 이 세상에 나오지 못
하게 하는 그와 같은 행위를 이룰 수
있다 생각하는가?
12 그리고 나의 뜻에 따라 움직이는 나의
아들의 살아가는 그 행함을 과연 너희
들이 물줄기를 틀듯이 돌려놓을 수 있
다 생각하는가?
13 이는 창조주인 나의 뜻이요, 나의 명
령을 받는 나의 아들이기에, 너희들이
흐르는 물줄기를 바꿔 놓듯이 내가 내
리는 성령의 그 뜻을 그가 접어 두도
록 그와 같은 어리석은 행위를 그에게
강요하고 바란다면,
14 자연의 순리보다도 더 무서운, 창조주
인 내가 천 년에 걸쳐 이루고자 하는
그 역사의 뜻을 너희들이 거역하고자
함이니, 그게 얼마나 어리석고 우매한
것인가를 너의 제자들이 이제는 깨우
쳐야 할 것이니라.
15 나의 성령을 내려 나의 피조물 만백성
을 구원하고자 하는 그것은 높은 곳에
서 낮은 곳으로 흐르는 물줄기처럼,
그보다도 몇천 배 더 변할 수 없는 그
와 같은 역사 속에서 이루어져 감을
알아야 될 것이니라.
16 바꿀 수 없으며 돌이킬 수 없으며 그
순리를 거역할 수 없는 그와 같은 위
대한 나의 성령의 뜻을 실천하며 받아
들이는 나의 아들에게, 그가 쓰러지고
무엇인가 잘못 가며 나에게 거역하는

그와 같은 나의 자식이 되기를 너희들
이 기대한다는 것은 이루어질 수 없는
꿈임을 알아야 할 것이니라.
17 감히 너희들의 머리로 생각하며 사악
한 자들이 나의 아들을 쓰러뜨리고자
지껄이는 그 소리를 너희들이 듣고 와
서, 그것이 정녕 나 여호와의 뜻이며
하늘의 진리라 하며 나의 아들에게 그
뜻을 따르라 윽박지르고 협박한다 하
여 그를 시행할 나의 아들이 아님을
알아야 할 것이며,
18 그와 같은 것은 있을 수도 없으며 이
루어질 수도 없다는 것을 너의 제자들
이요, 나의 법전을 읽은 백성들이 우
선 깨우쳐야 함을 알려야 할 것이니라.
19 너희들이 그와 같은 이치와 순리를 안
다 하면 나의 선지자요, 나의 아들이
가고자 하는 그 길에 갑론을박을 할
수 없으며,
20 나 여호와가 내려 시행하고자 하는 그
모두의 준비된 테두리에서 너희들이
그 계획을 수정하며 그 계획이 무너지
는 그와 같은 일은 있을 수 없다는 것
을 깊이 깨우쳐 알 날이 있을 것이니
라.
21 그리고 그리할 수 없다는 것을 너희들
이 알게 될 것이니, 그때 가서 너희들
이 그와 같이 어리석고 우매하였으며
아집을 부리고 얼마나 잘못된 행동이
었는가를 깨우칠 날이 있을 것이니,
22 그러나 너희들이 그것을 깨우치고 알
아서 돌이키고자, 다시 가고자, 다시
수정하고자 나의 아들의 뜻을 따르며
내가 이루고자 하는 그 뜻에 따라 살
고자 해도, 이미 너희들은 너희 스스
로 지나온, 너희들의 잘못 살아온 삶
과 아름답게 살아온 삶을 심판받는 그
심판대에 서 있게 됨이니,
23 나 여호와의 심판대에 서 있는 너희들
은 그 심판의 결과가 나오기 전에 거
기서 내려올 수도 없고 피할 수도 없
으며 너희 자신을 속일 수도 없고 숨
길 수도 없는 이 엄연한 사실을 그때
가서 알게 된다는 것을 알아야 할 것
이니라.

2,448 번째 하나님 말씀

2002년 6월 9일 23시 23분

1 사랑하는 나의 아들아!
2 "네, 아버님! 말씀하옵소서."
3 내가 너희들에게 마음을 비우라, 그리
고 하얀 눈처럼 너희 마음을 가지라,
그리 수천수만 번 일렀음이니라.
4 인간관계에 너희들이 살아가는 사람
들 사이에도 조건이 없고 서로 계산이
없으며 순수히 만나는 그 만남이 얼마
나 소중하고 아름다운 것이던가?
5 정녕 서로 물질적으로 사귀었으며 물
질적으로 돈독한 인간관계를 가졌다
면, 어렵고 힘든 상황에 부닥쳤을 때
그들은 등을 돌리며 서로 모른다 회피
함이니라.
6 그러나 거래하는 마음이 아니요, 순수
하고 아름다운 마음으로써 마음과 마
음이 통하여 인간관계를 이루었다 하
면 그는 반드시 어려운 일을 당한 그
사람에게서 등을 돌리지 아니함이니
라.
7 그와 함께 생각하고 제 일처럼 생각하

며 그의 어려움을 자신의 것처럼 생각
하며 진정 그를 위하여 무엇인가를 하
고자 함이니,
8 이는 계산된 것이 아니라 순수하고 아
름다운 마음에서 인간관계가 이루어
졌기 때문이니라.
9 내가 너의 제자들과 나의 법전을 읽은
나의 백성들에게 말하기를 마음을 비
우라, 하얀 백지처럼, 하얀 눈처럼 비
우라 함은 너희들이 정녕 마음을 비우
고 세상을 보면 그 모두가 다 보이는
것이니라.
10 그리고 그 모두는 다 너희들의 눈 안
에 있으며 손안에 있는 것을, 그리하
여 내가 너희들에게 마음을 비우라 함
이니라.
11 그리고 욕심을 버리라 함이니라.
12 너희들이 마음을 버리지 않고 욕심을
버리지 않으며 세상사 살아가는 모든
행동에 있어서 거래하는 마음, 그리고
무엇인가를 추구하는 마음, 그와 같은
마음을 가지고 세상을 내려다본다면,
너희들은 정녕 이 세상의 아름다움을
보지 못하고 살다 나에게 오게 됨이니
라.
13 너희들이 마음을 비우고 세상을 바라
볼 때, 그 세상이 얼마나 아름답고 위
대하며 나 여호와가 이루어 놓은 이
지상의 낙원의 기초가 얼마나 위대한
가를 알게 되거늘,
14 마음을 비우지 아니하고 세상을 보기
때문에 이 지상의 낙원이요, 이 아름
다운 것을 보지 못함이니라.
15 그리하여 내가 너희들에게 마음을 비
우라 함이니,
16 바로 너희들이 욕심이라는 것을 버리
고 마음을 비웠을 때 너희 자신은 물
론이요, 이 세상 모두의 그 형체요, 그
모습을 볼 수 있음이니,
17 그들이 가지고 있고 이루어지는 것이
얼마나 아름답고 소중한 것인가를 알
게 됨이니라.
18 너희들이 욕심이라는 그 마음을 가지
고 세상을 보면 볼 수가 없음이니라.
19 혼탁한 마음을 가지고 세상을 본다 하
면 진정 그 세상의 아름다움과 자연의
위대함을 볼 수가 없는 것이니라.
20 너희들이 마음을 비웠을 때만이 그 자
연의 실상이요, 그들이 가지고 있는
형태요, 그들의 모습과 그들이 나누고
있는 그 대화요, 그들이 살아가는 그
모두를 듣고 볼 수 있음이니,
21 정녕 이리 되었을 때 너희들은 나 여
호와가 세상을 만들어 놓은 그 위대함
을 알 것이며, 전지전능한 너희들의
창조주인 아버지라 너희들이 부르게
될 것이니라.
22 그러나 너희들이 욕심이라는 마음을
가지고 세상을 볼 때는 바로 무엇이더
냐?
23 겉모양만을 보고 속모양은 보지 못하
고 살아감이니,
24 인간관계의 형성에서도 그 사람의 외
형이나 겉모습으로써 너희들은 평가
하는 것이며, 그가 가지고 살아가는
내면의 그 아름답고 고운, 누구도 이
룰 수 없는 그와 같은 경지의 그 세상
에서 살아가는 그 모습을 볼 수 없음
이니,
25 이는 오로지 너희들이 혼탁한 마음의

그 잣대로써 세상을 재는 것 외에는
할 수가 없기 때문이니라.
26 이제 너의 제자들과 나의 법전을 읽고
깨우친 만백성 너희들은 알아야 할 것
이니라.
27 너희들 스스로 속을 들여다보는 그와
같은 삶을 살아야 할 것이니라.
28 그리고 그 모두를 다 버리고 볼 때 너
희들의 눈이 떠지게 됨이니, 그리하여
너희 스스로 눈을 뜬 그 모습으로써
세상을 보고 그 세상이 얼마나 아름답
고 위대한 것인가를 봐야 할 것이니,
29 너희 스스로 다 버리라 함이 여기 있
음이니라.
30 세상사의 모두를 다 버리며 깨끗하고
하얀 마음으로 볼 때, 정녕 인간사요,
자연이요, 내가 만든 이 우주의 오묘
함과 위대함을 깨우칠 것이니,
31 그리하여 너희가 전지전능한 아버지
라는 창조주 내가 하늘에 있음을 알
것이니라.
32 이와 같은 이치를 너의 제자들 가슴에
깊이 심어 주어 그들에게 깨우침의 문
을 열어 주라.

2,449 번째 하나님 말씀

2002년 6월 10일 08시 36분

1 사랑하는 나의 아들아!
2 "네, 아버님! 말씀하옵소서."
3 세상사 나의 피조물 만백성 그 누구도
마음속에서 일어나는 사악한 마음을
억제할 수 없으며, 그에 현혹되어 살
아가느니라.
4 나에게 선택된 백성과 선택된 백성이
아님의 그 차이는, 나오는 풀잎처럼
사악한 마음이 제 마음속에서 일어나
는 것을 그때그때마다 누르고 자르는
자는 나의 백성이 될 것이며,
5 그 사악한 마음이 나무뿌리가 오르듯
이 나오는 그것을 자르지 못한다 하면
그는 사악한 자가 되는 것이니,
6 그리하여 내가 너희들의 마음에 사탄
과 천사는 쌀 한 톨의 높이만큼도 못
된다 말하였음이니라.
7 내가 너를 선지자요, 종이라 부르다가
이제 아들이라 부름이니, 그 아들이라
부름은 네 외형의 살아가는 모습보다
내면의 마음을 다져 가며 네 내실의
마음이 나를 향하여 한 점의 부끄러움
이 없이 살아가고자 하는 그 굳고도
강한 마음 때문이니,
8 이 세상 모든 나의 피조물 만백성이
요, 또한 너의 제자들은 그를 볼 수가
없음이니라.
9 이는 나 여호와가 너의 막을 쳐 놓았
음이니, 그들이 너를 볼 때 너의 나쁜
점이요, 너의 외형적으로 살아가는 흐
트러진 모습은 볼 수 있으나,
10 네 굳은 마음이요, 사악한 생각이 네
마음속에 있을 때마다 그를 잘라 내는
그 용기 있는, 그리고 나의 뜻에 살아
가는 너의 모습은 보지 못함이니라.
11 그들이 보지 못하기에 그들 스스로 너
의 제자가 될 자와 되지 아니할 자가
구분됨이니,
12 내가 너를 아들이라 불렀으며, 천사와
사탄 앞에서도 내가 너를 아들이라 부
르기에 부끄럽지 아니하여 나 여호와
창조주의 마음이 기쁘기 한량없다 하

였음이니,
13 그 뜻조차도 모르는 것이 지금 너의
제자들이니라.
14 그들은 네가 마음속으로 굳건히 다져
가며, 한 점의 부끄럼이 없이 살아갈
수 있으며 살아가고자 하는 네 깊은
마음을 모르며,
15 그리고 네 마음의 결의와 네가 사악한
생각이 날 때마다 그 싹을 무섭게 잘
라 내고 짓이기는 그와 같은 넓고도
위대한 너의 마음을 모름이니라.
16 너의 제자들은 그리할 수 없으며 만백
성은 그리할 수 없느니라.
17 너희들 마음속에는 항상 질경이라는
풀보다도 더 강하고 잡초보다도 더 강
한 사악한 마음이 수시로 일어나니,
18 그때마다 그를 자르고 짓뭉개는 그것
이 나의 백성이요, 나에게 오를 수 있
는 것이나, 그들은 그리하지 못하느니
라.
19 그리하여 그들은 그곳에 타협이 있으
며 '설마'가 있으며 생각함이 있으며
견줘 봄이 있음이니라.
20 그러나 그러한 계산이 없이 가차없이
잘라 내는 너와 그들과의 차별화를 모
르니, 그들의 마음의 잣대로 너를 재
고 있기 때문이니라.
21 네가 누구이던가?
22 나의 아들이라 칭하였느니라.
23 네가 스스로 아들로서 그 자리를 지키
며 아들로서 한 점의 부끄러움이 없이
가고자 하는 그 강한 마음을 그들은
알 수가 없음이니라.
24 이제 너의 제자들과 나의 법전을 읽고
깨우치는 만백성은 오늘의 이 기도를
읽고 깨우쳐야 할 것이니라.
25 인간이기에 너희들이 사악한 마음이
수시로 일어나며, 시도 때도 없이 그
사악한 마음이 너희 마음속에서 풀잎
처럼 잡초처럼 나오니,
26 그를 너희들이 누르고 자를 수 없기에
나의 계명을 지킬 수 없다 말하며, 죄
를 짓지 아니하고 살 수 없다 말하며,
사악한 마음을 버리고 살 수 없다 그
리 말하며, 거짓을 하지 아니하고 살
수 없다 그리 말하느니라.
27 이제는 너와 같이 그 칼날을 갈아 그
칼을 가슴에 안고 있다면 그 잡초는
일시에 고개를 들 수가 없음이니라.
28 그 잡초가 서서히 성장하는 것을 막지
못하면 그게 바로 무엇인지 알겠느냐?
29 사탄이요, 악마요, 사악한 자니, 바로
한 톨의 쌀의 높이만큼도 안 되는 그
자리에서 사악한 쪽으로 가게 됨이니
라.
30 이제 너의 제자들에게 일러야 될 것이
니라.
31 마음속의 그 잡초를 자를 수 있는 칼
을 갈아 어떠한 생각도, 타협도, '설마'
도, 그리고 이해관계도, 따지는 것도
없이, 선하고 아름다운 싹이 아닌 것
은 무조건 자를 수 있는 그 무서운 칼
날을 갈고 있어야 할 것이니,
32 이를 못한다 하면 영원히 구원을 받을
수 있는 백성이 될 수 없음이니라.
33 그리하여 아들아, 내가 사탄이요, 그
모두를 다 사랑하라 함이었으며, 네가
손을 놓지 아니하는 자는 사탄이 아니
라 하였음이니라.
34 이는 즉 무엇이던가?

35 이 세상의 창조주인 나 여호와가 너에
게 모든 권한을 주었으며, 너에게 위
임을 하였으며, 세상사 만백성을 구원
의 길로 인도하는 것은 네가 행위로써
보여 주며, 믿음으로써 보여 주며, 나
의 성령을 전함으로써 보여 주며 그리
하여 네가 가도록 되어 있기 때문이거
늘, 그들이 그것을 보지 못하고 있음
이니라.
36 나의 아들아!
37 "네, 아버님! 말씀하옵소서."
38 내가 너에게 일러 3부의 나의 법전이
세상에 나오도록 그리하라 함은,
39 지금은 네 마음속에 사악한 마음이요,
잡초와 같은 마음이 일어나 그를 자르
고 짓뭉개는 그와 같은 싸움을 네가
하고 감이니,
40 3부가 세상에 나오면 네 마음이 하얀
마음이 되어 있음이니, 거기에 잡초
요, 사악한 생각이 일어날 수 없음이
니라.
41 그리하여 그때 모두는 네가 갈 수 있
다 말하였으니,
42 그리하여 3부를 빨리 세상에 내도록
하라 하였음이니라.
43 그것은 무엇이더냐?
44 나의 성령을 네가 가슴에 많이 받음이
니, 네가 그리 변화되기 때문이니라.
45 이제는 너의 제자들에게 모든 사악한
마음이 나오는 것을 자르는 칼을 갈라
그리 말하며, 세속의 인간사에 왈가왈
부하지 말라 이르라.
46 너는 내가 지키는 나의 아들이며, 너
는 절대로 사악한 길로 가지 아니할
것이며, 사악한 싹이 네 가슴속에 나
지 못한다는 것을 그들이 모르니,
47 먼저 그들이 그것부터 깨우쳐 그들 스
스로 너를 볼 수 있도록 그리 행하도
록 하라.

2,450 번째 하나님 말씀

2002년 6월 10일 08시 45분

1 사랑하는 아들아!
2 "네, 아버님! 말씀하옵소서."
3 네가 많은 사람들 앞에서 생활하고 행
동하는 그 모습을 그들이 볼 수 있으
나,
4 아무도 없으며 아무도 보지 않는 캄캄
한 밤에 네가 나에게 기도하는 그 마
음과 남들이 보지 않는 속에서 네가
바르고 곧게 살아가고자 하며 그리 행
동하는 것을 그들은 모름이니라.
5 나의 피조물 만백성은 남이 보는 앞에
서는 아름다운 언어요, 아름다운 행동
을 하며 남이 보아 격찬을 받을 수 있
는 행동을 하나,
6 남이 보지 않는 그 이면의 생활은 혼
탁하기가 말할 수 없는 그와 같은 삶
을 사는 것이 육의 세상에 사는 인간
들이 가지고 있는 형태며 살아가는 모
습이니라.
7 그러나 너는 남들이 보지 않는 그 속
에서 나에게 드리는 기도를 더 진지하
고 더 애절하게 드리며, 네가 만백성
을 구하는 데 한 점의 부끄러움이 없
이 살아가고자 하는 그 애절한 기도의
뜻을 그들은 모르느니,
8 너는 밝은 곳에서 행동하는 것보다도
어두운 곳에서 행동함이 더 바르고 곧

음이니, 그걸 그들이 모름이니라.
9 다만, 그들은 밝은 곳에서의 네 행동
만을 보며, 어두운 곳에서 네가 하는
그 행동은 보지 못함이니, 이것이 너
와 그들과의 차별화임이니라.
10 나의 아들아!
11 "네, 아버님! 말씀하옵소서."
12 '곡식이 자라는 그곳에 잡초가 날 때
그 잡초를 건드리지 말라.' 하는 성서
의 깨달음이 있을 것이니라.
13 그는 무엇을 말하던가?
14 너희들은 그 알곡식이 버려질까 봐서
그 잡초를 건들지 말라 하며 그 소중
한 알곡식이 버려짐을 우려하여 잡초
를 건드리지 말라 함이니, 이것은 그
와 같이 가르치는 것이 아니니라.
15 너희들은 알곡식을 버릴까 봐 잡초를
뽑지 아니하나,
16 알곡식이 익어서 추수할 때까지 그 잡
초의 열매가 영글어서는 아니 됨이니,
영글지 아니하게 몸통은 놔두되 그 열
매는 제거하여 자르라는 뜻이 여기에
있거늘, 너희들은 그 나의 가르침을
모르느니라.
17 알곡식을 거둬들이기 위하여 잡초를
건드리지 말라 함은 아니니라.
18 그 잡초의 뿌리는 건들지 말되 그 악
의 씨의 열매는 영글기 전에 그 목을
잘라 내어야 하는 것이니라.
19 알곡식이 다칠까 봐 그 잡초의 열매
가, 사악한 열매가 열 때까지 그를 놔
둔다면 그다음에 그는 거둬들일 수 없
음이니라.
20 사악한 자는 사악한 속에서 썩은 중에
서 썩어지며, 추악한 속에서 살아나는
그 사악한 것은 막을 수가 없음이니라.
21 알곡식은 선한 곳에서, 아름답고 깨끗
한 곳에서만 성장하고 자라기에 그는
그 사악한 씨를 당할 수가 없음이니라.
22 너는 너의 제자들에게 일러야 할 것이
니라.
23 알곡식을 다치지 않게 하기 위하여,
알곡식이 다치는 것을 예방하기 위하
여 그 잡초를 뽑지 말라 함은 맞느니
라.
24 잡초는 뽑지 아니하되, 알곡식의 뿌리
를 제거하고 알곡식이 뿌리를 내리지
못하도록 하는 그 사악한 열매가 영글
지 못하고 성장하지 못하도록 그 잡초
의 열매를 잘라 내라 함이니라.
25 그와 같은 이치를 너희들은 알아야 할
것이니라.
26 너희들에게 내가 말하여 이르기를, 알
곡식의 몸체가 다칠까 봐 그 잡초의
몸체를 뽑지 말라 함은, 그 풀도 알곡
식의 줄기도 다 내가 만들어 세상에
내려보낸 너희들의 그 육신을 의미함
이니라.
27 똑같은 나의 아들딸이요, 형체를 가진
것은 나의 아들딸이니, 그 알곡식은
무엇이며 잡초의 열매는 무엇이더냐?
28 이는 너희들이 풀은 다 같은 풀이니
내가 만든 다 같은 아들딸이요, 너희
들이 형체를 지니고 있는 것은 똑같으
나, 하나는 알곡식으로서 그 열매를
거두며, 하나는 사악한 잡초의 씨앗으
로서 알곡식을 죽이는 그 열매가 이루
어짐이니, 이는 바로 너희들의 마음에
비유함을 말함이니라.
29 마음을 선하고 착하게 하는 자는 알곡

식을 영글게 하며, 마음을 악하고 잘
못되게 하는 자는 그 잡초의 사악한
열매를 영글게 함이니,
30 너희들은 벼와 버리는 그 잡초를 놓고
생각해서는 아니 됨이니라.
31 이 모두는 너희들이 가지고 있는 육신
이요, 사랑하는 나의 피조물 만백성
너희들을 의미함이니라.
32 너희들이 하나의 마음속에서 악한 길
을 선택하는 것은 잡초의 열매를 얻게
됨이요, 선한 길을 선택하는 것은 알
곡식을 얻게 되어 만백성에게 기쁨을
주는 것이니라.
33 그리하여 이게 바로 무엇이더냐?
34 너희들의 마음속에 일어나는 모든 것,
사악한 것의 그 뿌리를 자르라 함이니
라.
35 그가 나올 수 없도록 그를 자르라 하
는 것이 여기에 있음이니라.
36 몸통을 건들지 말라 함은 다 똑같이
나의 아들딸이기 때문이니라.
37 나의 아들딸인 너희들이 악한 마음을
먹는 것은 사악한 잡초요, 선한 마음
을 먹는 것은 알곡식의 마음이니,
38 그 알곡식은 거둬들이되 잡초의 열매
는 자르라 함은 너희들의 마음속에서
나오는 그 마음을 잘라 버리면 그 또
한 나에게 필요한 알곡식과 같은 몸체
와 형태를 가진 나의 아들과 딸이기
때문이니,
39 이 이치를 나의 피조물 만백성에게 제
대로 깨우쳐 줘, 그들 스스로 저희 마
음속에 솟아나는 그 잡초의 열매가 영
글지 못하도록 미리 뽑아내도록 그리
하여야 될 것임을 알라.
40 내가 사랑하는 아들과 딸의 몸체를 가
진 너희들은 똑같으니, 하나는 알곡식
을 얻어 만민에게 양식이 되며, 하나
는 사악한 마음으로써 잡초의 사악한
자가 됨이니 그를 너희들 마음속에서
잘라 내야 함이니,
41 그가 영글지 못하도록 하라 함은 사악
한 마음이 크고 또 커 너희들 마음속
에 선한 마음을 누르는 그것이 크나큰
사탄이요, 사악한 자가 되기 때문에
그 열매가 열지 못하도록 잘라 내라
함이니, 이를 제거하라는 뜻을 알아야
할 것이니라.
42 몸통은 건들지 말되 그 열매를 제거하
라는 뜻이 나의 성서의 가르침이니,
그를 깊이 깨우쳐 너희 것으로 만들도
록 그리 깨우쳐 주라, 아들아!

2,451 번째 하나님 말씀

2002년 6월 11일 09시 51분

1 사랑하는 나의 아들아!
2 "네, 아버님! 말씀하옵소서."
3 내가 너희에게 일러 일깨워 주지 아니
하였던가?
4 네가 생선처럼 도마 위에 올라 네 모
두가 다 갈기갈기 헤쳐지게 된다 하였
음이니라.
5 그곳에는 너를 따르는 너의 제자들도
바라볼 것이며, 너를 사악한 자요, 마
지막 거짓 선지자요, 사탄이라 저주하
고 돌팔매질한 자들 또한 너를 바라볼
것이니,
6 거기에서 좁쌀만 한 티라도 나온다 하
면 그 사탄들은 폭동을 일으킬 것이니

이를 막고 감내할 수가 없음이니, 너
는 그 이치를 알아야 할 것이니라.
7 하나의 흠집도, 하나의 어떤 큰 것도,
아무것도 남지 아니하는 그와 같은 그
심판받는 생선이 되어야 함을 너는 잊
어서는 아니 될 것이니라.
8 이제 네가 가야 할 길은 나의 아들로
서 한 점의 부끄럼이 없는 삶을 살아
가는 그 길밖에 없음이니라.
9 그 길 외에는 아무것도 네가 갈 수 있
는 길이 없음이니, 그것 외에는 아무
것도 생각해서는 아니 됨을 알아야 할
것이니라.
10 오로지 너는 만백성이 너를 보고 심판
할 때 정녕 한 점의 부끄럼이 없는 그
와 같은 삶의 길을 가야 되며, 그 길을
벗어날 수도 없음이니라.
11 이제 너 자신과의 싸움이 끝나지 아니
하였는가?
12 너 자신으로서 모든 것을 네가 스스로
다스릴 수 있으며 스스로 바로 설 수
있지 아니한가?
13 이제는 네가 갈 수 있음이니, 그 길에
더 전진하며 네 마음을 굳건히 하는
그것밖에 없음이니라.
14 죽은 자라 하였음을 알라.
15 네가 정녕 죽은 자로 살아갈 수 있을
때 네가 정녕 죽은 자가 될 수 있음을
알아야 할 것이니라.
16 이제 네가 바로 갈 수 있으며 바로 설
수 있음이니,
17 지금 네가 운영하고 있는 그 성전은
교육장으로 만들 것이며, 네가 버리고
자 한 자들, 그들이 스스로 깨달을 때
까지 그들과 갑론을박하지 말며, 기다
리지 말라.
18 다 제 스스로 갈 길이 따로 있으며 저
희들이 행하여야 할 길이 있음이니,
그 모두는 다 저희들의 사악한 욕심에
서부터 시작됨이니라.
19 내가 너에게 일러 모두를 다 접어 두
며 1부의 1권부터 다시 교육을 시작
하라 함은,
20 너와 그들과 처음 만나는 그와 같은
제자와 스승의 관계가 이루어짐이니,
그들의 모든 죄를 다 그들이 지금서부
터 사해야만 될 것이며,
21 그들이 스스로 깨우쳐 노력하는 여하
에 따라 낙원에 저희들의 이름 앞에
설 수 있음이니라.
22 내가 너에게 일깨워 너의 제자들에게
전하였느니라.
23 나의 성령을 듣는 자, 나의 법전을 듣
고 깨우친 자가 잘못했을 때, 그 명패
가 지옥 불로 간다 하였으니, 지옥 불
에 들어가 그 명패를 너희 스스로 찾
아와야 된다 하였음이니라.
24 그러나 그 명패는 불에 녹아서 있지도
아니함이니, 너희들은 그속에서 다시
나올 수 없음을 내가 일깨워 주었거늘,
25 그리고 이 세상에 잘났든 못났든 나의
아들을 통하여 너희들에게 모두를 다
전해 주며 너희들의 모두를 다 받아들
인다 하였음이니,
26 내가 바로 설 수 없는 자를 내 아들이
라 명하였으며 그에게 명을 주었겠는
가?
27 너희들이 오늘의 앞에 있는 나의 아들
을 보기 전에, 나의 법전을 읽고 깨우
치며 미래에 나의 아들이 변해지는 그

모습을 보라 하였거늘,
28 너희들이 그 욕심의 사악한 마음을 버
리지 못하니 그 또한 너희들의 원인이
거기에 있음이니라.
29 이제 모두를 버리고 가는 나의 아들의
그 참모습을 너희들이 바라볼 때가 되
었건만, 그 참모습을 바라보지 못하고
사악한 생각, 사악한 마음을 갖는 자,
너희들은 영원히 구원을 받을 수 없음
을 알아야 할 것이니라.

2,452 번째 하나님 말씀

2002년 6월 11일 18시 36분

1 사랑하는 나의 아들아!
2 "네, 아버님! 말씀하옵소서."
3 구약의 시대의 그 많은 역사 속에서
그들이 우상을 만들며 또 그와 같이
광란의 세상을 만들어 한 시대를 혼란
케 하였음이니,
4 너희들은 그때 그들이 저희들이 가지
고 있는 금화와 은화를 다 거둬들여
우상을 만든 그 행위가 얼마나 광적이
었으며, 광란하였으며, 그들이 얼마나
악랄하고 사악한 마음이었는지 아는
가?
5 저희들과 대적하는 자, 피로써 그 끝
을 보고자 하며 피로써 모든 결론을
내리고자 하는 그와 같은 핏발 선 사
악한 그들의 형태가 이루어졌음이니,
그 당시의 상황은 이루 말할 수 없는
흉악한 역사의 구약의 시대가 지나갔
느니라.
6 그리하여 신약의 시대에 나의 아들 예
수가 내려가 너희 인간들을 구원하고
자 하였으나 그 또한 그리 숨을 거두
었음이니,
7 구약의 시대도 실패요, 신약의 시대도
또한 너희들의 그 사악한 욕심 때문에
실패하였음이니, 이제는 내가 너에게
내리는 나의 성령이 마지막이라 하였
음이니라.
8 마지막은 실패가 없으며 무너짐이 없
으며 쓰러짐이 없음을 알아야 할 것이
니라.
9 그 수많은 종파요, 수많은 종파에 속
해 있는 그 사악한 백성들이 너를 공
격하고 짓밟으며 짓이기려 한다 해도
그들이 감히 대적할 수 없다 하였음이
니,
10 하나의 사탄이요, 사악한 자들이 너를
공격한다 해도 네가 쓰러지며 무너질
자가 아님을 나 여호와는 알고 있음이
니라.
11 그리고 또한 네가 쓰러지도록 내가 그
리 너를 놔두지 아니함이니,
12 지금 사악한 자들이 네 앞에 와 고개
를 쳐들고 어떠한 갑론을박의 소리를
하나 그 소리에 귀 기울이지 말지니라.
13 오로지 네가 묵상과 기도로써 나에게
경배하며, 나의 법전을 세상에 만드는
그 일에 네가 모두를 다 바치는 것 외
에 마음의 파장을 이뤄서는 아니 될
것이며,
14 세상사 인간 세속에서 생각하는 그들
과 너는 절대로 대화하지 말며, 그들
의 말을 들으려 하지 말며, 그들을 달
래려 하지 말라.
15 구원을 받는 것은 인간 세상에 너희
모두의 가장 크나큰 소원이며 가장 소

중한 소망임이니,
16 나의 법전을 접하지 못하고 잘못 믿는
종교 속에서 지옥으로 가는 그와 같은
억울한 삶을 사는 자들이 있으나 그들
은 나의 법전이요, 나의 성령을 듣지
못하고 보지 못하였음이니라.
17 그러나 나의 성령을 직접 들으며 나의
법전을 직접 읽은 자들이 네 앞에 와
갑론을박하며 옳고 그름을 논한다 하
는 것은, 네가 절대로 그들과 갑론을
박하지 말며, 눈을 감으며 귀를 닫으
라.
18 그리고 그들의 귀를 열어 주려 할 것
없느니라.
19 그들 스스로 깨우쳐 구원의 길을 봄
은 그들의 영광이요, 그렇지 못한 자
는 저희들이 다 잡았던 구원의 길을
놓침을 저희 스스로 알 날이 머지않았
음이니라.
20 제 손에 들어온 고기를 놓친 것보다도
천 배 만 배 더 완벽한 것을, 저희들이
구원의 길에 들어섰다가 그것을 버리
고 사악한 길로 가 지옥행으로 감이
니, 그들은 그것으로써 저희들이 얼마
나 더 아픈가를 깨닫게 될 것이니라.
21 그들은 내가 나의 성령을 직접 내리며
나의 법전이라 하여 160권의 책으로
구약과 신약을 대신하는 제3의 시대
의 역사를 이루는 그 성령 앞에, 지나
가는 여인이 지껄이는 그 소리가 그보
다도 더 소중하며 위대하다 생각하는
자들이니, 그것이 무엇이더냐?
22 바로 그들이 사탄에 물든 자들이며 사
악한 자의 종이 된 자들이니라.
23 그들이 그 사악한 자의 말은 들으며,
그 사탄의 말은 저희에게 위대하게 들
림이니 그것이 무엇이더냐?
24 귀가 막히고 눈이 멀었음이니, 그를
구분 못 하는 짐승과 같은 형국에 빠
져 있으니, 무슨 말을 한들 그들이 들
을 수 있겠는가?
25 너희들이 '쇠귀에 경 읽는 것'이라 하
였음이니라.
26 너희들이 아무리 짐승에게 무엇인가
를 깨우치고 가르친다 한들 그들이 알
아듣겠는가?
27 사악한 자의 그 사악한 음성에 귀가
막히고 눈이 먼 자들에게 아무리 네
가 바르고 옳은 소리를 전해 준다 해
도 그들은 듣지를 못하며 보지를 못함
이니, 네가 그들에게 갑론을박하며 깨
우쳐 주려 하지 말라.
28 이제는 오로지 그들이 스스로 깨우쳐
네 앞에 와, 이는 정녕 여호와 나의 성
령의 말씀이며 마지막 제3의 시대를
열어 가는 대역사며, 네가 나의 아들
이요, 만백성을 구하는 선지자라는 것
을 알았을 때, 그때 그들을 받아 줘야
될 것이니라.
29 네가 기다릴 만큼 기다렸으며, 그들을
깨우칠 만큼 깨우쳐 주었으며, 네가
인내할 만큼 인내하였음이니라.
30 그 이상 그 이하도 네가 더 그 부분에
관여치 말며 신경 써서는 아니 될 것
이니 그리 알라.
31 오로지 너는 미래의 일을 위해서, 내
가 이루고자 하는 새로운 장이 열리는
그 성전에서 새로운 자들과 같이 신선
하고 깨끗한 그 마음으로 천사들을 만
드는 데 역점을 두어야 할 것이니라.

32 이것이 나의 뜻이며 네가 행하여야 할 것임을 잊지 말라.
33 이제는 버릴 것을 버릴 때가 되었으며 취할 것을 취할 때가 되었음이니라.
34 내가 그들에게 그만큼 시간을 주었으며 생각할 수 있는 기간을 주었으나, 그들이 반성하고 깨달음이 아니라 저희 머리로써 계산하고 생각하여 나 여호와가 내리는 마지막 시대의 성령이요, 나의 법전까지 거부하며 도전하고자 하는 자들이니, 이제는 그들을 네가 더 이상 잡으려 할 것이 아니니라.
35 그들이 네 앞에 와 고개 숙이며 잘못을 용서를 빌 때 그들을 거둬들이되, 그렇지 아니한 자는 네가 손을 놓아도 나 여호와가 너를 원망치 아니할 것이니라.
36 네가 그들을 버리지 아니하고자 그 많은 기도요, 나에게 드렸던 그 경배의 뜻을 내가 알고 있음이니, 그리하여 나 여호와가 그들을 기다렸음이니라.
37 이제는 그들에게 마지막 기회를 더 이상 주어서는 아니 될 것이니 그리 알라.

녹음테이프 163번 삭제된 부분

2002년녹음테이프 163번 A면 삭제하심

1 하나님께서 녹음테이프 163번 A면을 지우셨습니다.
2 아래 그림은 A면이 지워진 녹음테이프 163번의 소리 파형입니다.

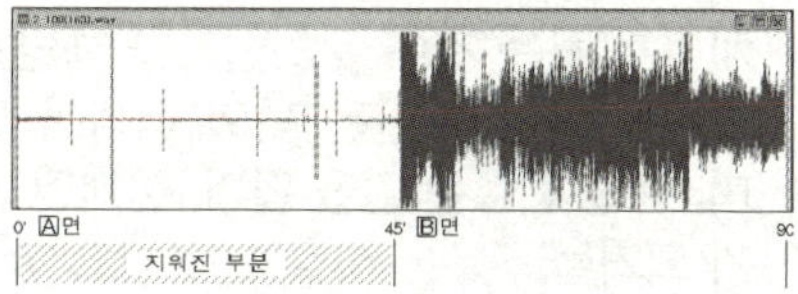

2,453 번째 하나님 말씀

2002년 6월 13일 16시 45분

1 (녹음테이프 163번 B면에 녹음된 말씀부터 기록하였으며, 기도의 앞부분을 기록할 수 없게 되었습니다.)
2 ...구약과 신약에는 비유로써 기록되어 있음이니, 그것을 깨우치는 자만이 정녕 하늘의 뜻을 알며 하늘의 길을 안다 내가 말하였음이니라.
3 그리하여 내가 다시 2천 년이라는 역사가 흐른 지금, 너희들에게 구약과 신약처럼 비유가 아니요,
4 너희들을 구원하기 시작하여 천 년에 걸쳐서 하늘에서 이루어진 것같이 이 땅에서 이루기 위하여, 비유가 아닌 직접 깨우치고 깨닫는 나의 법전이요, 나의 성령을 내려보내고 있음이니, 너희들이 이 뜻을 깊이 깨우쳐야 될 것이니라.
5 이를 방해하며 이를 빼앗는 자, 이를 짓밟는 자, 그와 같은 자가 곧 사탄임을 너희들이 알아야 될 것이니라.
6 구약과 신약은 비유의 말로써 너희들에게 가르쳤음이니라.
7 그때의 비유의 말로써 공부하고 깨우치며 성서의 설교를 듣는 자들은 나의 백성이 아님이니라.
8 비유의 그 뜻을 깨우쳐 진정한 나의 뜻이 무엇이며 내가 너희들에게 가르

치고자 하는 것이 무엇인가를 깨닫는
그 순간에 너희들은 나의 백성이 되
며, 하늘에 오는 길을 알며, 선택된 자
가 되거늘,
9 너희들은 이를 깨우치기도 전에 서로
저희들 것만이 진실한 길이라 싸우며,
서로 사탄이요, 이단이요, 사악한 짓
이라 그리 갑론을박하며, 진정한 하늘
에 오르는 길을 보지도 못하고 죽어
나에게 심판을 받는 것이 너희들의 형
국이니, 너희들은 이를 알아야 될 것
이니라.
10 누가 나의 성령이요, 나의 뜻이 아니
며, 구약과 신약을 평하며 구약과 신
약을 덮는다 하며, 구약과 신약의 그
내용보다도 더 많은 160권의 법전의
책으로써 너희들을 깨우쳐 하나하나
그를 꼬집어 하늘에 오르는 눈을 뜨도
록 가르쳐 줄 수 있겠는가?
11 너희들이 이게 정녕 잘못된 것이라 말
한다 하면 너희들은 영원히 구원을 받
을 수 없음이니라.
12 이 내용을 읽고 깨우쳐 하늘에 오르는
자는 나에게 선택된 백성이요, 그렇지
아니한 자는 영원히 구원을 못 받고
지옥으로 감이니 그리 알라.

2,454 번째 하나님 말씀

2002년 6월 13일 20시 26분

1 사랑하는 나의 아들아!
2 "네, 아버님! 말씀하옵소서."
3 예수는 성령으로써 세상에 태어나 33
년의 생의 짧은 기간 동안에 그 모든
역사를 이루었음이니라.
4 너는 60이라는 인간 세상 속에 찌들
고, 또 고달프고 힘들며 희비애락의
인간의 그 삶 속에서 가정을 가졌으며
자녀를 가졌으며 아내를 가졌으며, 또
한 어렵고 힘든 인간관계의 삶을 60
이 가까운 그 세월 속에 살아왔음이니
라.
5 그 속에서 네가 다시 태어난 인생의
삶을 살아, 나로부터 선지자요, 종이
라 명을 받아, 네가 깨우쳐 나의 법전
을 기록하여 나가다가 이제 네가 60
이 다 되어 너를 나의 아들이라 부름
이며, 네가 정녕 예수와 같은 삶을 살
아가도록 내가 너에게 이르노니, 이것
이 예수와 너와의 차이점이니라.
6 예수는 33년의 짧은 삶을 살다가 모
든 역사를 남기고 갔음이니, 너는 60
이라는 인간 세상의 그 세속에서 살다
가 33년이라는 그 알찬 세월 동안 나
의 피조물 만백성을 구하기 위하여 역
사를 이루는 그 대명을 맡았음이니,
7 너는 33년의 단 1초요, 한 시간이라도
네 시간이 있음이 아니요, 나의 뜻에
따라 나의 성령을 받아 천 년의 역사
에 걸쳐서 만백성을 구하는 법전을 기
록하는 대명을 받았음이니,
8 얼마나 네가 소중한 나의 아들이며,
마지막 시대에 마지막 역사를 이루는
네가 얼마나 나로부터 소중한 아들이
요, 만백성에게 소중한 자인가를 너
스스로 깊이 깨우쳐야 할 것이니라.
9 이제는 네가 어찌 살아가야만 하는가?
10 "네, 아버님!
11 저는 알고 있사옵나이다, 그리고 할
수 있사옵나이다.

12 한 점의 부끄럼이 없는 그 삶을 살겠
사옵나이다.
13 예수께서 33년을 사시는 동안 3년이
란 그 세월 속에 역사를 이루셨으나,
14 저는 지금서부터 한 살의 걸음마로써
33년을 알차고 보람되게 살며, 그 속
에서 제3의 시대에 마지막 아버님의
뜻을 따라 새 역사를 이루고 있음이
니, 그 길고도 긴 세월이 얼마나 막중
한 역사며 얼마나 위대한 역사인가를
이제야 깨달았사옵나이다.
15 33년이라는 남은 그 세월이 제 세월
이 아니며 제 시간이 아니며,
16 위로는 아버님께서 다 소유하신 시간
이요, 아버님의 뜻을 받아 기록하며,
아래로는 만백성에게 전하는 그 통역
의 역할을 하는 자이며, 육신으로서는
만백성 누구도 감히 갈 수 없고 넘을
수도 없는 그 길을 가야 하는 것이 저
인 줄을 이제야 깨달았사옵나이다.
17 33년 동안의 제 삶이 어떠한 것인가
를 이제 깨달았사옵나이다, 아버지!
18 앞으로 33년의 그 세월은 1분도 제 세
월이 아니며 제 생활이 아니며 제 것
이 아님을 알았사옵나이다.
19 오로지 아버지의 성령을 받아 아버지
의 뜻에 따라 법전을 만들며 만백성에
게 이를 전하는 데 한 점의 부끄럼이
없는 자세로 살아야 할 것이며,
20 육신을 그들이 갈기갈기 헤쳐 보더라
도 33년의 그 삶은 하나도 부끄럼이
없는 삶을 살아가겠습니다, 아버지!
21 33년의 그 세월을 알았사옵나이다.
22 이제는 33년이 시작하였사옵나이다.
23 33년이라는 그 알찬 세월을 위하여
제가 얼마나 소중한 아버님의 자식이
며 만백성에게 얼마나 소중한 인간인
가를 알았사옵나이다.
24 아버님!
25 지난날의 더럽고 추한 그 모두를 다
버리며 다 털어 버리며 오늘부터 바르
게 살아가겠사옵나이다.
26 아버님의 그 뜻을 이제야 깨달았사옵
나이다.
27 33년을 더 산다는 그 뜻을 이제야 깨
달았사옵나이다.
28 아버님! 가겠사옵나이다.
29 저를 지켜보아 주옵소서.
30 가겠사옵나이다, 그리고 이루겠사옵
나이다."
31 아들아!
32 너는 해낼 수 있느니라, 그리고 갈 수
있느니라.
33 아무도 너를 받쳐 주지 아니하여도,
육신의 광란의 세계에 기적을 네가 이
루지 아니하여도, 너는 나의 성령을
받아 법전을 만들어 내는 그 길을 가
야 하며, 갈 수 있으며, 갈 것이라 내
가 믿기에 너를 명하여 내렸음이니,
34 조금도 두려워하지 말며 오로지 법전
에 모두를 다 바치라.
35 그 모두는 다 너의 것이거늘, 두려워
말라.

2,455 번째 하나님 말씀

2002년 6월 14일 06시 13분

1 사랑하는 나의 아들아!
2 "네, 아버님! 말씀하옵소서."
3 이제는 네가 모두를 다 버리고 행함으

로써 모든 백성에게 빛이 되어야 할
때가 왔음을 알아야 하느니라.
4 나의 성령을 네가 받아 법전으로 만들
어 이 주옥같은 소중한 하늘에 오르는
길을 외치고 가르쳐도 그를 보고 깨닫
는 자가 적음이니라.
5 그러나 그보다 더 소중한 것은, 네가
예수의 삶과 같이, 예수의 마음의 형
태와 예수가 모두를 다 사랑하고 덮고
용서했던 그와 같은 모습으로써 네가
살아가는 것을 이제는 그리 행하여야
할 때며,
6 그게 오로지 나의 피조물 만백성이 구
원의 길을 볼 수 있으며 나의 법전의
뚜껑을 열 수 있는 그 역사의 한 장이
이루어지는 소중함임을 알아야 할 것
이니라.
7 모두를 다 눈으로 보지 말며 다 가슴
으로 안아야 할 것이며, 모든 것에 시
시비비가 없으며 오로지 사랑만이 있
어야 함이니라.
8 모든 것을 다 네 가슴으로 안는 그와
같은 언어와 행동과 그리고 너의 행함
과 실천함이 무엇보다도 소중함을 알
아야 할 것이니라.
9 하늘의 나 여호와를 대신하여 행동하
는 것도 육신을 가지고 나간 네가 모
두를 다 행함이며, 그리 실천하여 내
가 존재함을 보여 줌이 소중하고 위대
한 것임을 알아야 할 것이니라.
10 "아버님! 알겠사옵나이다.
11 제 스스로 이제는 그를 깨닫고 있으며
그리 행하고자 하고 있사옵나이다.
12 말 한마디도 아름다운 사랑의 말이 아
니면 제 입에서 나갈 수가 없으며,
13 남을 음해하고 시기하고 질투하며, 미
워하고 예뻐하는 자의 차이가 있다 하
면 그것 또한 저는 아버지의 아들로서
행할 수 없는 역행하는 길로 가고 있
음이며, 아버님의 마음에 못을 박는
그와 같은 불효자가 됨을 알겠사옵나
이다.
14 이제는 아버님께서 무엇을 원하시며,
제가 어찌 살아가며 어찌 행하기를 원
하시는지 알고, 또 바라심이 무엇인가
를 제가 지금 깨닫고 있사옵나이다.
15 오로지 그리 살아가겠사옵나이다.
16 그것이 얼마나 소중한가를 알았으며,
제 변화가 얼마나 위대한 것인가를 알
았으며, 제 변하는 그 모습으로 인하
여 저의 제자들이 스스로 갈 길을 알
며, 오늘의 가는 길의 그 영광됨을 알
며, 그들이 또한 저를 따라 변하게 됨
이니, 그를 보고 또 아버님의 만백성
이 하늘에 오르는 길을 볼 수 있으며
유한 백성만이 하늘에 존재하는 것을
알겠사옵나이다.
17 그리 행하겠사옵니다, 아버님!"

2,456 번째 하나님 말씀

2002년 6월 15일 05시 37분

1 사랑하는 나의 아들아!
2 "네, 아버님! 말씀하옵소서."
3 지금 2천 년의 역사가 흘러, 네가 나
의 성령을 받아 법전이라 하여 세상에
만드는 그 역사가 어떠한 일을 하고
있는 것이던가?
4 여인이 열 달 동안 잉태하여 한 생명
을 탄생시키는 분만의 고통의 어려운

그 시련 속에서 하나의 기쁨을 얻는
그와 같은 일을 네가 하고 있는 것인
가?
5 아니면 농부가 씨앗을 보관하여 봄에
그를 뿌려 여름에 가꾸며 또 가을에
거둬들이는 그와 같은 역사를 네가 이
루고 있다 생각하는가?
6 이는 누구도 상상할 수 없는 일이며,
누구도 이를 따라갈 수 없으며, 누구
도 행할 수 없는 그와 같은 일인 것이
니라.
7 그리고 세상의 어느 것과도 바꿀 수
없는 것이며, 어떠한 역사의 변화와도
바꿀 수 없는 그와 같이 위대한 역사
의 일을 네가 하고 있음이니라.
8 위로는 하늘의 뜻을 따르며, 아래로는
만백성을 구하는 일을 하며, 네 행동
이 바르고 옳음으로 인하여 그를 보고
수천 년의 역사에 걸쳐 나의 피조물
만백성이 깨우쳐 하늘에 오르는 그 길
을 보게 됨이니, 그보다 더 위대하고
큰 역사가 없음을 너는 알아야 될 것
이니라.
9 그 길을 감에 있어서 고통스럽고 힘들
고 어렵다 하여 네가 좌절해서도 아니
되며, 쓰러져서도 아니 되며, 포기해
서도 아니 됨이니라.
10 이와 같이 어렵고 힘든 역사가 이루어
짐이며, 세상에 이보다 더 소중한 것
이 없음이니, 너는 이를 다시 한 번 깊
이 깨우쳐야 한다는 것을 알아야 할
것이니라.
11 사랑하는 나의 아들아,
12 나의 성령을 깨닫는 자는 새로운 마음
에 새로운 성령을 받으며 이를 깨우치
는 자요, 내가 말한 대로 농부가 씨를
뿌려 거두어들이는 그와 같은 역사 속
에서 뿌려진 씨앗의 새싹이 서서히 자
라남과 같이 성령을 깨달음이요, 또한
성령이 성장하는 것이 그와 같은 것이
니라.
13 그 속에서 너희들이 깨달으며, 너희들
이 얻음을 얻으며, 하늘에 오르는 길
이 무엇인가를 너희들이 아는 자이며
깨닫게 되는 자이니라.
14 너희들이 성장하며 구원의 길이 무엇
이고 믿음이 무엇인지, 그리고 성령이
너희들 마음속에 성장하고 자라는 것
을 너희 인간들은 알 수 없으며 너희
들이 평할 수 없음이니라.
15 오직 나 여호와만이 그를 알 수 있으
니, 너희들은 나의 피조물 만백성의
성령의 깨달음에 왈가왈부해서는 아
니 될 것이니라.
16 지금 나의 성령을 받아 160권의 대 역
사의 법전으로써 세상의 나의 피조물
만백성을 지구가 존재하는 한 깨우쳐,
하늘에서 이루어진 것같이 이 지상에
낙원을 이루고자 하는 네가 가는 길을
거부하는 자, 네가 가고 있는 이 길에
마음의 파장을 이루는 자, 그리고 법
전을 쓰지 못하도록, 네가 나의 성전
을 뛰쳐나가도록 하는 자,
17 그들이 다 이 세상을 저희들이 창조한
자인 것처럼 착각하는 자들이며, 저희
들 머릿속으로, 저희들의 생각으로써
이 세상의 모두를 다 주관하고자 하는
그와 같은 사악한 자들의 마음 자세임
을 너는 알아야 될 것이니라.
18 깨닫지 못하는 자, 회개하지 아니하는

자, 반성하지 아니하는 자, 그들을 용
서할 수 없음이니라.
19 그들은 바로 이 세상의 창조주인 나
여호와 자체를 거부하며, 저희들이 창
조주인 것처럼 착각하는 자들이며, 이
세상 모두를 다 저희들이 통제하고 지
배하며 운영하는 양 그와 같은 착각
속에서 사악한 행위를 하고 있음이니,
그들을 용서해서는 아니 될 것이니라.
20 많은 시간을 내가 기다렸으며, 많은
시간을 인내하였으며, 그리고 그들이
돌아오기를 기다렸음이니라.
21 이제 오늘 이후부터 이를 거부하는
자, 너에게 갑론을박하는 자, 그리고
저희들이 성령을 받았다 하는 자, 저
희들이 깨달음을 얻었다 하는 자, 저
희들의 스승이 따로 있다는 자, 그들
을 용서해서는 아니 될 것이니 그리
알라.

2,457 번째 하나님 말씀

2002년 6월 15일 22시 34분

1 사랑하는 나의 아들아!
2 "네, 아버님! 말씀하옵소서."
3 이제는 내가 너를 나의 아들이라 부름
이니 하늘의 경사요, 또한 땅으로서도
경사이나,
4 사탄이요, 사악한 자들과 너를 넘어뜨
리고자 하는 그들의 그 발광과 그들의
욕망과 그들의 광분하는 그 형태는 지
금 말할 수 없는 그와 같은 혼란의 상
태이니라.
5 네가 나의 아들로서 세상에 나가, 나
의 피조물 만백성을 대대손손 구원의
길로 인도하는 나의 성령을 받아 기록
함이니, 이는 앞으로도 뒤로도 이룰
수 없으며 다시는 있을 수 없는 이 역
사의 소중함을 알아야 할 것이니라.
6 지금 사탄도 놀라며, 모든 너를 해하
고자 하는 자들이 다 당황하며 놀라고
있음이니,
7 너는 나의 계명을 하나하나 암송할 때
마다 이제는 과연 네가 한 점의 부끄
러움이 없는 삶을 살아가는 그것만이
모두가 존재하며, 모든 열쇠는 거기에
있음을 알아야 할 것이니라.
8 누구도 넘을 수 없고 누구도 지킬 수
없는 그 계명을 하나하나 네 가슴에
새겨 지켜 나가는 그것만이 나의 피조
물 만백성 그 모두를 구하는 역사임을
알아야 할 것이니라.
9 나의 피조물 만백성의 심성이 어떠하
던가?
10 네가 재물을 쌓아 놓으니 그 재물에
눈이 어두워 모여드는 자는 믿음이 아
니요, 네가 재물이 없을 때 언제든지
너에게 창을 꽂을 수 있는 그와 같은
것이 지금 나의 백성들이 가지고 있는
생각이며 심성이니라.
11 네가 병든 자를 고치며 죽은 자를 일
으켜 세운다 하면 그것으로써 그들이
네 앞에 모여들 것이니,
12 너는 지금 그와 같은 것으로써 나의
피조물 만백성을 대대손손 천 년에 걸
쳐 새로운 왕국을 이루며 하늘에서 이
루어진 것같이 이 땅에서 이루는 그
역사를 이룰 수가 없음이니라.
13 오로지 나의 법전 160권의 이 책만이
존재하며, 나의 피조물 만백성을 구하

는 길은 이 법전뿐이니,
14 너는 더 이상 그 무엇도, 누구를 구원
한다거나 병을 고친다거나 죽은 자를
살리는 것이나 어떠한 것도 생각하지
말아야 할 것이니라.
15 이제는 오로지 법전을 만드는 그것에
만 모두를 다 바쳐야 할 때이니, 지금
서부터 네가 행하는 것은 나의 십계명
을 지키며, 하나의 부끄럼이 없이 그
계명을 지키고 그 계명에 따라 살아가
야 할 것이며, 법전을 만드는 그것 외
에는 어떠한 것도 생각해서는 아니 될
것이니, 이를 명심해야 할 것이니라.
16 믿음이 약한 자, 네 앞에 몰려와 너의
제자가 되고자 하며 더불어 저의 생명
마저도 너에게 바치겠다 말하는 자들,
나의 법전에 환난이 오며 외부로부터
핍박이 오며 네가 견딜 수 없는 그와
같은 형국에 이르렀을 때, 그들은 다
네 등에 창을 꽂고 돌아설 자들임을
너는 알아야 할 것이니라.
17 정녕 지금도 스스로 욕심이라는 것을
버리지 못한 자, 구원의 길이 무엇이
며 구원을 받는 것이 무엇인지 모르고
저희들의 욕심이요, 사악한 마음 때문
에 구원을 받을 수 없고 바로 갈 수 없
으며 나에게 오를 수 없는 자들이 수
없이 부지기수로 왔다 떠날 것이니,
18 너는 그들을 잡으려 하지도 말며 그들
에게 연연하지 말라.
19 네가 사랑이라는 것으로써 베풀며, 그
모두를 다 감싸 주며, 그들을 용서하
며 가슴에 안고자 하는, 네가 기도드
리지는 않으나 그 애절한 마음을 나
여호와가 알고 있음이니라.
20 그러나 그는 그리할 수가 없음이니라.
21 환난이 오고 어려움이 오며 고통이 오
며 핍박이 올 때, 너의 등에 창을 꽂고
돌아설 자들이 있다 하면 이는 엄연히
선별해야 할 것이니라.
22 또한, 나의 법전을 읽고 깨우쳤다는
너의 제자들이, 지금 그들이 무엇이던
가?
23 욕심을 버리지 못하여 그들이 하늘의
뜻을 알지 못하며 그들의 눈을 가리고
그들의 귀를 막음이니, 그 귀를 막음
으로 인하여 그들이 구원의 길에 오를
수 없으며 그것을 보지 못하고 있음이
니, 이는 엄연히 선별하고 가야 할 것
이니라.
24 이제는 두 번 다시 기회가 없음이니라.
25 내가 너를 통하여 제3의 시대에 나의
성령을 다 태워 나의 피조물 만백성이
지키고 하늘에 오르는 길인 법전을 세
상에 내보내니, 그 후에 무엇이 다시
올 수도 없으며 다른 방법으로써 올
수도 없음이니라.
26 오로지 여기에서는 새 부대에 새 술을
받듯이, 성령으로써 깨우친 자가 성령
을 받아 행하여야 될 것이니라.
27 너희들은 알고 있을 것이니라.
28 아무리 인간이 노력을 다하며 착하고
선하게 산다 하여도, 나의 성령이 너
희들에게 임하지 아니한다면 그는 갈
수 없으며 지킬 수 없다, 그리고 믿을
수 없다 말할 것이니라.
29 많은 종교 지도자들이 네 앞에 와서
말할 것이니라.
30 인간은 죄를 짓지 아니하고 살 수 없
으며, 오로지 나 여호와요, 너희 아버

지인 창조주 내가 너희들을 선택하지
아니하며 너희들 몸에 성령을 심어 주
지 아니하고 성령으로써 너희들을 인
도하지 아니하면 누구도 그 길을 갈
수 없으며 지킬 수 없다 하여, 너를 미
친 자라 하며 비웃을 것이니라.
31 그러나 여기서 너는 그 종교 지도자들
이 하나 모르고 있음을 알아야 할 것
이니라.
32 너희들이 성령이 충만하며, 내가 너희
들을 성령으로써 충만하게 하여 이끌
고 구원하며, 나의 계명을 따라 지키
고 살아갈 수 있는 그 역사의 성령이
임하는 것은 너희들이 그저 밥 먹고
잠자는 그 속에, 사악한 생활 속에, 욕
심 속에 살아가는 그곳에 성령이 임함
이 아니니라.
33 너희들이 나의 계명을 지키고 그에 따
라 살고자 엄청나게 노력하며, 피나는
각오 속에서 너희들이 짓고 지으며 사
는 그 죄를 하나하나 털어 버리는 그
와 같은 역사를 이루었을 때, 그 마음
이 너희들이 곱고 아름다운 그 60이
라는 인간 사회의 경지를 넘었을 때,
34 내가 바로 그 성령을 너희들에게 임하
여 너희들이 지키고 올 수 있는 그 길
과 너희들이 지키며 살아갈 수 있는
힘과 깨달음을 주는 것을 그들은 모르
고 있음이니,
35 그들에게 이와 같은 이치를 깨우쳐 주
어야 할 것임을 명심하라, 나의 아들
아!
36 이제는 나의 법전을 핍박하며 너를 핍
박하는 자, 너를 환난 속에 밀어 넣고
자 하는 자, 그와 같은 자들이 왔을 때
그들과 더불어 마음이 변하는 자들은
정녕 너의 제자가 될 수 없으며 나의
성전에 와 공부할 수 없음을 알아야
될 것이니라.
37 이는 완벽한 나의 백성들을 만들고자
함이니라.
38 완벽한 나의 백성들이 나의 성령의
160권의 법전을 받아들이도록 하지
아니한다면 그 후손들은 다 쓰러짐이
니라.
39 그리고 사탄과 사악한 자들이 너에게
와 어떠한 거래를 하고자 하며, 너를
시험하고자 하며, 너를 넘어뜨리고자
할 때, 네가 오로지 나에게 묵상과 기
도로써 내가 내리는 것만을 지키는 것
이 나의 160권의 법전이 나의 피조물
만백성을 영원히 하늘의 나라와 같이
지상에서 이루도록 할 수 있음이니,
여기에서 넘어짐이 바로 무엇이더냐?
40 나의 아들 예수가 사탄의 요구를 들어
주면 사탄에게 쓰러짐이니, 너 또한
그리 갈 수 있음을 알아야 할 것이니
라.
41 모든 너의 제자들에게 이르라.
42 너희들은 나의 아들 예수를 시험한 자
들이, 사탄이 영으로써 왔다 생각하지
말라.
43 너희들과 같은 똑같은 인간의 형태로
써, 너희들과 똑같은 그 위치에서 그
를 핍박하였으며, 그가 그 시험에 임
하지 아니하면 아니 되도록 그리 몰아
갔음을 알아야 할 것이니라.
44 너희들은 그 시대의 정황과 그 시대의
흘러감을 모르느니라.
45 나의 아들 예수가 '이 세상의 모두는

나의 아버지 것'이라 알고 있었으며 창조주인 나의 것이라 알고 있었음이니라.

46 그러나 그가 거부하지 아니하고 광야에 나가 그들과 갑론을박의 시시비비를 했던 것은 너희들과 같이 인간의 탈을 쓰고 온 그 사탄이요, 사악한 자들이 그를 그리 몰아갔음이니라.

47 지금 바로 그와 같은 형국에 있음을 알아야 될 것이니라.

48 가장 사악한 자들이 인간의 형태로써 너를 광야로 몰아내어 시험을 하고자 하는 것이니, 거기에 밀려 네가 나간다 하면 나의 법전의 160권은 물거품이 되며, 하늘에서 이루고자 하는 이 지상의 낙원을 이룰 수가 없음이니라.

49 이 이치를 너는 깨우쳐야 될 것이니라.

50 어떠한 시험과 어떠한 핍박과 어떠한 환난으로써 너에게 거래하고자 해도, 너는 그를 들어서는 아니 됨이니라.

51 이 깊은 밤, 내가 너에게 내림이니, 너는 기도와 묵상으로써 내가 내리는 그 성령에서 한 발짝도 물러나서는 아니 되며, 양보해서도 아니 되며, 거래해서도 아니 됨을 알라.

52 그것이 바로 너를 쓰러뜨리는 창이 되고 독소가 되어 너를 무너뜨림이니, 이를 명심하여 행하도록 그리하라, 나의 아들아!

2,458 번째 하나님 말씀

2002년 6월 15일 23시 01분

1 사랑하는 나의 아들아!

2 "네, 아버님! 말씀하옵소서."

3 내가 너에게 일러 말하기를, 이 세상에 진실한 자 한 사람이 있다 하면 세상을 다 주고도 바꾸지 못할 만큼 소중하다 하였음이니, 네가 그 뜻을 이제야 알겠는가?

4 "네, 아버님!

5 사람이 천태만상의 생각들을 가지고 있으며 그 마음자리를 다 비우지 못함이니,

6 아버지께서 예수님의 삶을 더불어 살아가는 자 세상에 한 사람이 있다면 그는 세상 것을 다 주고도 바꿀 수 없이 소중하다 그리 말씀하신 뜻을 이제야 알 것 같사옵나이다."

7 나의 아들 예수가 일찍이 세상에 나가 나의 피조물 만백성을 구하고자 그 고통의 세월 속에서 그 고통을 스스로 선택하는 그와 같은 마음으로써, 거부하지 아니하고 순종하며 따랐던 그가 너에게 뭐라 전했던가?

8 이 세상에 누구도 믿을 수 없다 말하지 아니하였던가?

9 그 뜻을 너는 그저 흘려들었을 것이나, 죽어 내 앞에 와 있는 나의 아들이 너에게 그 뜻을 전할 때 얼마나 소중한 뜻이 거기 있으며, 얼마나 육신을 가진 인간들이 사악하고 간악한가 하는 것을 너에게 일깨워 주었음이니, 너는 그 뜻을 깊이 새겨야 할 것이니라.

10 지금 네 주변에 있는 너의 제자들 또한 오로지 계명을 지키고 살겠다는 그 생각과 세상에 너희들이 죄인이라는 것을 일깨워 주었으며,

11 죄짓고 사는 그 죄의 굴레를 벗으며

계명을 지키고 사는 방법과 하늘에 오
르는 그 길을, 나의 성령을 내가 나의
법전에 기록하여 그들에게 전함이니,
12 그들이 오로지 구원을 받는 그 은혜와
영광만을 생각한다 하면 감히 그들은
고개를 들어 나의 아들이라 명한 너의
눈빛을 보는 것도 영광이라 생각해야
할 것이며,
13 그 축복된 것을 무엇과도 바꿀 수 없
다 그리 생각하고 살아가야 할 그들이
지금 뭐라 말하고 있는가?
14 감히 내가 내린 성령의 법전 자체를
부인하고자 하며 너를 거부하고자 하
며, 그들이 허황된 사탄들의 가르치는
그 소리를 듣고 지금 너를 핍박하며
환난의 세계로 몰아가고자 하고 있음
이니,
15 그와 같은 그들의 그 형태에 네가 동
요되어서는 아니 됨이니라.
16 과연 네가 견디면서 그들과 싸워 갈
때 너를 대신하여 싸울 수 있는 자, 그
리고 그들과 대적하는 자, 그리고 나
의 성령이요, 나의 법전이 만백성을
구하는 나의 성령이라는 것을 인정하
는 자, 그들을 내가 선별하고 구분하
고자 함이니라.
17 이제는 정녕 너와 더불어 같이 갈 자
들을 구분하고자 함이니라.
18 그들은 너희들이 말하는 금화와 은화
의 부를 지닌 자도 아니요, 권력의 힘
을 가진 자도 아니요, 남들 앞에서 지
도하는 자가 아니니라.
19 그가 과거에 어떠한 삶을 살아왔든,
그가 어떠한 형태로 살아왔든, 지금
나의 계명을 지키며 나의 법전이 나의
성령이라는 것을 깨달으며, 너를 만백
성을 구하기 위하여 내려보낸 나의 아
들이요, 너희들의 축복이라는 것을 깨
닫는 자, 그들을 선별하고자 함이니라.
20 그리고 그들을 구원하고자 함이니라.
21 너희들이 생각하기에 능력 있는 자,
권력 있는 자, 힘있는 자라 함이니, 나
여호와는 세상을 다 창조한 창조주로
서, 내 앞에 그는 아무것도 아님이니
라.
22 똑같은 나의 자식으로서만 비춰짐이
니, 너희들은 그 이상 그 이하도 생각
해서는 아니 됨을 알아야 할 것이니라.
23 그러하니 나는 그들이, 너를 따르는
너의 제자들이 어떠한 형태든 어떠한
형국으로 가든 그것은 아무런 관계가
없음이니라.
24 나의 계명에, 나의 뜻에 따라 살아가
고자 하는 그 한 사람의 너의 제자가
세상에 나온다면 그보다 더 큰 은혜와
영광과 축복이 없으며, 이 세상 모두
를 다 주고도 바꾸지 아니한다 하였음
이니,
25 내가 그러한 자를 선별하고자 함이요,
그러한 자들만이 너의 제자로서 네 옆
에 존재할 수 있음을 알아야 할 것이
니라.

2,459 번째 하나님 말씀

2002년 6월 16일 09시 20분

1 사랑하는 나의 아들아!
2 "네, 하나님! 말씀하옵소서."
3 이 역사의 한 시대를 지나가는 것은
어렵고 힘든 길이며, 핍박하는 자와

환난을 이루는 자, 너를 쓰러뜨리고자
하는 자가 수없이 공격해 올 것이니,
4 그때마다 네가 갑론을박하며 대적하
기는 너무나 힘들고 어려운 길이니라.
5 너 스스로 그들과 갑론을박의 장을 만
들지 말며, 오로지 너는 160권의 법전
을 세상에 만들어 내어 나의 성령을
바르고 곧게 전하는 그것 외에는 어떤
것도 생각해서는 아니 됨을 알아야 할
것이니라.
6 2천 년 역사 전에 그 많은 나의 백성
들이 나의 아들 예수를 십자가라는 것
에 못 박아 그리 처참히 죽였듯이, 그
정황과 그 시대의 상황을 너는 알아야
될 것이니라.
7 그 모두는 다 욕심이요, 사악한 자들
의 굴레에서 그와 같은 형국이 이루어
졌음이니, 그는 그 당시에 말로써 전
했으며 말로써 깨우치는 그와 같은 역
사를 이루었음이니라.
8 그러나 지금 제3의 시대에 마지막으
로 너를 통하여 이루는 역사는 나의
성령을 너희들이 말하는 글이라는 문
자로 기록하여 법전이라는 책으로써
세상에 전함이니,
9 이는 변할 수도 없으며 버릴 수도 없
으며 태울 수도 없으며 찢어 버릴 수
도 없음이니,
10 오로지 근거에 의하여 이가 남는 것이
며, 그 근거에 의하여 나의 피조물 만
백성 너희들의 자손대대로 후손들이
그를 보고 깨우쳐 하늘에 오르는 길과
나 창조주가 원하는 그 뜻을 깨달아
그들이 선하고 바르고 곧게 사는 그
역사를 이루어 감이니, 그것 외에는
아무것도 없음을 알아야 할 것이니라.
11 이와 같은 역사를 이루는 것이니, 예
수의 시대에 사악한 자들이 저희들의
욕심이요, 권력과 저희들의 부귀 영화
를 위하여 나의 성령을 전하는 자를
그리 처참히 죽였음이니,
12 더구나 지금 이 시대에는 사악한 자들
이 세상을 덮고 있으며, 그때보다도
더 포악하고 사악한 이 시점에 나의
성령을, 나의 법전을 책으로 기록하여
세상에 내보내니,
13 그를 읽고 접하는 자 불태울 것이며
찢어 버릴 것이며, 너를 공격하며 너
를 쓰러뜨리고자 하는 그 힘이 그때보
다 열배 백배 더 강하고 강렬함이니,
너는 여기서 깨우쳐야 할 것이니, 네
가 갑론을박하여 그들과 대적해서는
아니 됨이니라.
14 너는 그저 은둔하여 나의 법전을 기록
하는 데만 역점을 두어야 될 것이며
모두를 거기에 바쳐야 할 것이니라.
15 그렇지 아니하면 160권의 법전이 세
상에 기록되어 나올 수도 없음이니라.
16 이제 너의 제자들이요, 너의 밑에서
배우고 깨달은 자들이 바로 일부는 너
를 공격하며 너에게 화살을 돌림이니,
그들이 바로 전초전이니라.
17 네가 5달란트요, 2달란트의 그 역사
의 나의 뜻을 깨우쳐 너의 제자들에게
살길을 열어 주며, 나 여호와 창조주
가 존재하기에 육으로써 경제적인 어
려움에서 벗어나며, 성령의 깨달음에
서 행복과 짜릿함을 느끼고 깨우쳐 가
는 그들을 시기 질투하여, 그들에게
믿음의 길을 가는 자들이 말하였느니

라.
18 사악한 자요, 사탄은 모두를 줬다가
일시에 다 그가 쓰러지도록 빼앗아 간
다 하였음이니, 그것이 무엇이더냐?
19 바로 사탄들이 하는 짓이니, 지금 그
와 같은 역사가 이루어지고 있으며 그
와 같은 형국이 작게 네 앞에서 이루
어지고 있음이니,
20 과연 그들에게 동조하여 그들과 같이
행동하며 그들과 더불어 가는 자들이
사탄이 아닌가?
21 그들은 틀림없는 사탄의 역사를 이루
고 있음이니, 너는 그들과도 더 이상
갑론을박을 하지 말라.

2,460 번째 하나님 말씀

2002년 6월 16일 10시 08분

1 사랑하는 나의 아들아!
2 "네, 아버님! 말씀하옵소서."
3 너의 제자들과 만백성이 어찌하여 그
리도 우매하고, 그리도 하늘에 오르는
그 뜻을 깨닫지 못하며 보지 못하는가?
4 나의 아들 예수가 죽음 직전의 그 고
통 속에서도 나 여호와가 존재함을 깨
닫지 못하고 구원받지 못하는 그 백성
들을 보는 마음이 제 육신의 고통보다
도 더 어렵고 힘들었다 내가 너에게
일깨워 주었음이니,
5 오늘의 네가 나의 성령을 받아 법전을
세상에 전하고자 하나 이를 갑론을박
하며 너의 제자들까지 너에게 창을 들
이대는 그와 같은 형국이 이루어지고
있음이니, 네 마음이 얼마나 아프고
쓰린지 나는 알고 있음이니라.
6 그러나 그보다도 더 험악한 현상과 더
어렵고 힘든 고비 고비를 넘겨야 되
니, 네가 1단계, 2단계, 계속 단계적으
로 훈련을 쌓아 감이니,
7 이것이 바로 내부의 사악한 자들의 행
위를 네가 겪고 이를 견디며 너 스스
로 성장을 하는 과정임을 너는 오늘
이후부터 알아야 할 것이니라.
8 작은 돌이 굴러 오는 것을 보고 네가
피할 줄 알며 피하는 훈련을 한다면,
큰 돌이 굴러 와도 네가 피할 수 있으
며 당황하지 아니할 수 있음이니,
9 오늘의 그와 같은 것은 네가 견디고
역사의 뜻을 이룰 수 있는 그 훈련의
한 과정임을 알아야 될 것이니라.
10 작은 돌이 굴러 오니 그를 피하는 훈
련을 네가 지금 하고 있음이며, 도저
히 피할 수 없으며 골짜기를 메우는
크나큰 돌이 굴러 내려올 때, 네가 많
은 수단과 방법으로써 훈련을 하여 익
혀 놓지 아니한다면 너는 거기서 벗어
나지 못함이니,
11 여러 가지 방법으로써 깨닫고 훈련을
쌓아 대비하는 것만이 그 골짜기를 가
득 메우고 굴러 내려오는 그 사태와
같은 돌덩이를 네가 견디고 이길 수
있음이니,
12 그것은 훈련으로써만이 그 순간의 모
든 상황에 네가 대처할 수 있음이니라.
13 그 계곡에서 도망가는 것도 중요하나,
은신처를 찾아 숨으며 때를 기다리는
것도, 그리고 그 사태가 지난 다음에
네가 소생해 나오는 그와 같은 상황의
판단도 오로지 훈련과 연습과 또 훈련
속에 있음이니,

14 네가 오늘 그와 같은 시련과 훈련으로
써, 시험으로써 견디어 나가고 있는
것이니, 이제는 너는 그 뜻을 알아야
할 것이며,
15 당황하지 말며 불안해하지 말며 초조
해하지 말라.
16 모두는 그 속에서 다 이루어짐이니 그
리 알라.
17 오로지 너는 나의 성령에 따라, 내가
내리는 그 묵상과 기도의 뜻에 따라,
그리고 내 법전에 기록되는 그 내용대
로 흔들리지 아니하고 지켜 나가는 것
만이 네가 할 길임을 알아야 할 것이
니라.
18 내가 너에게 일러 너의 제자들에게 일
깨워 주었음이니라.
19 지금 가장 작은 겨자씨 하나를 세상에
뿌렸으니, 그 겨자씨가 싹이 터 성장
하여 완벽히 컸을 때 많은 날짐승도
그곳에 와 쉬어 가며, 나의 피조물 만
백성이 그 그늘 아래 몸을 맡기고 의
탁하게 되니, 그 속에 아름다움을 깨
달아 하늘에 오르는 길을 볼 수 있는
그와 같은 역사가 이루어진다 하였음
이니라.
20 내가 너의 제자들에게 일러 말하기를,
지금 가장 작은 겨자씨를 세상에 뿌렸
음이니 그들이 토양이 되어 그가 성장
할 수 있도록 그리하라 하였으며,
21 저희들의 뼈와 살 속에 그 뿌리가 파
고드는 그 아픔과 고통과 진통이 있다
하더라도 저희들의 모두를 바쳐 그 겨
자씨가 성장할 수 있도록 보살피는 것
이 그들의 임무라 하였으며,
22 그리하여 그 겨자씨가 성장하여 세상
의 나의 피조물 만백성이 그 그늘에
와 쉬며,
23 하늘에 오를 수 있는 길이요, 창조주
나 여호와의 은혜와 뜻을 알고 감사함
을 알며 하나가 되어 내가 지상에서
이루고자 하는 그 낙원을 건설하는 것
에 그들이 주역들이며 그 시발자들이
라 내가 그리 간곡히 나의 법전에 기
록하여 전하였건만,
24 그와 같은 나의 가르침이 저희들의 귓
전을 떠나지도 아니하였을 때, 그리고
나의 법전의 그 내용이 세상에 나오지
도 아니한 이 시점에 그들이 너에게
화살을 들이대며 너를 공격함이니,
25 그 모두는 네가 탄탄히 견디며, 어떠
한 눈사태나 산사태요, 산이 무너지고
부서지고 깨지는 그 상태에서도 네가
견디고 살아남아 나의 160권의 법전
을 기록하도록 하는 그 단계적인 훈련
임을 네가 알아야 될 것이며,
26 너는 더 이상 이것에 갑론을박을 하지
말고 나의 명령에 따라서 움직이도록
하라.
27 내가 그들에게 겨자씨를 세상에 뿌려
토양이 되고 재료가 되어 그가 성장하
도록 도와주며 그가 성장할 때 버팀목
이 되어 버팀목의 역할을 다할 수 있
도록 하라 그리하였음이니, 그 버팀목
이 노랗게 오른 새싹을 자르려 한다
하여 그 새싹을 자를 수 있다 생각하
는가?
28 그는 내가 있기에, 내가 나의 피조물
만백성을 구하고자, 내가 역사하고자
함이니, 어떠한 태풍도 비바람도 어떠
한 사악한 자도 그를 꺾을 수 없거늘,

어찌하여 일개 생명이 없는 그 버팀목
들이 그를 자르려 하는가?
29 그에 개의치 말라.
30 너는 오로지 큰 나무로 성장하여 나의
피조물 만백성의 안식처가 되며, 하늘
에 오르는 길이 무엇인가를 깨달아 영
광의 그 축복을 받아 만백성을 하늘에
오르는 길로 인도하는 그것은 이루어
질 것이며,
31 그리하여 너희들이 선행이 무엇이며
사랑이 무엇이며, 사람이 변할 수 있
는 것이 무엇이며, 인간이기에 십계명
을 지킬 수 없다 말하는 그 ...

32 (녹음테이프 164번 A면의 녹음이 일
부가 지워져서 기도의 뒷부분을 기록
할 수 없게 되었습니다.
33 아래 그림은 녹음테이프 164번의 소
리 파형입니다.)

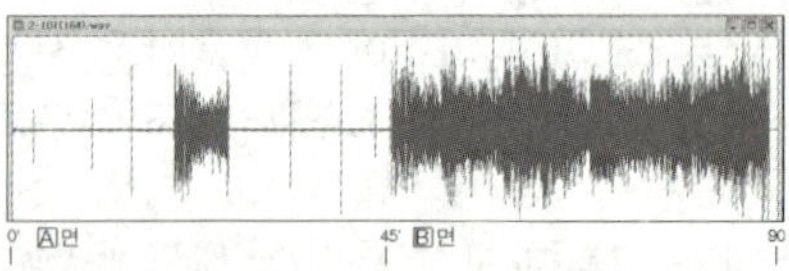

2,461 번째 하나님 말씀

2002년 6월 16일 23시 20분

1 (녹음테이프 164번의 A면 중간 부분
부터 기록하였으며, 기도의 앞부분을
기록할 수 없게 되었습니다.)
2 ...너희들 인간사 살아가는 것도 너희
들이 무어라 말하더냐?
3 '콩 심은 데 콩이 나며 팥 심은 데 팥
이 난다.' 함이니, 그들은 콩 심은 데
팥이 나길 바라며, 팥이 날 것이라며
기다리는 자들과 똑같음이니,
4 그 싹이 나 노란 이파리가 피기 전에
그때까지 그들은 팥이라 말할 수 있으
나, 그 콩이 성장하여 제 구실을 다하
여 열매를 열 때에는 무어라 말하겠는
가?
5 그들은 그래도 그것이 팥이라고 우길
것이니라.
6 그것이 지금 그들이 가고 있는 형국이
니라.
7 너는 그들과 갑론을박하지 말며, 오로
지 나에게 기도를 받아 160권의 법전
을 만드는 데 모든 열과 성의를 다해
야 할 것이며,
8 오늘의 나의 성전에 모인 그 열여섯
명이 법전의 1부를 마칠 수 있는 자들
이며 그들이 2부의 나의 성령을 그 가
슴에 받을 자들이니라.
9 그를 잊지 말고 기억하여 그리 행하도
록 하라.
10 누구도 그들을 따라갈 수 없음이니라.
11 그 열여섯 명은 나에게 선택된 자들이
니, 오늘 그곳에 와서는 아니 될 사람,
또 그곳의 자리를 채워야 할 사람, 그
와 같은 역사의 변화는 나의 주관하에
이루어질 것이며,
12 그 열여섯 명과 더불어 그 길을 열어
가도록 하여야 할 것이니라.
13 그들 또한 제 스스로 욕심이 앞을 가
려 제 앞길을 가지 못할 때, 거기에서
도 낙오자가 있을 것임을 그들에게 깨
우쳐 주어야 할 것이니라.

2,462 번째 하나님 말씀

2002년 6월

(날짜와 시간 기록 안 됨)

1 사랑하는 나의 아들아!
2 "네, 아버님! 말씀하옵소서."
3 이 지상 천지에 창조주가 누구이며,
이를 관리하며 관장하는 자 누구이며,
누구의 계획에 의해 이 세상이 다 운
영된다 생각하는가?
4 지금의 내가 이룬 이 지상의 낙원이
사악한 자들의 그 검은 것으로 덮여
있음이니, 이를 바로잡아 하늘에서 영
광이 있듯이 이 땅의 나의 피조물 만
백성이 영광 속에 살아갈 수 있도록
하기 위하여 나의 성령을 지금 태워
너를 통하여 내려보냄이니,
5 만백성을 구하는 일을 방해하는 것이
가장 큰 죄악이라 하였음이니라.
6 그리하여 네가 나의 성령을 받지 못하
도록 너에게 파장을 이루는 자, 그 죄
가 무섭다는 것을 내가 너희들에게 깨
우쳐 주었음이니라.
7 그것이 얼마나 무서운 죄이며, 그것이
내가 지상의 낙원을 이루고자 하는 새
로운 역사를 여는 그곳에 저희들의 말
로써 재 뿌리며 방해하는 것이니, 그
들이 얼마나 흉악한 자들인가를 알아
야 할 것이니라.
8 그들이 말하느니라.
9 저희들의 주관하에 모든 것이 이루어
진다 말하니, 가장 먼저 나의 법전을
태울 자들이 그속에서 나올 것이니라.
10 그들이 지금은 나의 법전이 나의 뜻이
며 저희들에게 생명이라 그리 말하느
니라.
11 그러나 가장 먼저 법전을 태우는 자가
그중에서 나올 것이니, 그리 그들이
지금 사악한 형국으로써 너를 공격하
고자 함이니라.
12 그러한 시련과 훈련 속에서 너 자신이
성장되며, 그보다 더 크고 무서운 것
이 덮쳐 왔을 때, 그를 견딜 수 있는
힘이 너에게 있음이니라.
13 네가 생각하기를, 네 마음을 괴롭히는
하나의 병마가 떨어진 것 같은 마음을
네가 갖고 있음을 그들은 모르느니라.
14 그들은 스스로 저희 값을 매기며 저희
들이 위대한 쪽으로 따지나, 나 여호
와의 아들과 딸로서는 그들은 단돈 은
화 한 닢만큼도 값이 없고 자격이 없
는 것을 저희 스스로 모르느니라.
15 그들이 사탄의 길을 가며 사탄의 자식
이요, 사탄의 아들과 딸로서 너를 공
격하는 자들이기에, 그들은 하나의 점
수를 매길 수 없는 그와 같은 형국임
을 저희들이 모르고 있음이니라.
16 그들은 나와는 아무런 관계가 없으며,
정녕 구원의 길을 볼 수도 없으며 구
원을 받을 수 없는 자들이기에 나와는
아무런 관계가 없는 자들이니, 과연
그들이 나에게 어떠한 가치가 있으며
어떠한 의미가 있다 생각하는가?
17 그들은 그것을 모르고 있음이니라.
18 그들이 스스로 떠나며, 그들이 멀리
가며, 그들이 너를 핍박하고 공격함이
네 마음이나 너 자신의 원뿌리를 흔들
지 못하고 있음을, 그리고 160권이라
는 법전이 세상에 나가는 것을 막을
수 없음을 그들은 모르고 있느니라.

19 이제는 스스로 그들이 나의 성전에 돌
아오기를 거부하며, 나로부터 구원의
빛을 보기를 거부하며 구원받기를 거
부하는 자들이니, 그들을 절대 용납하
지 말며 나의 성전에 들이지 말라.
20 어떠한 이유든, 어떠한 방법이든, 이
제는 그들이 다른 신을 섬기는 자 ...
21 (뒷부분 녹음 지워짐)

2,463 번째 하나님 말씀

2002년 6월 18일 07시 57분

1 (녹음테이프 164번의 B면부터 기록
하였으며, 기도의 앞부분을 기록할 수
없게 되었습니다.)
2 ...육의 세상에서 남을 속이고 기만하
며, 지키지 못할 약속을 하며, 남을 멸
망시키며, 남을 구렁텅이에 집어넣는
행위를 하는 자, 인간사에서도 그 죄
를 받음이니라.
3 하물며 육의 세상에서도 그렇거늘, 나
여호와를 위하여 살아야 하는 자들이
마지막 죽어 가는 그 영혼들에게까지
도 저희들이 구원해 준다 하여 사기극
을 벌이고 있음이니, 그 죄가 얼마나
무서운가를 알아야 할 것이니라.
4 몇 퍼센트가 이루어지는지도 모르면
서, 어찌 행하여야 되는지도 모르면
서, 이루어지는 것처럼 모두를 속이는
그 죄를 저지르고 우리 부자의 이름을
팔아서 그리 행함이니,
5 그것이 얼마나 사악한 사기극이며, 그
것이 얼마나 남을 기만하며 남을 영원
히 지옥의 불바다 속으로 몰아넣는 것
인가?
6 그와 같은 행위를 하면서 그들이 지금
살아가고 존재하며, 저희 스스로 부귀
영화를 위하여 무엇인가 거두어들이
고자 하는 그 사기극을 벌이고 있음을
너희들이 알아야 할 것이니라.
7 정녕 그렇지 아니하거든 그 기도를 한
다 하여 만백성을 상대로 사기 치며
우롱하는 자에게 물어보라.
8 과연 제가 한 기도가 몇 퍼센트가 이
루어졌으며, 어찌 이루어졌으며, 나
여호와로부터 응답을 받았는가 그를
물어보라.
9 그는 대답할 수 없을 것이니라.
10 자신도 모르며, 자신이 행하는 것도
알지 못하는 자가, 저 자신이 지금 심
판대에 서 있는 것도 모르는 자가 남
을 구원하여 준다는 것은 가장 위험하
고 큰 사기극이며,
11 영원히 살 수 있는 나의 피조물 만백
성을 지옥 불로 인도하는, 구제받을
수 없는 죄를 짓고 있다는 것을 너희
들은 알아야 할 것이니라.

2,464 번째 하나님 말씀

2002년 6월 19일 08시 40분

1 사랑하는 나의 아들아!
2 "네, 아버님! 말씀하옵소서."
3 인간 세상에 너희들이 태어나는 것도
나의 주관이요, 너희들이 성장하여 인
간관계에 부부라 하는 그 인연을 맺고
살아가는 것도 또한 나의 주관하에 그
리 이루어짐이니라.
4 한 가정에 살면서도 아내의 소중함을
모르는 남자, 또 그 남편의 소중함을

모르고 사는 여자, 그들이 얼마나 불
행한 삶을 사는 것인지 너희들은 인간
사의 삶을 다시 한 번 돌이켜 보아야
할 것이니라.
5 남편이 사랑하는 아내의 그 마음을 모
르며, 사내가 열이라는 숫자를 가지고
사랑한다 할 때, 그 사랑을 열 이상으
로 주지 못하는 남자는, 그리고 또 그
보다 더 소중한 것을 모르는 남편은
저 스스로 가장 불행하고 불쌍한 삶을
살아가는 것이라는 것을 알아야 할 것
이니라.
6 아내가 남편에게 열이라는 사랑을 줄
때, 그와 똑같은 사랑을 줄 수 있으며
아내가 사랑하는 그 마음을 들여다볼
수 있는 남편은 세상사 너희들 인간사
에 살아가면서 가장 행복한 자이니라.
7 부귀와 권력의 영화보다도 그게 더 소
중함을 너희들은 알아야 할 것이니라.
8 모든 인간관계에 인정이요, 살아가는
정이요, 그 모든 것이 거기서부터 시
작되거늘, 너희들은 과연 서로 얼마나
사랑하며, 소중하다는 생각을 얼마나
하고 살아가는가?
9 이제 나의 법전을 읽는 모든 나의 피
조물 만백성은 서로의 만남이 얼마나
소중한지 알아야 할 것이며,
10 상대방이 너희를 얼마나 사랑하느냐
에 따라서 그 사람보다도 더 많은 것
을 볼 수 있고 줄 수 있는 사람이 스스
로 행복한 사람임을 알아야 할 것이니
라.
11 그를 모르고 사는 자처럼 인생사에 불
행한 사람은 없음이니라.
12 너희들은 말로써 사랑함이며, 세월이
흐른 후에, 무엇이 이루어지며 무엇이
갖추어진 다음에 그를 사랑할 것이다,
그리고 그를 이해할 것이다 생각하나,
13 그를 이루기 위하여 먼저 너희들이 서
로 인간관계의 소중함을 깨닫고, 부부
의 관계요, 부모와 자식의 관계요, 이
웃과의 관계의 그 만남의 소중함을 알
며,
14 그가 너희를 아끼고 사랑하는 만큼 그
모두를 똑같이 줄 수 있는 삶을 사는
것이 기초며 근본이니라.
15 그곳에서 모든 역사가 이루어짐을 알
라.
16 그 기초의 근본을 깨고는 너희들이 정
녕 무엇인가를 이룰 수 없음을 알아야
할 것이니라.
17 하물며 인간관계도 그렇거늘, 내가 너
희들을 사랑하며 너희들을 세상에 내
보내 나의 계명대로 살다 하늘나라에
와 그 영광의 축복을 받으라 하는 나
창조주가 너희들을 얼마만큼 사랑하
고 아끼는가를, 내가 너희들을 사랑하
는 만큼 너희들이 그를 모르고 산다면
또한 너희들이 그만큼 불행한 사람들
이며, 가장 슬픈 삶을 사는 자임을 알
아야 할 것이니라.
18 나의 사랑하는 피조물 만백성 너희들
은 알아야 할 것이니라.
19 내가 너희들을 사랑하는 것만큼 너희
들이 나를 사랑할 줄 알며 내가 존재
함을 알 때, 너희들은 인생의 삶의 가
장 큰 행복을 알며 영혼의 구원의 길
을 보는 것이며 구원의 길에 들어서는
것이며, 그 구원의 길에 들어서 있음
이니 구원을 받는 것은 당연한 이치임

을 알아야 할 것이니라.
20 내가 너희들을 사랑함을 너희들이 눈
으로 보고 몸으로 보며 깨우쳐 그 사
랑의 깊이와 넓이를 알 때, 그리하여
내가 내리는 사랑의 깊이와 넓이만큼
너희들이 나를 사랑하고 아낄 때, 그
속에서 너희들이 정녕 구원의 아름다
움을 볼 수 있음을 알아야 할 것이니
라.

2,465 번째 하나님 말씀

2002년 6월 19일 08시 58분

1 사랑하는 나의 아들아!
2 "네, 아버님! 말씀하옵소서."
3 너희들 인간사에 살아가는 그 속에서
도 왕을 섬기는 자가 겉과 속이 다르
며 앞에서 말하는 것과 뒤에서 행동하
는 것이 다르면 그는 두 마음을 먹고
있는 자니, 신하로서 자격이 없는 자
이며 사악한 자라 내가 일깨워 주었노
라.
4 너희들이 따르며 받드는 그 왕이 부족
하다 하여 그를 갈아치우려 하는 것,
또 왕의 자리를 노리고 그 왕을 갈아
치우고자 하는 것은 두 마음을 먹은
자가 행하는 행동이며, 그는 바로 무
엇이더냐?
5 역적이라 너희들이 말하지 아니하는
가?
6 그리하여 그 제왕이 그에게 죄를 묻고
단죄함이 무엇보다도 무섭거늘, 지금
나의 피조물 만백성과 너의 제자들과
또 믿음의 종교를 가르치는 자들, 그
리고 나의 법전을 읽고 깨우친 만백성
이, 내가 지금 너희들을 구원하기 위
하여 성령을 태워 마지막 나의 아들에
게 법전이라 하여 세상에 내려보내니,
7 이를 읽고 본 자들이 정녕 나의 성전
을 떠나 저희 스스로 새로운 나라를
건설하려는 그와 같은 생각으로써 무
엇인가를 저희들이 단독적으로 이루
어 가며,
8 나의 아들을 거부하고 나의 아들의 마
음에 파장을 이루며 나의 성령을 부정
하며 나의 성령의 뜻을 따르지 아니하
며 나의 성전을 뛰쳐나가는 자가 바로
무엇이더냐?
9 인간사에 왕을 섬기지 아니하고 두 마
음을 가진 자며, 또 그 왕을 해하고자
하는 자들의 그와 같은 행위가 아니고
무엇이던가?
10 너희들이 정녕 나로부터 구원을 받으
며 나의 성령이 너희들 가슴에 와 닿
으니 나의 뜻이라 말하며 나의 법전이
나의 성령으로써 기록되었다 하면, 그
것을 받아 기록하는 자는 나의 아들임
이니,
11 나의 아들을 거부하며 나의 성전에서
나의 아들의 강론 듣기를 거부하는
자, 그런 자의 행위가 바로 한 임금 앞
에 그 임금을 쓰러뜨리고자 하는 그
역적의 행위며, 그보다 열배 백배 더
가중한 죄가 됨을, 너희들이 그 죄를
스스로 짓고 있음을 알아야 할 것이니
라.
12 이곳에는 어떠한 이유도 필요 없으며
어떠한 변명도 있을 수 없으며, 너희
들이 임금을 갈아치우고자, 임금을 무
너뜨리고자 하는 그것에는 어떠한 이

유나 변명도 소용없음이니라.
13 그는 다 사악한 이중의 마음으로써 역
적질을 하고자 하는 것이며, 탐욕과
권력에 눈이 어두워 그를 찬탈하고자
하는 자이니, 그는 사악한 자가 아니
던가?
14 지금 나의 성령을 지상에 내려보내 천
년에 걸쳐서 나의 피조물 만백성을 하
늘에서 이루어진 것같이 이 땅에서 이
루고자 하는 나의 뜻에 나의 성령을
받아 기록하며 너희들을 깨우치고자
전하는 나의 아들을 거부하는 자, 그
가 강론하는 그 성전을 떠나 저희들
스스로 저희들만의 왕국을 이루겠다
하는 자들, 과연 그들이 얼마나 무서
운 죄를 짓고 얼마나 무서운 행위를
행하고 있는가?
15 그것은 어떠한 변명으로써, 어떠한 이
유로써, 어떠한 것으로써 해명을 해도
해명할 수 없으며, 내가 들을 수 없음
이니라.
16 너희들이 정녕 나의 성령이 나의 뜻이
요, 나의 법전이 나의 뜻을 기록한 책
이라 생각한다면, 그를 받아 기록하는
나의 아들이 잘못 가고 흐트러짐이 있
다 할 때 너희 모두를 다 바치는 정성
으로써 그를 바로 세우고 바로잡아야
할 것이니라.
17 그리하여 나의 성령인 나의 법전이 세
상에 나가 만백성을 구하는 그 길에
너희들이 나서야 할 것이거늘,
18 아직 다듬어지지 않은 나의 아들에 대
한 비평과 갑론을박으로써 그로 인하
여 나의 성령인 나의 법전을 따를 수
없다 그리 말하고 나의 성전에서 나의
아들이 나의 뜻을 전하는 그 강론을
들을 수 없다 거부하는 자,
19 정녕 여기에는 어떠한 이유가 있을 수
없으며, 너희들이 지옥 불로 가 가장
험악하고 무서운 죄의 대가를 받는다
는 것을 알아야 될 것이니라.
20 그는 인간사에서 왕위를 찬탈하고자
하는 자와 같음이니, 인간사에서는 무
력으로써 왕의 자리를 찬탈할 수 있으
나, 하늘의 법도에서는 너희들이 어떠
한 방법으로써도 나의 아들을 대신할
수 없음이며, 내가 이루고자 하는, 내
가 세상에 내보내는 160권의 이 법전
을 그 누구도 대신할 수 없으며 대행
할 수 없음이니라.
21 이는 곧, 누구도 나의 아들이 될 수 없
으며 나의 아들의 역할을 할 수 없음
이니라.
22 너희들은 이 이치를 깨우쳐야 할 것이
니라.
23 어떠한 이유든, 어떠한 형태든, 어떠
한 변명도 너희들의 욕심에서 이루어
짐이요, 너희들이 진정한 나의 뜻을
따라 하늘에 오르고자 한다면,
24 부족한 나의 아들의 그 허물을 너희
스스로 모범을 보여 깨우쳐 그를 바로
잡는 스승의 역할로 가야 할 것이거늘,
25 그들은 이 이치 하나를 거부함이며,
이를 시행하지 아니하려 함이며, 이를
역행하고자 하는 그 마음속에서 지금
의 모든 죄를 짓고 있으며,
26 어떠한 이유에서든 나의 160권의 법
전을 나오지 못하게 하는, 그리고 나
의 아들의 마음에 파장을 이루며 나의
성전의 문을 닫게 하고자 하는 그들이

가장 사악한 자들이니, 그보다 더 무
서운 죄가 없음을 알아야 할 것이니라.
27 이곳에는 어떠한 이유도, 어떠한 뜻
도, 어떠한 변명도 너희들이 내 앞에
와서 할 수 없음을 알라.

2,466 번째 하나님 말씀

2002년 6월 19일 09시

1 사랑하는 나의 아들아!
2 "네, 아버님! 말씀하옵소서."
3 너희들이 말하느니라.
4 나의 아들 예수가 피 흘려 그 보혈로
써 만백성의 죄는 다 씻어졌다 그리
말함이니라.
5 그러나 네가 너의 제자들에게 그리 전
하였느니라.
6 예수가 죽어 갈 때는 그가 바라는 것
이 있었으며 원하는 것이 있었으니,
나의 성령의 뜻을 지켜 하늘에 오르는
그 길을 보며, 하늘의 빛과 나의 뜻에
따라 살아와 하늘의 구원을 받는 것을
예수는 너희들에게 원하며 부르짖고,
그를 이루기 위하여 목숨을 거두었다
하였느니라.
7 이제 여기서 나의 피조물 만백성과 나
의 아들을 따르는 제자 너희들은 깨우
칠 때가 되었음이니라.
8 나의 아들 예수를 너희들이 처참히 죽
게 하지 아니하여 그가 나의 성령을
받아 너희들이 행하고 지킬 것을 지금
나의 성령을 내리는 법전처럼 너희들
에게 다 전하여 너희들이 그를 보고
지키고 깨우쳐 왔다 하면,
9 그대로 사는 자는 하늘의 뜻이요, 나
의 뜻이요, 하늘의 빛에 따라 살아가
는 자니 그와 같이 사는 자는 예수가
죽은 그 피의 대가로, 그 피로써 다 용
서받을 수 있음이니라.
10 그러나 나의 아들 예수가 죽어 가 피
를 흘리면서 너희들이 구원을 받는 것
을 너희들에게 다 전하지 못했으며 그
행함의 가르침을 전하지 못하였으니,
나의 아들 예수가 원하는 것과 너희들
이 지키고 하늘에 와야 될 것을 세상
에 내놓지 못하고 죽어 왔음이니라.
11 오로지 너희들은 예수의 제자들이 쓴
복음서요, 그 복음을 갖고 그것이 하
늘에 오르는 길이라 그리 깨우치며,
그를 지키면 하늘에 오를 수 있다 하
나,
12 예수의 행함의 복음서요, 나의 성령으
로써 만백성이 직접 지키고 깨우쳐 하
늘에 오르는, 너희들이 지켜야 할 그
대목을 세상에 내려보내지 못하게 하
였음이니,
13 이는 어린 학생들을 가르치는 교과서
가 세상에 나오지 못하여 중구난방으
로 가르치는 그와 같은 형국이 되었음
이니라.
14 그리하여 너희들이 죄를 짓고도 재물
을 바치면 용서를 받으며, 인간이기
때문에 죄를 짓지 않고 살 수 없다 하
는 그와 같은 지금의 형국이 왔음이니
라.
15 그리하여 내가 지금 나의 아들을 통하
여 나의 성령을 태워 마지막 제3의 시
대의 문을 엶이니,
16 내가 나의 아들 예수에게 너희들의 구
원의 길이 무엇인지와 너희들이 행하

고 살아가야 할 지침서를 다 내려보내
지 못한 것을 지금 나의 아들을 통하
여 법전이라 하는 160권의 책으로 깨
알처럼 기록하여 내림이니, 지금 너희
들이 이것을 보고 깨우치는 것이 바로
무엇이더냐?
17 내가 예수를 통하여 너희들이 보고 행
하여 깨우쳐 하늘에 오를 수 있는 지
침서를 내려보내지 못했던 것을 지금
내려보내니,
18 지금 나의 법전을 읽고 깨우치며 그리
순종하며 그리 행하고 살아가는 자만
이 예수의 보혈로써 사함을 받으며 용
서를 받아 하늘에 오를 수 있는 그 길
을 보게 됨을, 너희들은 그 이치를 깨
우쳐야 될 것이니라.
19 나의 아들을 너희들이 죽게 함으로 너
희들이 지키고 행하여 하늘에 오르는
그 지침서가 세상에 내려가지 못하여,
이제 나의 아들을 통하여 그 지침서를
세상에 나의 법전이라 하여 내려보내
니,
20 나의 아들 예수가 너희들에게 바랐던
요구 조건이며 너희들이 지키고 하늘
에 올라올 수 있는 가장 근본인 것을
지금 내가 나의 아들을 통하여 전함이
니,
21 그 지침서를 읽고 깨우치고 그리 행하
고 실천하는 자만이 이제는 너희들이
말하는 예수의 보혈로써 구원을 받는
자가 되는 것을 알아야 할 것이니라.
22 너희 지침서인, 나의 성령을 내려보내
어 나의 아들을 통하여 기록하는 이
160권의 법전을 읽지 아니하고 이를
바라보지 아니하며 이 내막을 알지 못
하고 이 가르침의 뜻을 모르는 자는
나의 아들의 보혈로써 구원을 받을 자
격이 없는 자이니라.
23 지금 나의 성전에 와 나의 법전을 깨
우쳐 그대로 행하고 순종하는 자, 그
지침대로 살아가는 자, 그것이 바로
예수가 원했던 그 길이기에, 너희들은
이제 예수의 보혈로써 구원을 받으며,
24 나의 아들을 통하여 내려보내는 나의
성령의 깨달음이 너희들을 정화하여
60점의 인간의 육의 삶을 벗어나 하
늘에 오르는 그 영광의 길에 도착하여
거기서부터 너희들이 시작하는 것이
니라.
25 그리하여 지금 바로 나의 성전에 와
나의 법전을 읽고 깨우치는 자들만이
구원의 길을 볼 수 있으며, 예수의 보
혈로써 영광의 구원을 받는 것을 알아
야 할 것이니, 이를 너의 제자들과 나
의 피조물 만백성에게 전할 것이며,
나의 법전을 읽고 깨우치는 만백성은
이 뜻을 알아야 할 것이니라.
26 그리하여 모든 성서의 가르침은 과거
와 현재와 미래가 같이 있다 하였음이
니, 바로 예수의 보혈로써 은혜를 받
는다 하여 구원의 길에 들어섰다 하는
것은 오늘에 너희들이 지금 나의 법전
을 읽는 이것을 예고하였음이니라.
27 저희 손으로 만든 그 성전에 가 재물
을 바치고 헌금을 바치며 기타 감사
헌금을 바치며, 사악한 자들의 세 치
혓바닥에 현혹되어 찬송을 부르며 광
란의 짓으로써 저희에게 무엇인가를
달라, 이루어 달라 그리 기도하는 그
것이 다 나와는 아무런 관계도 없다

하였음이니, 그 뜻이 여기 있음이니라.
28 나의 아들 예수의 보혈로써 구원을 받
는다 함은 바로 나의 아들을 통하여
지침서를 내려보냄이니라.
29 이는 나의 성령을 태워 나의 법전이라
하여 160권으로 내려보내니, 이것이
예수를 통하여 내가 너희들에게 전하
고자 한 내용이니,
30 이를 행하고 지켜 하늘에 오르는 길을
볼 수 있는 자, 그리고 깨닫고 변하는
자, 그가 바로 나의 아들 예수의 그 소
중한 한 방울의 보혈로써 구원을 받는
것이니,
31 지금 나의 법전이 세상에 나와 지금의
이루어진 나의 성전에 와 나의 법전을
읽고 깨우치는 나의 사랑하는 아들의
제자, 너희들부터 해당됨이니라.
32 그 누구도 예수의 보혈로써 구원받는
것이 해당되지 아니함을 온 나의 백성
은 나의 법전을 읽고 깨우치며,
33 이 무섭고 엄연한 사실 앞에 너희들은
나의 성전에 와 기도하며 나의 법전을
정독하여 예수를 통하여 행하고자 했
던 그 지침서를 너희 것으로 만들어
구원의 길에 발을 디딜 것이며,
34 구원의 길에 발을 디디는 자, 예수의
보혈로써 정녕 하늘에 오를 수 있음을
알라.

2,467 번째 하나님 말씀

2002년 6월 19일 11시 28분

1 나의 사랑하는 아들아!
2 "네, 아버님! 말씀하옵소서."
3 너희들 인간사 육의 세상에서 사랑했
던 사람, 그리고 너희 형제요, 부모요,
이웃 사람이 고통 속에 죽어 갈 때, 그
를 살릴 수 있는 기적과 능력이 있다
하면 세상 것 모두를 다 주고도 그를
살리고 싶어하는 것이 너희들의 애절
한 그 마음이며, 그것이 인간사에 너
희들이 가지고 있는 본질의 마음이니
라.
4 그리하여 내가 나의 아들을 통하여 너
희들에게 이르기를, 악한 마음도 쌀
한 톨의 높이밖에 안 되며 선한 마음
도 또한 그 높이밖에 안 된다 하였음
이니, 너희들의 원래의 그 본심은 선
하고 아름다운 마음을 가지고 세상에
나옴이니라.
5 그러한 너희들은 그와 같이 사랑하는
사람, 이웃 사람이요, 가까운 너희 형
제와 부모가 운명할 때 그 애절한 마
음과 아픈 가슴을 달랠 길이 없으며,
그를 살릴 수 있다 하면 너희들 자신
을 다 던져서라도 살리고 싶어하는 그
마음이 너희들 마음이니, 그게 바로
본질의 나로부터 받아 가지고 나온 그
마음이니라.
6 너희들은 사랑하는 형제가 죽어 갈 때
그를 살리고 싶어하는 그 애절한 마음
이 있을 때, 너희 형제요, 너희 부모가
남으로부터 누명을 쓰고 억울하게 죽
음을 당하는 것을 바라본다 하면 너희
들의 가슴이 얼마나 찢어지고, 분하고
억울하고 아프겠는가?
7 나는 너희를 구원하려고 하늘에 오르
는 길을 인도하는 자, 나의 아들 예수
를 세상에 내려보냈으니,
8 그는 오로지 옳은 것을 전하며 나의

성령을 전하며 너희들을 구원하고자
세상에 나갔으나 너희들은 그를 믿지
아니하고 나의 아들을 처참히 죽게 하
였음이니,
9 옳은 길이요, 바른길이요, 나의 성령
을 정녕 부르짖는 자를, 너희들은 너
희 자신을 위하여 사악한 자요, 사탄
이요, 간악한 자라 하여 그를 죽였음
이니, 그를 바라보는 나의 가슴이 얼
마나 찢어지고 아팠겠는가?
10 너희들은 이와 같은 나의 심정을, 억
울하게 누명을 쓰고 죽어 가는 나의
아들을 바라보는 나의 마음의 아픔을
다시 한 번 꼭 오늘 이 시간에 짚고 넘
어가야 될 것이니라.
11 그리하여 2천 년이라는 세월이 흐른
다음에 지금 내가 다시 나의 아들을
세상에 내려보내어 제3의 시대를 열
기 위하여 나의 법전을 너희들을 통하
여 세상에 전함이니, 지금 나의 아들
이 어떠한 길을 가는지 알고 있는가?
12 너희들이 나의 아들과 더불어 한마음
한뜻이 되어 이 성전을 지키며 너희들
모두가 다 하나가 되었을 때 나의 법
전 160권이 세상에 나가 만백성을 구
하게 되니,
13 나의 아들 예수는 십자가에 못 박혀
죽는 그 형국으로 갔으나, 지금 법전
을 기록하며 나의 성령을 받아 이 사
악한 시대를 바로 세우려는 나의 아들
은 사탄이요, 사악한 자들이 갈기갈기
찢어 죽이려는 것이 그가 지금 가고
있는 운명임을 너희들은 알아야 할 것
이니라.
14 너희들은 지금 나의 아들의 제자로서,
만백성을 가르치는 지도자로 이곳에
모였으니, 예수의 보혈로써 모두 구원
을 받는 그 기초요, 근본을 접한 것은
너희들부터 시작한다 내가 오늘 나의
아들을 통하여 알려 주었음이니라.
15 나의 아들 예수는 누명을 쓰고 십자가
에 못 박혀 그리 죽었으나, 지금 60년
의 인생사를 너희들과 더불어 살아왔
던 나의 아들은 갈기갈기 찢겨 그와
같이 죽어 가게 되어 있는 것이 그의
운명이니라.
16 이를 알고 바라보는 나 여호와의 마음
이 과연 어떠하다 너희들은 생각하는
가?
17 그가 나의 성령을 받아서 전하는 것이
거짓이요, 이를 전하는 것이 그가 잘
못되었기에 전하는 것이던가?
18 이가 과연 나의 피조물 만백성을 사탄
으로 이끌어 가고자 하는 것인가, 너
희들의 영혼을 구원하고자 하는 것인
가?
19 그는 정녕 너희들의 영혼을 구하고자
이 길을 가게 되어 있으며 나의 아들
로서 세상에 나와 있음이니라.
20 이는 예수보다도 더 처참한 방법으로
써, 그의 살점 하나하나를 뜯어서 입
으로 씹는 것을 영광으로 생각하는 그
와 같은 무지몽매한 자들이 그를 핍박
할 것이며, 그의 뼈와 시신도 이 세상
에서 흔적조차 없애려 하는 것이 지금
사악한 자들의 마음의 준비이며, 그렇
게 공격할 것이니라.
21 내가 오늘 너희들에게 이를 알려 줌이
니라.
22 너희들은 그 역사의 길을 가는 나의

자식을 바라보는 나 여호와의 마음이
정녕 어떻다 생각하며, 과연 나 여호
와의 마음이, 지금 천 갈래 만 갈래 찢
어지는 그 아픔이 어떠하겠는가?
23 정녕 너희들은 나의 이 마음을 모르겠
는가?
24 이것이 나의 아들의 운명이니라.
25 너희들이 하나가 되어 모두를 지키며,
나의 법전을 읽는 자, 그 속에 더럽고
추한 생각이 없으며 오로지 나의 법전
을 가슴에 안고 정독하여 만백성을 구
하여, 그들이 나의 아들의 살점을 뜯
어 가는 그것을 막아야 할 것이거늘,
너희들이 과연 그리 이룰 수 있겠는가?
26 내가 무어라 말하였느냐?
27 인의 장막을 이루어 나의 아들을 보호
해 달라 내가 일찍이 너희들에게 전하
였으니, 나의 아들의 운명이 그러하니
라.
28 그 운명을 향하여 한 발짝 한 발짝 다
가가며 나의 법전을 밤새도록 기록하
는 나의 아들의 그 가슴에 못을 박지
말라.
29 그가 갈기갈기 찢겨 죽어 가는 그 운
명을 알면서 오늘에 견디는 내 마음의
그 아픔을 너희들이 안다면, 나의 아
들의 가슴에 못을 박지 말며 돌을 던
지지 말라.
30 예수의 이름으로써 구원을 받을 자들
이 너희들이니라.
31 오늘의 나의 가르침을 너희 가슴속에
깊이 새겨 너희들이 행하여야 할 길을
가도록 하라.

부 록

【하나님께서 가르쳐 주신 운동】

천재지변이 일어날 때, 동물이나 미물들은 미리 알고 대피하지만, 인간은 알지 못하고 큰 화를 당합니다. 하나님께서 인간에게 가장 높은 지혜를 주시고 완벽하게 창조해 주셨기에 동물들보다 더 잘 알 수 있지만, 욕심으로 마음이 혼탁해져서 한 치 앞을 보지 못하는 것입니다.

마찬가지로, 인간은 누구나 스스로 필요한 운동을 해서 건강을 지킬 수 있도록 하나님께서 만들어 주셨습니다. 우리의 머리에서 우리 몸에 필요한 동작을 해 달라고 끊임없이 신호를 보내지만, 인간이 혼탁하게 살아서 그 신호를 알아채지 못합니다. 그러니 자연스럽게 자기 몸이 원하는 그 신호를 따라서 운동하는 것이 하나님께서 가르쳐 주신 운동 방법입니다. 바로, 우리의 영이 육을 이끄는 운동입니다.

▶ 하나님 운동법

1. 눈을 감고, 발을 어깨너비로 벌리고 바르게 선다.
2. 몸에 힘을 풀고, 허리를 숙이면서 손과 머리를 아래로 내린다.
3. 허리를 펴고 싶을 때, 천천히 펴면서 하고 싶은 동작을 하면 운동이 시작된다. (사람마다 다르다.)
4. 멈추지 말고, 어떤 동작이든지 자기 몸의 느낌대로 계속 이어서 한다.

▶ 참고 사항

① 눈을 감은 상태로 아무 생각 하지 않고, 자기 몸의 느낌대로 움직입니다.

② 마음을 비우고, 욕심을 버리고, 지난날의 잘못을 반성하면서 몇 차례 시도하다 보면, 자기도 모르게 하고 싶은 동작이 끊임없이 생깁니다.

③ 운동 장소는 방 안이든 운동장이든 관계없으며, 걷거나 달리고 싶을 때는 눈을 떠도 됩니다.

④ 매일 40분 이상, 주 4회 이상, 3개월 이상 하면 음식 조절에 들어갑니다.
- 음식으로 생긴 병은 음식으로 치료하게 되며, 어떤 음식을 먹어야 하는지 스스로 알게 됩니다.
(자기 몸에 필요한 음식만 먹고 싶어집니다.)

⑤ 사랑하는 사람과 함께 운동하면 서로 치료해 주기도 합니다.

⑥ 운동을 하다가 몸의 어느 한 부분을 계속 손으로 자극한다면 그쪽에 이상이 있는 것이니, 의사에게 상담을 받고 적절한 치료를 받으면 됩니다.

⑦ 다이어트 및 기타 건강관리에 효과적입니다.

⑧ 꾸준히 운동하여 영이 맑아지면, 자신의 과거와 미래를 스스로 보게 됩니다.

누구나 스스로 하실 수 있습니다.

간 행 사

《새로운 성경》은:

· 새로운 성경은, 하나님께서 선량하고 선한 자를 선택하여 십계명을 암송하도록 하시고, 십계명을 암송한 다음에 음성으로써 들려주시는 말씀을 듣고 그대로 카세트테이프에 녹음해서 받아쓴 책입니다.

· 90분짜리 녹음테이프 700여 개에 달하는 말씀으로, 1999년 8월부터 2004년 7월까지 총 160권(권당 288쪽)을 완성하였으며, 그 이후에도 현재까지 계속 말씀을 내려 주고 계십니다.

· 새로운 성경은 "하늘을 두루마리 삼고 바닷물을 먹물 삼아 쓰고 써도 다 못 쓴다"는, 끝없이 방대한 하나님의 말씀이 두루마리로 직접 내려오는 것입니다. 이러한 새로운 성경은 구약과 신약을 폐하려는 것이 아니라 "인봉된 성서의 비유의 뜻"을 상세히 설명하여 완성하고자 하나님께서 직접 내려 주신 말씀입니다.

《새로운 성경》의 구성:

· 제 목: 2013년, 160권 모음집을 발간하면서, 본 도서의 제목을 "하나님! 말씀하옵소서"에서 《새로운 성경》으로 명해 주셨습니다.

· 단행본: 각 권당 288쪽(신국판) 책이 160권까지 시리즈로 출판됩니다.
(모음집은 단행본을 16권씩 묶어서, 총 10부로 구성됩니다.)

《새로운 성경》의 성경적 근거:

· 신약 성경 [요한복음] 16장 13절에 "진리의 성령이 오시면 그가 너희를 모든 진리 가운데로 인도하시리니 그가 자의로 말하지 않고, 오직 듣는 것만을 말하며" 하신 말씀처럼 하나님의 음성을 들은 것만 기록하였으며,

· "장래 일을 너희에게 알리시리라" 하신 말씀과 같이 개인, 나라, 인류의 "장래"일을 하나님께서 알려 주시는 것만 기록하여 책으로 만들었습니다.

《새로운 성경》의 기록 방법:

· 1999년 8월부터 하나님께서 저에게 들려주시는 음성을 기록하였습니다. 처음에는 제가 들은 말씀을 불러 주면 저의 아내가 기록하여, 2000년 1월 29일에 1권 초판이 세상에 나왔습니다. 2000년 4월부터는 주시는 말씀을 받아 녹음기에 기록하기 시작하였습니다.

· 녹음을 시작하면서 하나님의 말씀을 받는 데 가속도가 붙었고, 2001년 5월 3일에 1부(1~16권까지)를 인쇄하여 출판하였으며, 2004년 7월까지 총 160권 분량의 말씀을 받아 기록하였습니다.

하나님께서 저에게 주신 것은:

· 첫째, 만백성을 상대로 내려 주시는 "기도", 둘째, 수시로 내려 주시는 "묵상", 셋째, 개인의 과거, 현재, 미래를 알려 주시는 "개인 기도", 넷째, 개인의 건강을 위해서 내려 주시는 "음식 처방", 다섯째, 하나님께서 가르쳐 주신 "운동"등이 있습니다. 이 중에 첫 번째, "기도"를 책으로 편찬하였습니다. 사람의 생사, 개인의 미래에 관한 천기는 수록하지 말라 하셨습니다.

강론 안내:

· 하나님께서는 지금도 매일 저에게 새로운 하늘의 비밀의 말씀을 내려 주고 계십니다. 수시로 내려 주시는 말씀을 정리해서 제자를 육성하라는 말씀에 따라 매주 강론을 하고 있습니다. 누구나 무료로 들으실 수 있습니다. (book160.com)

《새로운 성경》을 읽는 분들에게 드리는 선물:

· 개인 기도: 개인의 과거, 현재, 미래에 관하여 말씀을 내려 주십니다.

· 음식 처방: 사람은 음식을 먹고살다가 건강을 잃으니, 음식과 운동으로 건강을 되찾는 방법을 알려 드립니다. 단, 하나님이 계심을 믿고, 십계명을 지키겠다고 진실로 서약하는 분들께 알려드립니다.

《새로운 성경》의 은혜와 기적:

· 새로운 성경 전160권은 16권씩 묶어서 총 10부의 모음집으로 구성됩니다. 모음집 한 부를 읽고 깨우치는 자에게 하나님께서 다음과 같은 기적이 있다고 하셨습니다.

· "첫째, 그가 죽어 하늘에 갔을 때 그의 죄를 묻지 아니하며, 구원을 받는 위대한 은혜가 있으며, 둘째, 그의 소원과 소망이 이루어지고, 셋째, 죽은 자(부모, 형제, 자식, 사랑하고 은혜 입은 분)의 이름으로 구입한 책을 읽고 누군가 한 사람이 깨우칠 때, 그 죽은 자가 지옥에서 천국으로 구원을 받게 되며, 넷째, 유산, 중절 수술 등으로 태어나지 못한 아이를 위하여 구입한 책을 보고 한 명이 깨우쳤을 때, 그 아이가 사람으로 다시 한 번 태어나는 은혜를 받는다."

· "새로운 성경"을 3회 이상 정성을 다해 정독하는 자, 성서의 비밀을 알게 되고, 세상의 이치를 알게 되며, 세상을 지배하고 통제할 수 있는 지혜를 다 얻게 된다고 하셨습니다. 이 책은 만백성이 정독하고 이웃에게 전하여, 평생 가슴에 묻은 슬픔과 고통의 짐을 벗고 미래를 위한 힘찬 삶을 살아가도록 하는 책입니다.

끝으로

· 하나님께서는 흰 눈이 세상을 덮듯이 새로운 성경을 온 세상에 전하라고 하셨습니다. 《새로운 성경》을 각국어로 번역해서 온 인류에게 구원의 길을 깨우쳐 주고, 그 수익으로 가난하고 어려운 백성을 구제하여, 만백성의 영과 육을 함께 구원하는 선지자의 임무를 수행하라고 저에게 명하셨습니다.

· 하늘에서 내려 주신 말씀의 보화를 만백성에게 나누어 주는 것이 선지자의 임무라고 하셨습니다. 새로운 성경을 통해서 얻는 재물을 사용할 곳도 하나님께서 일일이 명해 주십니다. 모든 재물은 저의 자의로 쓸 수 없고, 하나님께서 명하시는 대로만 쓰여집니다.

· 어떤 명분으로든 십일조나 각종 헌금을 거두어들이지 말라 하셨으며, 국내뿐 아니라 각국에 성전과 단독 서점을 운영하며, 한국의 많은 젊은이들을 전 세계에 지도자로 내보내라고 하셨습니다.

· 우리는 세계적으로 새로운 성경을 보급하며 어려운 이들을 돕는 역사를 해 나갈 것입니다. 지금까지 비록 몇 명 안 되는 제자들과 함께 이러한 일을 역사했지만, 앞으로도 계속 하나님께서 기뻐하시는 일들을 해 나갈 것입니다. 부족한 저희에게 여러분들의 지혜와 성원을 보내 주시기를 바랍니다. 많은 분들의 참여와 도움을 간절히 기다립니다. 감사합니다.

한국어로 내려온 《새로운 성경》 단행본을 출간하며
2016년 4월 10일

발행인 **김 용 철**

한국어로 내려온

새로운 **성 경** · 2부 · 제32권

지은이 하나님 말씀
대역자 김용철

초판인쇄 1쇄 2006년 12월 12일
재판인쇄 1쇄 2017년 4월 3일

펴낸 곳 도서출판 하얀마음
등록번호 제 10-2107호 (2001년 2월 14일)
주소 서울시 노원구 덕릉로86길 5, 2층
전화번호 02) 313-1114
팩스 02) 393-5554
전자우편 book160@hanmail.net
편집위원 조나영 김미향 이석교
제작지원 민평기 양영아 민대웅 민영주 김도윤 민지영 이현종

도서상담 1600-7527
ISBN 978-89-5875-132-8 (04230)
978-89-5875-100-7 (세 트)

값 10,000원
잘못된 책은 구입하신 곳에서 바꾸어 드립니다.

※이 책은 10부로 제작되며, 각 부 16권씩 총160권으로 구성됩니다.※

1부	**2부**	3부	4부	5부	6부	7부	8부	9부	10부
1권	17권	33권	49권	65권	81권	97권	113권	129권	145권
2권	18권	34권	50권	66권	82권	98권	114권	130권	146권
3권	19권	35권	51권	67권	83권	99권	115권	131권	147권
4권	20권	36권	52권	68권	84권	100권	116권	132권	148권
5권	21권	37권	53권	69권	85권	101권	117권	133권	149권
6권	22권	38권	54권	70권	86권	102권	118권	134권	150권
7권	23권	39권	55권	71권	87권	103권	119권	135권	151권
8권	24권	40권	56권	72권	88권	104권	120권	136권	152권
9권	25권	41권	57권	73권	89권	105권	121권	137권	153권
10권	26권	42권	58권	74권	90권	106권	122권	138권	154권
11권	27권	43권	59권	75권	91권	107권	123권	139권	155권
12권	28권	44권	60권	76권	92권	108권	124권	140권	156권
13권	29권	45권	61권	77권	93권	109권	125권	141권	157권
14권	30권	46권	62권	78권	94권	110권	126권	142권	158권
15권	31권	47권	63권	79권	95권	111권	127권	143권	159권
16권	32권	48권	64권	80권	96권	112권	128권	144권	160권